“鼎新校本课程丛书”联合开发单位

赣榆华杰双语学校

江苏省射阳县第二中学

江苏省丰县华山中学

高邮赞化学校

射阳县第二初级中学

南京鼎新教育咨询有限公司

·鼎新校本课程丛书·

国学的精神滋养
先贤的智慧启迪

国学智慧100分

CHARACTER NEEDS NOT ONLY JOY
BUT TRIAL AND DIFFICULTY

主　编◎柏　萍　吕书华
副主编◎袁保平　杨国诗
编写者◎邵颖华　李小艳　郭　璐
单进清　祁昌志　谢佃春
杜军方　李跃文　朱惠影
毕思庆　李佰院　朱瑞华

中国发展出版社

图书在版编目（CIP）数据

国学智慧100分 / 柏萍，吕书华主编.—北京：中国发展出版社，2012.2

（鼎新校本课程丛书）

ISBN 978-7-80234-750-2

Ⅰ.国… Ⅱ.①柏…②吕… Ⅲ.①国学—青年读物 ②国学—少年读物 Ⅳ.Z126-49

中国版本图书馆CIP数据核字（2012）第001631号

书　　名：国学智慧100分
主　　编：柏　萍　吕书华
出版发行：中国发展出版社
（北京市西城区百万庄大街16号8层　100037）
标准书号：ISBN 978-7-80234-750-2
经 销 者：各地新华书店
印 刷 者：北京广益印刷有限公司
开　　本：787×1092mm　1/16
印　　张：13
字　　数：269千字
版　　次：2012年2月第1版
印　　次：2012年2月第1次印刷
定　　价：25.00元
咨询电话：（010）68990535　68990692
购书热线：（010）68990682　68990686
电子邮件：kidslion@sina.com
网　　址：http://www.develpress.com.cn

序 | 校本课程：让教育更加多姿多彩

一所普通中学要办成区域名校，除具有较高的教育教学质量之外，关键在于走差异化的特色发展之路。特色发展的路径有很多，而构建具有现代教育理念、适合学生特点并可被广泛使用的校本课程，无疑是较近的一条。

校本课程开发，是国家教育改革的有机组成部分

第一，开发独具特色的校本课程，符合国家教育规划的宏观走向。《国家中长期教育改革和发展规划纲要（2010－2020年）》“义务教育”部分第八条指出：“注重品行培养，激发学习兴趣，培育健康体魄，养成良好习惯。”“高中教育”部分第十二条指出：“创造条件开设丰富多彩的选修课，为学生提供更多选择，促进学生全面而有个性的发展。”“建立学生发展指导制度，加强对学生的理想、心理、学业等多方面指导。”

第二，开发独具特色的校本课程，是新一轮基础教育课程改革的基本要求。《基础教育课程改革实施纲要》明确指出：为保障和促进课程对不同地区、学校、学生的要求，实行国家、地方和学校三级课程管理。所谓学校课程即校本课程，也就是学校在落实国家和地方课程的前提下，为发展学生个性和体现学校办学特色，在对本校学生发展需要进行科学评估的基础上，充分利用本地区和学校的课程资源，自主规划、设计、实施和评价的课程。这对增强学校课程体系的自主性、均衡性和实效性，促进学生的个性发展、和谐发展，提高教师的专业化水平、打造学校办学特色，都有着至关重要的指导作用和现实意义。

第三，开发独具特色的校本课程，符合我省规划纲要的政策指向。《江苏省中长期教育改革和发展规划纲要（2010－2020年）》指出：“坚持德育为先、能力为重、全面发展。切实把德育融入各级各类教育，融入学校、家庭和社会教育的各个方面。……大力开展理想信念教育，用中国特色社会主义理论体系和社会主义核心价值体系引导学生树立正确的世界观、人生观和价值观。……加强道德教育，强化道德修养，培养良好品质。加强公民意识、文明礼貌、可持续发展和民族团结教育，重视劳动教育、安全教育、生命教育、国防教育，培养社会主义合格公民。”“加强美育，丰富艺术教育内容和形式，推进高雅艺术进校园。”在二十六条“构建具有江苏特色的课程体系”中指出：中小学要按规定开设科学、艺术和实践活动课程，重视校本课程开发，推进初中综合课程和高中选修课程建设，并保证地方课程与校本课程的自主选择空间。

校本课程开发，是学校特色发展的前瞻性策略

第一，从现阶段基础教育发展的问题来看：我们的学校整体而言，都在用主要的精力抓教学质量和考试成绩，这当然无可厚非，但我们必须看到，仅有考试成绩，教育是走不远的，学校是走不远的，学生也是缺乏可持续发展能力的。在抓考试成绩的同时，我们要更加关注学生的心灵成长，应当让教育回归到人的本身。

第二，从学校自身的发展规律来看：构建具有现代教育理念、适合学生使用的校本课程，展现学校特色、优化教育内涵、构建学生精神家园的前瞻性策略，是学校特色化发展、内涵发展、提升品牌价值和核心竞争力的重要路径。

由专业机构策划并引领，开展跨区域、跨机制的校际合作，可以较快地产生开发成果、较快地投入使用，并在实践中检验其效果，再加以修改完善。基于上述认识，南京鼎新教育与江苏省射阳县第二中学（江苏省四星级高中）、江苏省丰县华山中学（江苏省三星级高中）、扬州市高邮赞化学校、连云港市赣榆华杰双语学校、射阳县第二初级中学等一批富有独特教育理念和教育追求的学校开展合作，共同策划、编写了这套“鼎新校本课程丛书”，即《心智成长100分》、《国学智慧100分》、《感恩励志100分》，并由中国发展出版社正式出版，目的就在于以此作为学校的校本课程教材，真正为莘莘学子提供一份精神成长的“心灵鸡汤”。这是我们多所教育机构合力对基础教育倾注人文关怀、着力打造中学生心灵成长读本的有益探索。

这套“鼎新校本课程丛书”的策划出版是一个复杂艰辛而又很愉快的历程。我和策划团队从2011年4月产生动议，经过策划、选择与培训开发班子、编写、反复修订，而今顺利付梓。其中的成就和满足难以言喻，也因为这套校本课程体现了我们对目前基础教育存在问题的认真反思，以及为解决问题而进行的实在行动。

作为这套校本课程丛书的策划牵头人，我要在此表达真诚的谢意：感谢合作学校江苏省射阳二中董事长王伟东先生、校长印众庆先生，江苏省丰县华山中学校长王居春先生，赣榆华杰双语学校校长柏萍女士、高邮赞化学校校长张育芳先生、射阳县第二初级中学校长吕书华女士等领导对我们工作的支持；感谢丛书编委会的同志们，在这套课程的设计、策划、文稿统筹与修改过程中付出的艰辛劳动；感谢中国发展出版社编辑为这套丛书的出版所付出的辛勤劳动。我们希望并期待合作学校做好这套校本课程在教学过程中的利用和再开发，做到有课程目标，有课时安排，有开放性作业，让学生真正从这套课程的学习中获益。

是为序。

马行提
2011年12月28日
于南京玄武湖畔

目　录

第一章 修身的要求

中华民族自古讲求修身之道。汉代哲学家王修说：“志向高远的人，能够不断地磨炼自己，以成就大业，没有节操的人，懈怠轻忽，只能成为平庸之辈。”老子的《道德经》中虽然重点讲的是哲学观念，但也讲了许多道德修身的问题，他说：“含德之厚者，比于赤子。”意思是说，德性浑厚高尚的人，好比初生婴儿一样纯洁；又说：“重修身，则无不克。”再有，儒家的“达则兼济天下，穷则独善其身”更指明了个人的修养不仅是处世的条件，而且是成就事业的根本。由此可见，人生就是一个通过不断“修道”而达到自我完善的过程。而“为人者必先正其身”这一传统美德，一直被几千年来的有志之士遵循着，也教会无数人如何在这个世界上幸福地生活。

时代发展到今天，注重修身显得尤为重要。随着社会的发展，人们往往对如何汲汲争先、求功立名的事情冥思苦想，却忽略了对自身品格的修炼作深入的思考，而先人们的这些故事将不再让你局限在一种肤浅的生存状态之中，这些故事会让你的存在充满血肉和意义，也让你的灵魂更为高贵……

质胜文则野，文胜质则史

【经典回顾】

子曰："质[1]胜文[2]则野[3]，文胜质则史[4]。文质彬彬[5]，然后君子。"

——《论语·雍也》

注释

[1] 质：朴实、自然，无修饰的。

[2] 文：文采，经过修饰的。

[3] 野：此处指粗鲁、鄙野，缺乏文采。

[4] 史：言词华丽，这里有虚伪、浮夸的意思。

[5] 彬彬：指文与质的配合很恰当。

今译

孔子说："质朴多于修饰，就像个乡下人，流于粗俗；修饰多于质朴，就流于虚伪、浮夸。只有质朴和修饰配合恰当，才是个君子。"

【亲近经典】

在《论语》中，"君子"一词有两个相差明显的含义。有的章节，是指当时社会上的贵族们，比如"君子多乎哉？不多也"。有的章节，是指思想纯正、行为高尚的士人，是仅次于圣人的评价。孔子讲的真正君子之道，其实是后者。

"质胜文则野，文胜质则史。文质彬彬，然后君子。"这段话言简意赅，明确地说明了文与质的正确关系和君子的人格模式，高度概括了孔子的文质思想。质朴与文采是同样重要的。文与质是对立的统一，互相依存，不可分离。经过两千多年的实践，孔子的文质思想不断得到丰富和发展，极大地影响了们的思想和行为，产生了深远的影响。

【故事链接】

一天，孔子对他的儿子孔鲤感叹说："君子是不可以不学习的，与人会面不可以不修饰，不修饰仪容就会显得不整洁，仪容不整洁就显得对人不尊重，对人不尊重就等于失礼，失礼就不能自立于世。那些站在远处就显得光彩照人的，是有整洁仪容的人；与人接近而让人心中洞明的，是拥有渊博学问的人。"

有一次，陈亢问伯鱼（孔鲤）："你在老师那里听到过什么特别的教诲吗？"伯鱼回答说："没有呀。有一次他独自站在堂上，我快步从庭里走过，他说：'学诗了吗？'我回答说：'没有。'他说：'不学诗，就不懂得怎么说话。'我回去就学诗。又有一天，他又独自站在堂上，我快步从庭里走过，他说：'学礼了吗？'我回答说：'没有。'他说：'不学礼就不懂得怎样立身。'我回去就学礼。我就听到过这两件事。"陈亢回去高兴地说："我提出一个问题，得到三方面的收获，知道了学诗的重要性，知道了学礼的必要性，又知道了君子不偏爱自己的儿子。”

在孔子的心里，一个人若不将“诗三百”读得烂熟于心，则无法与人顺畅地交流思想；不学周礼，不遵守“礼”的规范，就无法立身处世。有“诗”的熏陶，有“礼”的约束，一个人才能做到“文质彬彬”。

“文质彬彬，然后君子”是儒家中庸之道的一种表现，儒家讲“过犹不及”，太过于修饰和太过于质朴都不能算是君子，只有文与质恰当调和，才能达到君子的境界。但要真正成为君子不是一件容易的事情，需要的是对文和质的关系不偏不倚的把握。

【掩卷沉思】

本章是孔子从内在和外在的关系方面对君子提出的要求，希望求知者既要加强思想品质等内在仁德的修养，又要注重言行礼仪等外在影响，做一个内外兼修、文质彬彬的君子。

在孔子看来，一个人内在的本质的东西是诚实、质朴的，它需要外在的东西来表达和修饰，就像一件商品还需要包装一样。人内在本质的东西如果不加修饰，不加制约，质胜文，未免陋略、粗野；但是如果过分装饰，文胜质，“嘴尖皮厚腹中空”，那更要不得。真正的君子，必须是文质兼美、文质彬彬的。

孔子从多方面提出了对君子的要求，希望读书人做一个完美的君子。孔子在这里肯定不是不咸不淡、不疼不痒地说两句四平八稳、谁也不得罪的闲话，而是有所侧重、有针对性的，那就是几千年不变的历史和现实：浮夸虚饰、投机取巧者得志得势得好处，导向人们注重外在的虚饰，而忽略内在品质仁德的修养，以致道德沦丧，世风日下。与其说是孔子在倡导读书人做文质彬彬的君子，不如说是孔子在告诫弟子们不要与世推移，同流合污，要守住本性本真，“与其史也，宁野”。

博学于文，约之以礼

【经典回顾】

子曰：“君子博学于文[1]，约[2]之以礼[3]，亦可以弗[4]畔[5]矣夫[6]！”

——《论语·雍也》

注释

[1] 文：正统的文化艺术，如六经、六艺等。

[2] 约：规范、约束。

[3] 礼：合于规矩，恭敬的态度或言行举止的规范。

[4] 弗：不。

[5] 畔：同“叛”，偏离正道，背道而行。

[6] 矣夫：语气词，较强烈的感叹。

今译

孔子说："君子广泛地学习古代的文化典籍，又以礼来约束自己，也就可以不离经叛道了。"

【亲近经典】

孔子在这里提出了君子学习的目的和手段的问题。孔子认为，作为君子，不能违背大道。孔子一贯倡导仁德，认为君子所能达到的最高境界就是仁德，应该是顺乎天道，即大自然运行发展的规律，顺乎人类社会历史的发展规律，还要顺乎每个人身心成长发展的规律，如此，君子才能算不违背大道了。

当然，孔子在这里仅仅说了文献典籍以及礼制对于君子不违背大道的作用。君子要达到不违大道的境界，当然要广泛学习研究古代的文化典籍，这是毫无疑问的，因为人类社会的历史如同江河里流淌的水，是不能割断的，现在是过去的延续，未来是现在的延续，我们研究文献典籍，可以预知社会发展的趋势和走向，使自己的行为合乎并推动历史的发展，最大限度地减少人生的盲目性。而这里所说的"礼制"应该是指社会的原则和规范。君子，包括所有的人，生活在社会群体中，当然也要遵守一定的社会原则和规范。

【故事链接】

列宾的谦逊

俄国的列宾是世界著名的现实主义画家，他的代表作品《伏尔加河上的纤夫》《库尔斯克省的宗教行列》《拒绝临刑前的忏悔》等作品早已成为世界画廊里的珍品。但列宾从来不满意自己的作品，当他参观其他艺术家的作品展览会时，总是一边细心观摩，一边喃喃地说："这幅画太好了，我画不出，我还得努力啊！"

他认为灵感不过是"顽强的劳动而获得的奖赏"。

【掩卷沉思】

孔子在这里对君子提出的学习的目的和手段都存在问题。第一，他所说的"大道"，是不是仅限于先王之道，他所说的"文""礼"是不是仅限于他所推崇的先王的典籍礼制呢？如果是这样的话，社会就只能回到过去，不会向前发展，而我们研究学习的目的恰恰正是推动社会更快更好地发展，而不是回到过去。第二，学习的方式方法也绝不是被动接受和画地为牢，而是需要加入更多的个人思考，加入更多与现实的对接和思考，加入更多的质疑和批判，冲破束缚和牢笼，最大限度地解放身心。这才是现代意义上的学习。

士不可以不弘毅，任重而道远

【经典回顾】

曾子曰："士不可以不弘[1]毅[2]，任重而道远。仁以为己任，不亦重乎？死而后已[3]，不亦远乎？"

——《论语·泰伯》

注释

[1] 弘：弘，广大。

[2] 毅：强毅，坚毅。

[3] 死而后已：已，停止。到死（承担的责任）才停止，形容为完成一种责任、使命而奋斗终生。

今译

曾子说："士不可以不弘大刚毅，因为他责任重大，道路遥远。把实现'仁'作为自己的责任，难道还不重大吗？奋斗终生，死而后已，难道路程还不遥远吗？"

【亲近经典】

曾子（公元前505～432年），姓曾，名参，字子舆，春秋末年鲁国南武城（今山东平邑县人）。十六岁拜孔子为师，勤奋好学，颇得孔子真传。积极推行儒家主张，传播儒家思想。孔子的孙子孔伋（字子思）师从曾参，又传授给孟子。因之，曾参上承孔子之道，下启思孟学派，对孔子的儒家思想既有继承，又有发展和建树。他的修齐治平的政治观、省身并慎独的修养观、以孝为本的孝道观影响中国两千多年，至今仍具有极其宝贵的社会意义和实用价值，是当今建立和谐社会的丰富的思想道德营养。

《论语》中所说的"士"是封建社会中具有一定社会身份和地位的特殊阶层，是四民（士、农、工、商）之首。之后，士逐渐成为一般读书人的泛称。

曾子认为，士必须具有两种涵养，即"弘"和"毅"。作为士人，为何要具有这两种素质禀性呢？这是由士人肩负的历史使命与社会责任所决定的。儒家思想的主体是"仁"，其终极目标是实现身修的人格塑造与家齐、国治、天下平的理想社会政治，这种理想目标的实现，若非弘毅之士，实难做到。士人以"仁"为己任，要有担当，有事不避难，"临大节而不可夺"，甚至"见危致命""杀身成仁""死而后已"的宗教式献身精神。这些充分体现着儒家强烈的社会历史责任感，彰显的是坚定不移的价值信仰、坚忍不拔的人格毅力和不改其志的理性自觉。儒家这种刚健有为、生生不息的主体精神，使得中国士人在生命深处无时无刻不在高唱着以天下为己任的生命之歌。他们心忧天下，穷则独善其身，达则兼济天下，用生命书写着一曲曲人性的赞歌。

可见，在儒家眼里，士是理想人格的典型楷模与儒家社会理想的坚定执行者。

【故事链接】

林毅夫

1952年，林毅夫生于我国台湾省宜兰县，父亲林火树给他取名叫林正义，是希望儿子长大后为人正直，富有正义感。1975年，林毅夫以第二名的成绩毕业于陆军军官学校，第二年考上国防公费台湾政治大学企业管理研究所，1978年获政大企管硕士，随即投笔从戎，赴金门担任陆军上尉连长。林毅夫自小牢记国父孙中山先生的遗训："惟愿诸君将振兴中华之责任，置之于自身之肩上。”一个人如果有能为十亿人谋福祉的能力，就应该毅然投身到这样的事业中去。1979年林毅夫泅渡海峡，投奔大陆。曾子曰：士不可不弘毅，任重而道远。林毅夫据此将自己的名字改为“毅夫”。

不久，林毅夫便进入北京大学经济系学习政治经济专业。后留学美国芝加哥大学，师从诺贝尔经济学奖得主舒尔茨，学习农业经济。1987年，林毅夫回到了中国，成为我国改革开放后的第一个从海外归国的经济学博士。1994年，在母校北京大学，林毅夫联合多位海外留学归来的经济学人，共同成立了北京大学中国经济研究中心（CCER），并出任主任一职。如今，该中心已经成为中国经济学研究的大本营，林毅夫更是桃李满天下。不仅如此，林毅夫还和他的同仁一道，成立了国内研究金融改革的重要机构——长城金融研究所，为中国的金融体制改革和大力发展民营银行而奔走呼号，并取得了巨大效应。林毅夫曾是第七、八、九届全国政协委员，是朱镕基总理和温家宝总理倚重的经济决策智囊，也是“十五”计划起草人之一，对中国的经济决策，尤其对农村经济和国企改革等领域的政策，极具影响力。现任世界银行高级副行长兼首席经济学家，北京大学国家发展研究院名誉院长，第十一届全国人大代表。

【掩卷沉思】

我们每一个人都生活在群体中，群体生活的维持和发展，有赖于每一个人的努力。人生在世，对群体，包括家庭、民族以至人类的发展，都负有责任或使命。人生的价值不在于物质生活上从社会获取了多少，而在于有益于社会，流传于万世，使个人成为民族和历史大生命的一部分，最后实现精神的真正不朽。把建立一个理想社会作为自己一生奋斗的目标，这样的使命，这样的目标，无疑是任重而道远的。从这个意义上讲，人生就是一个任重而道远的旅程。

肩负重大的使命，追求远大的目标，就要求有坚毅的品格，要能坚强地克服旅途上的种种艰难困苦，既不为一时的挫折、失败所动摇，也不为一时的小利而迷失方向。反过来说，也只有有了明确的目标和自觉的使命感，才能有坚毅宏大的品格，克服一切困难和阻力，完成自己的使命。

人们常问：人活着究竟是为的什么？如果从孔子的思想引申出来，就可以说，人生在世，是带着使命来的。我们不只是为了自己能生存，能生活好，还是为了社会、人类能更好。简单地说，人到世上走一遭，要给这个世界留下些东西。从小处说，对亲人、家庭、朋友，从大处说，对民族、国家，以至对世界、人类，在历史上留下些东西。这也就是古人说的立德、立功、立言。“立德”就是成为品德高尚的人，“立功”就是为社会建功立业，“立言”就是有价值的文化创造。这就是古人所谓“三不朽”。也就是说，只有完善自我，造福社会，青史留名，才是真正不朽的人生，也正是人生的价值与意义之所在。明白了这样的道理，我们就可以在漫长而艰难的人生中，坚毅地往前走！

居处恭，执事敬，与人忠

【经典回顾】

樊迟[1]问仁[2]。子曰："居处[3]恭[4]，执事[5]敬，与[6]人忠[7]。虽之夷狄[8]，不可弃也。"

——《论语·子路》

注释

[1] 樊迟：姓樊，名须，字子迟，孔子弟子。

[2] 仁：这里指如何贯彻仁道。

[3] 居处：平时闲暇的时候。

[4] 恭：庄重而且有发自内心的敬意。

[5] 执事：做事。

[6] 与：跟……交往。

[7] 忠：真诚而且合乎礼仪。

[8] 夷狄：指四境不开化的民族。

今译

孔子的弟子樊迟问如何贯彻仁道。孔子说："平常闲暇时心中有敬重之意，做事时谨慎小心，与人交往时真诚而且合乎礼仪，即使到了道德水平低下的地方，也不能放弃这样的做法。"

【亲近经典】

这里孔子对"仁"的解释，是以"恭""敬""忠"三个德目为基本内涵的。修己、处事、待人"恭""敬""忠"，就是在修心养性，做到了就是在实行仁德。修己待人、立身处事，跟自己的修养息息相关，心性提高了，仁心仁德出来了，自己和人事物环境的关系就能归正、和谐。修己持恭，归正自心；处事持敬，依理行事；待人持忠，宽恕仁厚。持之以恒，忍苦负重，克己复礼，行仁不难。

【故事链接】

清官卢怀慎

唐朝的宰相卢怀慎清正廉洁，他的住宅和家里的陈设用具都非常简陋。他当官以后，身份高贵，妻子和儿女仍免不了经常挨饿受冻，但是他对待亲戚朋友却非常大方。

他在东都（洛阳）任黄门侍郎，负责选拔官吏，可是随身的行李只有一个布袋。后来任黄门监兼吏部尚书。期间，病了很长时间，宋璟和卢从愿经常去探望他。卢怀慎躺在一张薄薄的破竹席上，门上连个门帘也没有，遇到刮风下雨，只好用席子遮挡。卢怀慎平素很器重宋璟和卢从愿，看到他们俩来了，心里非常高兴，留他们待了很长时间，并叫家里人准备饭菜。端上来的只有两瓦盆蒸豆和几根青菜，此外什么也没有。卢怀慎握着宋璟和卢从愿两个人的手说："你们两个人一定会当官治理国家，皇帝寻求治理国家的人才和策略很急迫。但是统治的时间长了，身边的大臣稍有所懈怠，就会有小人趁机接近讨好皇帝，你们俩一定要记住。"

过了没几天，卢怀慎就死了，他在病危的时候，曾经写了一个报告，向皇帝推荐宋璟、卢从愿、李杰和李朝隐。皇帝看了报告，更加悼惜他的离世。

安葬卢怀慎的时候，因为他平时没有积蓄，一个老仆人做了一锅粥给帮助办理丧事的人吃。后来玄宗皇帝到城南打猎，来到一片破旧的房舍之间，有一户人家简陋的院子里，似乎正在举行什么仪式，便派人骑马去询问。那人回来报告说："那里在举行卢怀慎去世两周年的祭礼，正在吃斋饭。"玄宗悯其贫困，赏赐绢帛，并因此停止了打猎。

人们还传说，卢怀慎没病就死了，他的夫人崔氏不让女儿哭喊，并对她说："你的父亲没死，我知道。你父亲清正廉洁，不争名利，谦虚退让，各地赠送的东西，他一点也不肯接受。他与张说同时当宰相，如今张说收受的钱物堆积如山，人还活着，而奢侈和勤俭的报应难道会是虚空吗?"

到了夜间，卢怀慎又活了，左右的人将夫人的话告诉了他，卢怀慎说："道理不一样，阴间冥司有三十座火炉，日夜用烧烤的酷刑来惩罚发不义横财的人，而没有一座是为我准备的，我在阴间的罪过已经免除了。"说完又死了。

（出自《独异志》）

【掩卷沉思】

孔子这里强调了三点，要求人们"恭""敬""忠"，这些固然是对的，但总的看来，孔子最后强调的"虽之夷狄，不可弃也"才是最重要的。我们常常说社会是一个大染缸，言下之意，往往是说自己原本也很好，都是社会把自己变坏了。孔子在这里强调人们"虽之夷狄，不可弃也"，就是说，即便到了一个周围环境非常恶劣，甚至人们都不知道仁义礼貌为何物的环境中，你也要保持自己的"恭""敬""忠"。如果我们每个人都能像孔子所希望的那样，不管处于怎样的环境中都不改变自己美好的素质，那么，我们的环境还可能不美好吗？我们还可能被不理想的环境染坏吗？

君子之过也，如日月之食焉

【经典回顾】

子贡曰："君子之过[1]也，如日月之食焉。过也，人皆见之；更[2]也，人皆仰之。"

——《论语·子张》

注释

[1] 过：错误。

[2] 更：改正。

今译

子贡说："君子的过错好比日月蚀。他犯错，人们都看得见；他改正错误，人们都仰望他。"

【亲近大师】

端木赐（公元前520～前456年），字子贡，是孔门七十二贤之一。他是孔子的得意门生，且列言语科之优异者。孔子曾称其为"瑚琏之器"。他利口巧辞，善于雄辩，办事通达。曾任鲁、卫两国之相。他还善于经商之道，曾经商于曹、鲁两国之间，富致千金，为孔子弟子中首富。相传，孔子病危时未能及时赶回，子贡觉得对不起老师，别人守墓三年离去，他在墓旁再守了三年，一共守了六年。

司马迁作《史记·仲尼弟子列传》，对子贡这个人物所费笔墨最多，其传记就篇幅而言在孔门众弟子中是最长的。这个现象说明，在司马迁眼中，子贡是个极不寻常的人物。

【故事链接】

唐太宗停建洛阳宫

唐朝时，唐太宗下令修筑洛阳宫，大臣张玄素上书说："修筑宫室不是当务之急。隋朝营建宫室，劳民伤财。陛下役使百姓，承袭隋朝灭亡的弊端，祸乱恐怕比隋炀帝还要大。"唐太宗对这位大臣说："你说我不如隋炀帝，那么，与桀、纣相比怎么样？"张玄素说："如果不停止修建洛阳宫，恐怕也要和他们一样遭到变乱。"于是，唐太宗下令停止修建洛阳宫。唐太宗善于听取别人的意见，有错就改，这种品质正是他开辟大唐盛世的重要原因之一。

石油大亨的道歉

保罗·盖蒂是西方首屈一指的石油大亨，他把大部分的时间花在油田里和他的雇员一起工作。有一次发生的偶然事件，虽然不太重要，却让盖蒂认识到，和员工建立良好的关系多么重要。

这天，盖蒂在油井工地上注意到一个名叫汉克的搬运工动作懒散，他生气地骂起来："你在干什么？振作起来，笨蛋！"骂完之后，他还咆哮一声。

"好的，老板。"汉克平静地回答道。不过，他还是奇怪地看了盖蒂一眼。

汉克的神态让盖蒂莫名其妙。不一会儿，他了解到汉克手上有伤。汉克本来可以回去接受治疗，但他因为不愿让工友和老板失望才留了下来。得知这个情况后，盖蒂走到汉克身旁，说："抱歉！我刚才不应该发火。我开车送你进城，去找个医生看看你的手。"听到老板这句话，汉克和他的伙伴久久地盯着盖蒂，然后他们笑了。

【掩卷沉思】

君子和小人一样，都会犯错，但两者对待错误的方式和态度不一样。小人对待自己的过错，采取不承认和掩饰的态度，所以就一而再、再而三地犯错误，永远不会改正，这样就会陷入错误而不能自拔。君子对待自己的过错，采取坦诚的态度，而且能够改正自己的错误，所以别人都会敬仰君子。正是由于君子对错误采取正确的态度，所以能不断进步，不断完善。

不犯错不可能，如何少犯错还是有点办法的。曾子说："吾日三省吾身：为人谋而不忠乎？与朋友交而不信乎？"

忠诚守信，即便到今天，人们依然将这两千五百多年前的君子品质当作值得珍视的人生操守。正因为如此，荧屏上活跃着"突击的士兵们""潜伏的人们""经历了人间正道是沧桑的人们"，无论时代，无论性别，无论信仰，具备"忠诚"和"守信"的"君子品质"的人，会得到人们的喜爱和欣赏。

人们无不希望自己身边多一些"忠诚守信"。不要总是抱怨这个时代过于喧嚣浮躁，即便做不到一日三省，也不妨找个适当的时候，反省一下我们自己。

见善则迁，有过则改

【经典回顾】

《象》曰：风雷，益[1]；君子以见善则迁，有过则改。

——《周易·益》

注释

[1] 益：益卦，象征"增益、补强"。

今译

根据卦象来解释卦义：风与雷组合在一起就是益卦。君子看见善行就努力效法，有了过错就迅速改正。

【亲近经典】

《周易》是我国最古老而深邃的一部经典，儒家四书五经之一。据说是由伏羲的言论加以总结与修改概括而来（同时产生了易经八卦图），是华夏五千年智慧与文化的结晶，被誉为"群经之首，大道之源"。在古代是帝王之学，是政治家、军事家、商家的必修之术。从本质上来讲，《周易》是一本关于"卜筮"之书。"卜筮"就是对未来事态的发展进行预测，而《周易》便是总结这些预测的规律理论的书。

据《史记·周本纪》记载：文王"其囚羑里，盖益《易》之八卦为六十四卦"。也就是说，周文王姬昌曾被陷害而被殷帝纣囚禁在羑里整七年，当时在狱中，西伯姬昌潜心研究易学八卦，通过八卦相叠从而推演出现在《周易》中所记载的"乾为天、坤为地、水雷屯、山水蒙"等六十四卦。

【故事链接】

周处

周处原是东吴义兴（今江苏宜兴县）人。年青的时候，长得个子高，力气比一般小伙子大。他的父亲很早就死了，他自小没人管束，成天在外面游荡，不肯读书；而且脾气暴躁，动不动就拔拳打人，甚至动刀使枪。义兴地方的百姓都害怕他。

义兴邻近的南山有一只白额猛虎，经常出来伤害百姓和家畜，当地的猎户也制服不了它。当地的长桥下，有一条大蛟（一种鳄鱼），出没无常。义兴人把周处和南山白额虎、长桥大蛟联起来，称为义兴“三害”。这“三害”之中，最使百姓感到头痛的还是周处。

有一次，周处在外面走，看见人们都闷闷不乐。他找了一个老年人问：“今年年成挺不错，为什么大伙那样愁眉苦脸呢？”老人没好气地回答：“‘三害’还没有除掉，怎样高兴得起来！”周处第一次听到“三害”这个名称，就问：“什么是‘三害’？”老人说：“南山的白额虎，长桥的蛟，加上你，不就是‘三害’吗？”周处吃了一惊。他想，原来乡间百姓都把他当作虎蛟一般的大害了。他沉吟了一会儿说：“这样吧，既然大家都为‘三害’苦恼，我把它们除掉。”

过了一天，周处果然带着弓箭，背着利剑，进山找虎去了。到了密林深处，只听见一阵虎啸，从远处窜出了一只白额猛虎。周处闪在一边，躲在大树背面，拈弓搭箭，“嗖”的一下，射中猛虎前额，结果了它的性命。

周处下山告诉村里的人，于是有几个猎户上山把死虎扛下山来。大家都挺高兴地向周处祝贺，周处说：“别忙，还有长桥的蛟呢。”

又过了一天，周处换了紧身衣，带了弓箭刀剑跳进水里找蛟去了。那条蛟隐藏在水深处，发现有人下水，想跳上来咬。周处早就准备好了，在蛟身上猛刺一刀。那蛟受了重伤，就往江的下游逃窜。

周处一见蛟没有死，紧紧跟在后面，蛟往上浮，他就往水面游；蛟往下沉，他就往水底钻。这样一会儿沉，一会儿浮，一直追踪到几十里以外。

三天三夜过去了，周处还没有回来。大家议论纷纷，认为这下子周处和蛟一定两败俱伤，都死在河底了。本来，大家以为周处能杀死猛虎、大蛟，已经不错了；这回“三害”都死，喜出望外。街头巷尾，一提起这件事，都是喜气洋洋，互相庆贺。

没想到，到了第四天，周处竟安然无恙地回来了。人们大为惊奇。原来大蛟受伤以后，被周处一路追击，最后流血过多，动弹不得，终于被周处杀死。

周处回到家里，知道他离家三天，人们以为他死去，都挺高兴。这件事使他意识到，自己平时的行为被人们痛恨到什么程度了。从此便决心悔改。于是，周处就去找当时有名的学者陆机、陆云兄弟，并说：“我很想改正自己的错误，可年纪大了，恐怕最终不会有什么成就吧。”陆云回答说：“古人云‘朝闻道，夕可死矣’。何况你年纪尚轻，前途还很远大。”从此以后，周处就立志改过，努力求学，最终成为晋朝一代名臣。元康七年（297年）周处西征，由于他为人正直，受到一些大臣忌恨，作战时，杀敌上万，至弓断矢尽，而援兵不至，最后浴血战死疆场。周处死后，朝廷追赠他为“平西将军”，谥号“孝”。晋惠帝下诏书曰：“周徇师令，身膏齐斧。人之云亡，贞节克举。”赞美周处以身殉国的崇高精神。

（出自《世说新语》）

【掩卷沉思】

君子以见善则迁，有过则改。

如何才能做到呢？孔子说："见贤思齐焉，见不贤而内自省也。"见贤思齐，就是以人为师，向先进人物学习；见不贤而自省，则是以己为范。一个真正有道德修养的人，看到别人做得比自己好，就去学习，就想达到别人的程度。如果看到不贤的人，坏的人，就把他当作一面镜子，借以自我反省，以警戒自己不可以犯同样的错误。所以，真正做到见善则迁，有过则改，必须有一颗谦虚、虔诚的心。然而，我们常常犯的错误是，总认为自己是对的，别人是错的。否定自己很难，要接受别人，就必须首先否定自己，看到别人的长处与自己的不足，向别人学习，向别人看齐，这样一个人才能进步。自省需要功夫，见不贤要自省，对每天、每月、每年的所作所为，更要自省。

每个人都会犯错误，错误本身并不可怕，可怕的是犯错误而不改。如果采取有错误就改正的态度，就不会犯大错。反之，小错的积累就会造成大的错误，看一看身边走向犯罪道路的人，哪个是天生的罪犯呢？都是因为忽视自己小的过错，逐渐积累，等到造成大的损害时，想改已经来不及了。君子对待错误的态度，从表面上看，好像会给自己带来伤害，但是因为他及时地坦白错误，改正错误，会使错误造成的损害降至最小。

满招损，谦受益

【经典回顾】

满[1]招损，谦[2]受益，时[3]乃天道[4]。

——《尚书·大禹谟》

注释

[1] 满：骄傲。

[2] 谦：虚心，不自满。

[3] 时：当前，现在。

[4] 天道：自然的规律。

今译

骄傲自满招来损失，谦逊虚心得到益处。这是自然规律。

【亲近经典】

《尚书》是我国古代最早的一部历史文献汇编。最早被称为《书》，到了汉代被称为《尚书》，意思是"上古之书"，是儒家的重要经典之一。记载了从尧舜禹时代到春秋中期一千五百多年的历史，记录的是古代帝王和军臣的谈话记录。用散文写成，按朝代编写。相传为孔子所编。使用的语言文字比较古老，因而较难读懂。

"满招损，谦受益"，是《尚书》里的两句话，教人修身养性的。寥寥六字，言简意丰。谦恭礼让是中华民族源远流长的美德，自古就被作为处理人际关系的重要道德要求，为我国古代思想家所推崇，更为现在的社会所称颂。

谦恭礼让美德的精神在于敬，心敬才能礼貌待人，谦让不争。能否做到谦恭礼让，是一个人修养高低、一个社会文明程度和公德水平高低的最直接的体现。

千百年来，许许多多的人因为读懂了"满招损，谦受益"的深刻含义并身体力行而趋利避害，逢凶化吉，遇难呈祥；也有一些人因为没有理解和践行"满招损，谦受益"而功亏一篑，令人扼腕长叹。

【故事链接】

博士的尴尬

有一个博士被分配到一家研究所工作，成为那里学历最高的一个人。

有一天他到单位后面的小池塘去钓鱼，正好正副所长在他的一左一右，也在钓鱼。他只是微微点了点头，这两个本科生，有啥好聊的呢？

不一会儿，正所长放下渔竿，伸伸懒腰，"噌、噌、噌"从水面上如飞地走到对面上厕所。博士眼珠瞪得都快掉下来了。水上漂？不会吧？这可是一个池塘啊。

正所长上完厕所回来的时候，同样也是"噌、噌、噌"从水上漂回来了。怎么回事？博士生又不好去问，自己是博士生啊！

过了一会儿，副所长也站起来，走几步，"噌、噌、噌"漂过水面上厕所去了。这下子博士更是差点昏倒：不会吧？难不成自己到了一个江湖高手云集的地方？

博士生也内急了。这个池塘两边有围墙，要到对面上厕所非得绕10分钟的路，而回单位又太远，怎么办？

博士生也不愿意去问两位所长，憋了半天后，也起身把脚往水里伸：我就不信本科生能过的水面，我博士生不能过。只听"咚"的一声，博士生栽到了水里。两位所长将他拉了出来，问他为什么要下水，他问："为什么你们可以走过去呢？"

两位所长相视一笑："这池塘里有两排木桩子，由于这两天下雨涨水正好在水面下。我们都知道这木桩的位置，所以可以踩着桩子过去。你怎么不问一声呢？"

【掩卷沉思】

满招损，谦受益。尽管大多数人都明白这个道理，但经常只是在理论上明白，却不能付诸行动。我们办事情，在取得一定成绩后，经常会被高兴冲昏了头脑，骄傲起来，便会过于相信自己的能力，尤其体现在多次成功后。

当然，"满招损，谦受益"指的是过度自信会招致损失，而虚心地接受他人的建议则会得到好处，这就要求我们要学会正确处理相信自己与听取别人建议的关系。

相信自己而不盲目自信，谦虚地接受别人建议而不盲目听从，要充分地了解和认识自己，知道自己的能力和擅长的方面，在能够自信并且善长的方面充分地相信自己，而在不太了解的领域或是不太懂得的时候适当地听取他人的建议，结合自己的想法作出正确的判断。

倡导谦恭礼让，决不是妄自菲薄，自我贬低，也不是无原则地退让，一团和气。另外弘扬谦恭礼让对于树立正确的竞争意识，克服竞争带来的负面效应，有着积极的作用。真正有大成就者、能成大事业者无不是谦虚好学的人。当他们想要骄傲的时候，他们立即就会想到谦虚，他们会以空杯的心态、感恩的心态去面对任何一件事情、任何一个人。

勿以恶小而为之，勿以善小而不为

【经典回顾】

勿以恶小而为之，勿以善小而不为。

——《三国志·蜀书·先主传》

今译

不要以为坏事小就去做，不要以为好事小就不去做。

【亲近经典】

《三国志》是西晋陈寿编写的一部主要记载魏、蜀、吴三国鼎立时期的纪传体国别史，详细记载了从魏文帝黄初元年（220年）到晋武帝太康元年（280年）六十年的历史，受到后人推崇，是二十四史之一，与《史记》《汉书》《后汉书》并称“前四史”。

“勿以恶小而为之，勿以善小而不为。”这是刘备临终前给其子刘禅的遗诏中的话，劝勉他要进德修业，有所作为。好事要从小事做起，积小成大，也可成大事；坏事也要从小事开始防范，否则积少成多，也会坏大事。所以，不要因为好事小而不做，更不能因为坏事小而去做。小善积多了就成为利天下的大善，而小恶积多了也“足以乱国家”。

【故事链接】

螳螂捕蝉，黄雀在后

吴王要攻打楚国，警告他的大臣们“如有劝阻者斩”。吴王有个年轻的门客发现，强行谏言不是办法，于是就怀揣着弹弓，彻夜站立在后花园。露水沾湿了他的衣衫，他依然坚定地站立着，三天三夜过去了，吴王觉得很奇怪，于是问他：“你为什么要这样打湿衣服呢?”年轻人回答：“请您看看那棵树，树上有只蝉，蝉高高在上，一边放声鸣叫着，一边啜饮露水，却不知有只螳螂在它的身后；螳螂把身子贴在隐蔽的地方，一心只想捉蝉，却不知有一只黄雀躲在一旁；黄雀伸长脖子一心想啄螳螂，却不知我正拿着弹弓瞄准它。您看，它们都只求眼前的利益，却没有顾及身后隐伏的祸患啊!”吴王听后大悟，立即下令停止攻打计划。

这位吴国的谋士通过一个很小的比喻就轻而易举地阻止了一场血雨腥风，挽救了吴国可能的灭顶之灾。

（出自《说苑·正谏》）

男孩与小鱼

在暴风雨后的一个早晨，一个男人来到海边散步。他沿海边走着，突然发现，在沙滩的浅水洼里，有许多被昨夜的暴风雨卷上岸来的小鱼。它们被困在浅水洼里，回不了大海了。被困的小鱼，也许有几百条，甚至几千条。用不了多久，浅水洼里的水就会被沙粒吸干，被太阳蒸干，这些小鱼都会干死的。

男人继续朝前走着。他忽然看见前面有一个小男孩，走得很慢，而且不停地在每一个水洼旁弯下腰去——他在捡起水洼里的小鱼，并且用力把它们扔回大海。这个男人停下来，注视着这个小男孩，看他拯救着小鱼们的生命。

终于，这个男人忍不住走过去："孩子，这水洼里有几百几千条小鱼，你救不过来的。"

"我知道。"小男孩头也不抬地回答。

"哦！那你为什么还在扔？谁在乎呢？"

"这条小鱼在乎。"男孩一边回答，一边拾起一条鱼扔进大海，"这条在乎，这条也在乎，还有这一条、这一条、这一条……"

这个小男孩并没有错。他富有同情心，他对生命有着本能的恻隐之心，他是在拯救着一条又一条小鱼的生命，拯救着一条一条"小鱼"的良知。

【掩卷沉思】

勿以恶小而为之。一个人犯错误，也往往是从并不起眼的小事开始的。俗话说"小时偷针，大了偷金""千里之堤，溃于蚁穴"，讲的就是这个道理。坏事虽小，但它能腐蚀一个人的灵魂，日积月累，就会从量变导致质变，最后就会跃进犯罪的泥坑，成为可耻的罪人。有些学生平时不注意自己的道德修养，久而久之就养成了一身坏习气：迟到、旷课、泡网吧、抽烟，甚至结交一些社会上的不良分子，向同学敲诈勒索；有的去小偷小摸；还有的因为与同学有些矛盾，就纠集一帮人打群架。如果我们将其视为小事而置若罔闻，不防微杜渐加以改正，就有可能会发展到违法，最终受到法律的制裁，那时再痛心疾首后悔晚矣。

勿以善小而不为。一滴水可以折射太阳的光辉，一件好事可以看出一个人高尚纯洁的心灵。小事是大事的基础，大事是小事的累积，轻视一件件平凡的好的小事，就不会做出伟大的事情；轻视一滴水，就不会有浩瀚的海洋；轻视一棵树，就不会有茂密的森林；轻视一砖一瓦，就不能盖好高楼大厦。千百年来，古人有许多强调"做小事"重要性的名言警句：集腋成裘，聚沙成塔，垒土成山，纳川成海，积善成德。我们要从小事做起，从点滴做起。一个人做一件好事并不难，难的是一辈子做好事，如果一个人坚持做好事而不做坏事，那么，他必然会得到社会的尊重、人民的赞扬。一次关灯、一句善语、一次让座、一个微笑，都是对公共利益的贡献。小小的善举，举手之劳，并不需要我们付出很多，却能换来谅解、和睦、友谊，为社会做点事，为他人做点事，为自己做点事，美好的生活在大家的点点滴滴中创造，在持之以恒中延伸。

请留意自己的行动，因为行动能变成习惯；请留意自己的习惯，因为习惯能成为性格；请留意自己的性格，因为性格能决定你的命运。小与大是相对的，但善与恶却是绝对的，再小的善也是善，再小的恶也是恶。善是一种循环，恶也是一种循环，让我们始终记住“勿以善小而不为，勿以恶小而为之”。

入则孝，出则悌

【经典回顾】

子曰：“弟子[1]入[2]则孝，出[3]则悌，谨[4]而信，泛爱众，而亲仁[5]，行有余力，则以学文[6]。”

——《论语·学而》

注释

[1] 弟子：一般有两种意义，一是年纪较小的、为人弟或为人子的人，二是指学生。这里是用第一种意义。

[2] 入：古代时父子分别住在不同的居处，学习则在外舍。《礼记·内则》：“由命士以上，父子皆异宫”。入是入父宫，指进到父亲住处，或说在家。

[3] 出：与“入”相对而言，指外出拜师学习。

[4] 谨：谨慎。

[5] 仁：有仁德之人。

[7] 文：古代文献。主要有诗、书、礼、乐等文化知识。

今译

孔子说：“青少年在家要孝顺父母；在外，要顺从兄长。做事要谨慎，说话要讲信用，要广泛地去爱众人，亲近那些有仁德的人。这样躬行实践之后，还有余力的话，就再去学习文献知识。”

【亲近经典】

“孝悌”是为人之本。孔子“仁”学的基础是人的真情实感，主要内容是“爱人”，出发点和根本是“孝悌”。儒家认为，人与人之间有五种基本关系，这就是君臣、父子、夫妇、兄弟、朋友，称为“五伦”。从古至今，每个人作为社会中的一员，大体上都处于这五种关系之中。儒家的仁爱精神，就是从对父母的孝开始，延伸到对兄弟的悌，对朋友的信，以至于对天下人广泛的爱，同时要亲近那些有仁德的人，向他们学习。

孔子对“孝悌”之道有详细的论述。关于“孝”的要点，一是“能养”。孔子说：“今之孝者，是谓能养。”赡养父母是子女尽孝应承担的最基本的义务。二是要“敬”。孔子进一步指出："至于犬马，皆能有养。不敬，何以别乎？"这就是说，如果只是把能养父母当作孝，没有对父母的尊敬之心，又与养犬马有什么区别呢？孔子强调的是，对父母尽孝要有发自内心的真实情感。三是要和颜悦色。子夏问孝，孔子说："色难。"就是说对父母尽孝难在子女的态度上，如果总是给父母脸色看，即使让他们吃得再好，穿得再暖，他们心里也不会愉快，这就不能说是孝。四是要"几谏"。孔子说："事父母，几谏，见志不从，又敬不违，劳而不怨。""几"是轻微、委婉之意。孔子并不主张子女对父母要绝对地服从，他认为，子女事奉父母，假如父母有过错，要委婉地进行规劝。如果父母不听从，还要照常恭敬，不能违逆，且看时机再行劝谏。虽然操劳而忧心，也不能对父母产生怨恨之心。五是要无违于礼。鲁国大夫孟懿子问孝，孔子回答了两个字："无违。"学生樊迟问是什么意思，孔子说："生，事之以礼。死，葬之以礼，祭之以礼。"他所强调的是要以礼事亲，不可违背于礼。孔子教人是很讲针对性的，孟懿子不能遵从他父亲贤而好礼之教，所以孔子告诉他不违背父亲的教诲为孝。这是就具体情况而论。然而就普遍事理而言，孔子强调的是无违于礼。父母在世，如有不合乎礼的言行，子女不应当顺从，而要以合乎礼的方法去对待，这是对父母真正的爱护、尊敬。父母去世后，要按照丧、祭的礼制去办，这才算真正的孝。以上各点是充满人性色彩、具有普世价值的伦理思想，是值得认真继承和大力弘扬的。

【故事链接】

不要再邮寄拐杖

小时候父亲曾让我猜过一个谜语："生出来四条腿，长大了两条腿，老了三条腿。"我怎么也猜不出来，父亲哈哈大笑："那是人啊！"这笑声至今还在耳边回荡，父亲却已拄上了拐杖。

我写信给兄弟姐妹，告诉他们："年迈的父亲走路需要拐杖了。"不知是我没写清楚还是他们没读懂，每人都邮来一根拐杖。

母亲过世早，父亲又当爹又当妈担起双重的责任，省吃俭用，含辛茹苦，把爱心全部倾注到自己的儿女身上。

我成人后为了生计东奔西走，稍有空闲便困守案头，何曾注意过父亲的心情？父亲常走进我的房间，在我身边静静坐上一会儿，之后又回到自己的屋中。从里面传出电视机反反复复的开关声……

那一天，我问父亲是不是生病了，他含着泪说："你就是再忙，也该与我说说话……哪怕一个小时……"父亲的话令我惶恐。我捧起父亲那双日渐枯槁、布满青筋的手失声痛哭，那曾经是一双多么有力的手啊！而今，拐杖限制了他的自由，水泥墙使他脆弱孤独。

我要让年迈的父亲得到儿子时时送来的温暖。

傍晚我搀扶着父亲去河边散步，我对父亲说："我要永远陪伴着你。""不要这样说，孩子……"父亲又落泪了。

不过，我知道，这次父亲的泪水是甜的，不是咸的。我写信给像种子一样散布在各地的兄弟姐妹，告诉他们："不要再邮寄拐杖了，因为父亲身边有我。"

（作者得林，载于《视野》，2001 年第 10 期）

【掩卷沉思】

孔子要求弟子们首先要致力于孝悌、谨信、爱众、亲仁，培养良好的道德观念和道德行为，如果还有闲暇时间和余力，则用以学习古代典籍，增长文化知识。这表明，孔子的教育是以道德教育为中心，重在培养学生的德行修养，而书本知识的学习，则被摆在第二位。

事实上，在我国历史传统中，教育都尤其重视学生的道德品行和政治表现，把"德"排在"识"的前面。而当前的应试教育，似乎只看重成绩，而忽略了对学生品德的培养。因此出现了不少高分低能的人。所以我们在平常紧张的学习之余，一定要重视自己道德品质的养成。

慎终追远

【经典回顾】

曾子曰："慎终[1]追远[2]，民德归厚矣。"

——《论语·学而》

注释

[1] 终：人死为终。这里指父母的去世。

[2] 远：远指祖先。

今译

曾子说："谨慎地对待父母的去世，追念久远的祖先，自然会让老百姓日趋忠厚老实了。"

【亲近经典】

孔子并不相信鬼神的存在，他说"敬鬼神而远之"，就证明了这一点。尽管他没有提出过人死之后有所谓灵魂的存在这种主张，但他却非常重视丧祭之礼。在孔子的观念中，祭祀已经不单是祭祀亡灵，祭祀之礼被看作一个人孝道的继续。通过祭祀之礼，可以寄托个人对父母和先祖尽孝的情感。

儒家重视孝的道德，是因为孝是忠的基础，一个不能对父母尽孝的人，他是不可能为国尽忠的。所以忠是孝的延伸和外化。关于忠、孝的道德观念，在《论语》中时常出现，表明儒家十分重视忠孝等伦理道德观念，希望把人们塑造成有教养的忠孝两全的君子。这是与春秋时代的宗法制度相互适应的。做到忠与孝，那社会与家庭就可以得到安定。

【故事链接】

关于寒食的传说

相传春秋战国时代，晋献公的妃子骊姬为了让自己的儿子奚齐继位，就设毒计谋害太子申生，申生被逼自杀。申生的弟弟重耳，为了避祸，流亡出走。在流亡期间，重耳受尽屈辱。原来跟着他一道出走的臣子，大多陆陆续续地各奔出路去了，只剩下少数几个忠心耿耿的人一直追随着他，其中一人叫介子推。有一次，重耳饿晕了过去。介子推为了救重耳，从自己腿上割下了一块肉，用火烤熟了送给重耳吃。十九年后，重耳回国做了君主，就是著名的春秋五霸之一——晋文公。

晋文公执政后，对那些和他同甘共苦的臣子大加封赏，唯独忘了介子推。有人在晋文公面前为介子推叫屈。晋文公猛然忆起旧事，心中有愧，马上差人去请介子推上朝受赏。可是，差人去了几趟，介子推不来。晋文公只好亲自去请。当晋文公来到介子推家时，却见大门紧闭，原来介子推不愿见他，已经背着老母躲进了绵山（今山西介休县东南）。晋文公便让他的御林军上绵山搜索，没有找到。于是，有人出了个主意说，不如放火烧山，三面点火，留下一方，大火起时介子推会自己走出来的。晋文公于是下令举火烧山，孰料大火烧了三天三夜，直至大火熄灭，仍不见介子推出来。上山一看，介子推母子俩抱着一棵烧焦的大柳树已经死了。晋文公望着介子推的尸体哭拜一阵，然后安葬遗体，这时发现介子推的身体堵着一个柳树树洞，里面好像有什么东西。掏出一看，原来是片衣襟，上面题了一首血诗：

割肉奉君尽丹心，但愿主公常清明。
柳下作鬼终不见，强似伴君作谏臣。
倘若主公心有我，忆我之时常自省。
臣在九泉心无愧，勤政清明复清明。

晋文公将血书藏入袖中，然后，令把介子推和他的母亲分别安葬在那棵烧焦的大柳树下。为了纪念介子推，晋文公下令把绵山改为“介山”，在山上建立祠堂，并把放火烧山的这一天定为寒食节，晓谕全国，每年这天禁忌烟火，只吃寒食。

走时，他伐了一段烧焦的柳木，到宫中做了双木屐，每天望着它叹道：“悲哉足下。”“足下”是古人下对上或同辈之间相互尊敬的称呼，据说就是来源于此。

第二年，晋文公领着群臣，素服徒步登山祭奠，表示哀悼。行至坟前，只见那棵老柳树死树复活，绿枝千条，随风飘舞。晋文公望着复活的老柳树，像看见了介子推一样。他敬重地走到跟前，珍爱地掐下一枝，编了一个圈儿戴在头上。祭扫后，晋文公把复活的老柳树赐名为“清明柳”，又把这天定为清明节。

以后，晋文公常把血书袖在身边，作为鞭策自己执政的座右铭。他勤政清明，励精图治，把国家治理得很好。

（作者不详，载于浙江文明网）

【掩卷沉思】

对死去之人的丧礼要“尽其礼”，对祖先的祭祀要“尽其诚”，这样民德就可以归于厚了。为什么会这样？这里蕴含着孔子对死生关系的何种看法？长辈、祖先都已经去了，并看不到自己的丧礼和祭礼如何，那么这些礼的作用在哪里？朱熹的解释是终者是人所容易忽视的，远者是人所容易忘记的。也就是说，这些为死者和祖先设立的礼，其实是用来教育生者的。活着的人看到死后还可以受到后代如此的尊重，不免对死少了恐惧，有了根基；对祖先的怀念则可以具有某种归属感，知道自己从哪里来；这还是对活着的人一种很好的约束：如果活着的时候做人没有德性的话，何以面对祖先和后代呢？

孔子不言怪力乱神，却异常重视祭祀。这成为中华文明在民间的主要传承形式之一。可贵之处，不仅在于其对经典文明的代代传承，更在于其能够渗透到民间生活的方方面面，引导人们修身正心，走出迷惘困顿。

“慎终追远”，强调的是人们对于文化和道德传承应当秉承十分谨慎的态度和强烈的责任感，对于自己的言行是否有悖于祖辈的教育，身后对后世子孙有何影响，都应当深思熟虑。如果每个人都能够抱着这样的态度做人做事，社会风气就会淳厚朴素，平等、互助、协调的和谐社会就会建立。

父母之年，不可不知也。一则以喜，一则以惧。

【经典回顾】

子曰：“父母之年，不可不知也。一则以[1]喜[2]，一则以惧[3]。”

——《论语·里仁》

注释

[1] 以：关系词，其下省略“之”字。“之”代“父母之年”。

[2] 喜：高兴。

[3] 惧：担忧。

今译

孔子说：“(作为子女)，父母的年纪，不可以不知道。一方面因为父母依然健康（自己可以承欢膝下），心中非常喜悦；一方面因为父母逐渐衰老（自己事奉父母的日子越来越少），心中十分惧怕。

【亲近经典】

关于“孝”，《论语》中论及之处大致有二十处，我们可以从这些阐释中解读孔子有关“孝”的思想核心及其具体体现。

“孝”是其他道德标准实现的前提。《论语·学而》中有：“孝悌也者，其为仁之本与！”“仁”是孔子思想中的核心观念，而其实现的基础和本源则为“孝悌”。“孝”有如此之地位，是和古代社会的伦理关系密不可分的。对自己父母不孝的人，谈不上“忠”，也谈不上“仁”。

【故事链接】

子路负米

子路是春秋末鲁国人，在孔子的弟子中以政事著称，尤以勇敢闻名。子路小的时候，家里很穷，常年靠吃粗粮、野菜等度日。家乡没有米，为了让父母吃到好吃的白米饭，他要从百里之外背米回家。

后来子路做了大官，出使楚国，锦衣美食，平时随从的车骑就有一百辆，还囤积了上万钟的粟米，居室内坐的地方垫着舒服的厚褥子，吃饭的时候可以摆出许多大鼎，里面装满煮好的精美食物。子路却经常叹息道：“现在想再从百里之外负米奉养双亲，却永远不可能了。”因为他的父母已经去世了。

（出自《二十四孝》）

【掩卷沉思】

很多人对自己的生日记得很清楚，每逢生日，往往举办庆生活动。可是询及父母的生日时，他们往往就瞠目羞赧，支吾以对了。其实，孝顺父母，就必须时时将双亲的年龄记存在心，看到父母的年龄与日俱增，身体一直相当硬朗，做子女的还能承欢膝下，内心的喜悦，可想而知。再说，记存父母之年，也令子女忧惧。眼看着双亲渐渐衰老，怎不教人忧虑惧怕呢？大体来说，子女牢记父母的年岁，克尽孝道，时喜时惧的心情，有如上述。至于自己过生日、庆生之际，或许还是要感谢父母的生养鞠育之恩吧！孩子的生日，是母亲的难日。这很少有人能深切体会。

老吾老，以及人之老；幼吾幼，以及人之幼

【经典回顾】

孟子曰：“老[1]吾[2]老，以及人之老；幼[3]吾幼[4]，以及人之幼。”

——《孟子·梁惠王上》

注释

[1] 老：当动词用，孝敬，善待。

[2] 老：当名词，老人，长辈。

[3] 幼：当动词用，抚养，爱护。

[4] 幼：当名词用，儿女，小辈。

今译

孟子说：“孝敬自家的长辈，推及到孝敬别人家的长辈；爱护自家的儿女，推及到爱

护别人家的儿女。”

【亲近大师】

孟子，名轲，字子舆，战国时邹国（今山东省邹城市）人，是中国古代著名思想家、教育家、政论家和散文家，战国时期儒家代表人物。孟子继承并发扬孔子的思想，孔子被尊为“圣人”，孟子则被尊为“亚圣”。孟子与孔子同为儒家文化的大师，二人被合称“孔孟”，儒学也被称为“孔孟之道”。

孟子曾仿效孔子，带领门徒周游各国，然不被当时各国所接受，后退隐与弟子一起著书。《孟子》一书是孟子的言论汇编，由孟子及其弟子共同编写而成，记录了孟子的言行、政治观点和政治行动等，是儒家经典著作。

【故事链接】

十九个孩子的爹

20世纪70年代初，哈萨克族干部阿比包的维吾尔族邻居亚和甫夫妇相继去世，撇下三个孩子。同样是贫苦出身的阿比包看在眼里，急在心里，和妻子阿尼帕一商量，就把三个孩子接到了家里。作决定是容易的，但是现实却是那么艰难。当时，阿比包自家有七口人，妻子阿尼帕的三个妹妹也跟他们生活在一起，再加上邻居家的三个维吾尔族孩子，十三个人怎么生活呢?

孩子们吃不饱，而妻子又没有工作，没有收入，阿比包就把所有的工资都换成了能吃的东西。“邻居家的孩子就是我们的孩子，生活苦一点没什么。”阿尼帕说道。

1977年，好心的阿比包夫妇收养了十一岁的回族女孩王淑珍。那时，王淑珍的父亲在“文化大革命”中受迫害去世，母亲改嫁给继父后也患病去世。一年后，王淑珍的哥哥王作林和两个妹妹也投奔到阿比包家里，像当时收养王淑珍一样，阿比包夫妇还是什么都没说，就接纳了远道而来的三个孩子。

王淑珍的哥哥王作林是两位老人最操心的孩子，也是现在对老人最关心的孩子。1989年，初中毕业的王作林受社会上不良青年的影响，犯了错误，被判了三年刑。听到这个消息，阿比包夫妇好几天都着急得吃不下饭，不停地责怪自己对王作林关心不够。为了打消王作林的顾虑，让他安心服刑，阿比包挤出生活零用钱，买上衣物坐了四百多公里的车去看望王作林，还说服家里的孩子不要歧视这个哥哥。

正是阿比包夫妇的关爱让王作林又看到了生活的希望。1992年，王作林刑满释放了，阿比包害怕没有工作的王作林又会受不良青年的引诱，不顾有病的身体四处东奔西跑，为他解决了城镇户口，并把他安排到水泥厂工作。

1989年2月，王淑珍的汉族继父去世了，留下了王淑珍妈妈和继父生养的三个妹妹。听说这三个孩子在乡下无依无靠，阿比包夫妇又将他们接到家里来抚养。那时，阿比包不仅要抚养妻子的三个妹妹，自己还有九个孩子，再加上收养的孩子，最多的时候一家有二十多口人，但老两口宁可让自己的孩子少吃一口，少喝一口，从来不让养儿女们受委屈，并想方设法供他们上学读书。

现在，辛苦操劳的日子都已经过去，养子们也全部成家立业。作为一个普通的哈萨克族离休干部，几十年来，阿比包始终用爱浇注和灌溉孩子们的心田，用平凡的事迹书写了不平凡的人生。

（作者单晓华，载于新疆天山网，2008 年 5 月 26 日）

【掩卷沉思】

尊老爱幼是中华民族的传统美德，自古就有。孟子曾经说过：“老吾老，以及人之老；幼吾幼，以及人之幼。”又曾说：“谨庠序之教，申之以孝悌之义，颁白者不负戴于道路矣！”庄子也说道：“挟泰山以超北海，此不能也，非不为也；为老人折枝，是不为也，非不能也。”

国外也是如此。司汤达说：“老来受尊敬，是人类精神最美好的一种特权。”戴维·德克尔也谈到：“对老年人的尊敬是自然和正常的，尊敬不仅表现于口头上，而且应体现于实际中。”印度谚语中有：“你不同情跌倒在地的老人，在你摔跤时也没有人来扶助。”

在中国将要进入老龄化的今天，国家出台了很多关爱老年人的政策，特别是在全国大多城市都实行了七十岁以上老人坐车免费，公园等一些营业性景区对七十岁以上老人免费开放或者优惠的政策，还在医疗保障上给老年人以更多的关爱。孝敬自己的老人是本分，力所能及地关爱其他老人也是我们应该做的。只有如此，等我们老了需要帮助的时候，别人才会伸出援手。推己及人，平等相待，是我们努力追求的。形成了良好的风气，我们的社会也才会和谐进步。

孝子之养老也，乐其心不违其志

【经典回顾】

孝子之养老也，乐[1]其心不违其志，乐其耳目，安[2]其寝处，以其饮食忠养之，孝子之身终，终身也者，非终父母之身，终其身也。

——《礼记·内则》

注释

[1] 乐：快乐。这里是指“使……快乐”。

[2] 安：安逸。这里是指“使……安逸”。

今译

孝子养老，就是让父母的心情快乐，不违背父母的意志，让父母的耳目快乐，休息起居安逸，提供饮食奉养父母，直到孝子生命结束。这里所说的终身，不是终父母之身，而是终孝子之身。

【亲近经典】

《礼记》是中国古代一部重要的典章制度书籍。该书是由西汉礼学家戴德和他的侄子戴圣编定。戴德选编的85篇本叫《大戴礼记》，到唐代只剩下了39篇。戴圣选编的49篇本叫《小戴礼记》，即我们今天见到的《礼记》。这两种书各有侧重和取舍，各有特色。东汉末年，著名学者郑玄为《小戴礼记》作了出色的注解，后来这个本子便盛行不衰，并由解说经文的著作逐渐成为经典，到唐代被列为“九经”之一，到宋代被列入“十三经”之中，为士者必读之书。

【故事链接】

弃老国缘

很久以前，有一个国家叫“弃老国”，老年人被认为是无用的、多余的，因此，家有老人，一律要驱赶至荒山僻壤让其自生自灭。

国中有一个大臣，心有不忍，造了一间密室，在里面偷偷地奉养自己年老的父母。大臣天天想：“要是我能想出什么办法，让大家都废除这种陋习就好了。”他的孝心感动了天神。

天神下凡来到国王那里，取出两条蛇，说：“请你鉴别一下，这两条蛇哪条是雌，哪条是雄。十天之内鉴别不出来，我就灭了你的国家。”

国王鉴别不出蛇的雌雄，心中十分着急，便召来王公大臣，商量对策。

大臣回家把这事告诉父亲，他父亲想了想，给他出了个主意。第二天，大臣对天神及国王说：“很简单，只要拿一块细软的布，把两条蛇放在上面，雄蛇比较活泼，在布上会躁动不安；雌蛇比较老实，在布上会安静不动。”

天神笑道，说：“的确如此。”

接着天神牵来一头大象，对国王说：“请你称出这头大象有多重，否则我就灭了你的国家。”国王仍旧毫无对策，请教大臣。大臣回家请教父亲，回来对天神说：“把大象牵到大船上，刻下水线，然后换上石头，当船沉到同一条水线时，再称一下船上石头的重量，就得到了大象的重量。”天神含笑点头。

天神接着又拿出一根两头一样粗细的檀木，问道：“哪一头靠近树根？哪一头靠近树梢？”国王仍旧张口结舌，无法回答。大臣与父亲商议后，回到宫里说出办法：“把木棍放到水中，向下沉的一头靠近树根，往上翘的一头靠近树梢。”

天神又牵来两匹白马，大小、毛色、形态完全一模一样，问道：“这两匹马，一匹是母，一匹是子，请鉴别出来。”国王绕着两匹马转了老半天，分辨不出。大臣请教父亲后，说：“请拿一把鲜嫩的草来。”他把草抱到马的前面，只见一匹马先用嘴把草推到另一匹的前面，然后自己再吃。大臣说：“这匹是母，那匹是子。因为母爱子，所以先推草给子吃。”

天神哈哈大笑，说：“你的国家里还有这样聪明的人，从今以后，我将保护你的国家，让你的国家不受侵犯。”说完便隐没不见。

国王高兴极了，对大臣说：“多亏了你，国家才免去一场大灾祸，我要重重地赏赐你。”又问他：“为什么天神每次提问，你都要回家才能解答出来？这些答案到底是你自己想出来的，还是有人教你？”

大臣跪下说：“我犯了法，求大王饶我死罪，我才敢说。”

国王说：“你说吧！”

大臣说：“我没有按照规定驱赶父母，而把他们藏在家中。刚才的这些答案，都是父亲教我的。大王！父母恩重，好比天地，怀胎十月，生下我们，从小到大，乳哺养育，教授道理，直到我们成家立业。父母不知吃了多少辛苦，付出多少劳累。可以说，我们之所以能有今天，全靠父母的养育之恩。这种恩情，是我们怎么也报答不了的！刚才大王说要赏赐我，我什么也不要，只希望大王下一道命令，把那驱弃父母的陈规陋习给废除了吧！”

国王听了之后，非常感动，遂发布命令：从此再也不准驱弃父母，必须孝顺供养，有不孝顺父母者，从重治罪。

（出自《杂宝藏经》）

【掩卷沉思】

孝敬长辈是中华民族的传统美德，“万善德为本，百行孝为先”，父母生儿育女，含辛茹苦，一生操劳。从十月怀胎到养大成人，无不渗透父母的心血和汗水，这其间有“慈母手中线，游子身上衣”的百般呵护和疼爱，有“临行密密缝，意恐迟迟归”的千遍叮咛和牵挂，有“不为己身苦，常怀儿女忧”的万种柔情和眷顾，这深入骨髓、融入血脉的情和爱比海还深，比天更高。饮水要思源，知恩当图报。作为沐浴父母无限关爱的儿女该怎样回报呢？唯有孝，才能无愧于双亲，才能报得“三春晖”。

“治身莫先于孝，治国莫先于公”。孝既是传统美德，也是做人的良知和道义。试想，一个对父母的大恩大德都不尊敬、不孝敬的人，能跟别人建立诚信关系吗？能遵守社会道德规范吗？能去效忠祖国母亲？能成为国之栋梁、挑起民族的重担吗？孝是人的本分，是义不容辞的责任，是人类最真最善的行为。

朋友们，当父母给我们递过热热的早餐奶，当父母冒着倾盆大雨给我们送来雨具，当父母一夜未眠守候着生病的我们，我们是否想过：面对父母，我孝敬了没有？

“鸦有反哺之义，羊有跪乳之恩”，小生灵尚有报恩的义举，更何况我们文明的人类？孟宗寒冬哭竹，陈毅为母洗脚，小黄香替父温席，田世国为母捐肾，古今中外孝子佳话连篇，赤子情深山高水长，幸运的父母收获着幸福的慰藉。作为芸芸众生中的我们，当以他们为榜样，用自己的爱心和能力为父母出谋划策、排忧解难，一片关心、一份理解，都会让父母心花怒放、倍感欣慰。你可以为年迈的爷爷背背诗，为苍老的奶奶梳梳头，为辛劳的父亲捶捶背，为疲惫的母亲泡泡脚。一杯热茶、一声问候、一份礼物，无不是情的涌动、孝的流露、爱的延续。

同学们，让我们和父母和睦相处，共享最纯最美的亲情，趁父母健在，好好孝敬他们，让他们快乐无忧过日子。人生短暂，一定要珍惜，善待老人，孝敬长辈。不要等到一切都无法挽回了，才知道这些人对你是多么重要！因为，无论你做错了什么，父母都会原谅你。家，是你永久的港湾！

第二章 求知的方法

知识是人类进步的阶梯，对未知的好奇和探索也是人类的一种本能。然而，现在由于过分强调苦学的作用，再加上缺乏好的学习方法，部分学生反而对学习产生了畏惧感甚至倦怠感。其实《论语》中第一句话，就是“学而时习之，不亦说乎”，之后有“知之者不如好之者，好之者不如乐之者”的训诫。很显然，学习应该是很快乐的事情，在学习中获得新知，在学习中攻克难关，在学习中开阔视野，在学习中陶冶性情，哪一样不是人生的乐事呢？因此，以学为乐是学习的最高境界。

好的方法固定并沿袭下来，就成了习惯，好的习惯坚持下来就能在求知上更上层楼。比如“学而时习之”，“不耻下问”，“举一反三”，“一张一弛”，“博观而约取”等，千百年来，都是非常适用的求知方法。培根认为：“一切天性与诺言都不如习惯更有力量。”叶圣陶先生说过：“教育就是培养习惯。”因此，培养良好的学习习惯尤为重要。

学而时习之

【经典回顾】

子曰："学[1]而时习之，不亦说[2]乎？有朋自远方来，不亦乐乎？人不知，而不愠[3]，不亦君子[4]乎？"

——《论语·学而》

注释

[1] 学：孔子在这里所讲的"学"，主要是指学习西周的礼、乐、诗、书等传统文化典籍。

[2] 说：音 yuè，同悦，愉快、高兴的意思。

[3] 愠：音 yùn，恼怒，怨恨。

[4] 君子：《论语》中的君子，有时指有德者，有时指有位者。此处指孔子理想中具有高尚人格的人。

今译

孔子说："学习并时常温习和练习，不是很愉快吗？有志同道合的人从远方来，不是很令人高兴的吗？人家不了解我，我不怨恨恼怒，不是一个有德的君子吗？"

【亲近经典】

这段话简要地概括了孔子人生理想的三个方面：学习、交朋友、进行自我修养。其中，他把学习放在首位。学习就在于不断地求知致道、讲信修义、进德修身。孔子在这里反复强调了"不亦乐乎"，读书做学问无非是要先自得其乐。随时随地学习，随时随地反省，自然就能不断地提高自己的修养。

孔子教人学习，主要是学为人之道。但由修己身，到治天下，是一致的，所以历史上有"半部《论语》治天下"的故事。

【故事链接】

半部《论语》治天下

著名的政治家赵普，原先在后周节度使赵匡胤手下当推官。后周显德七年（960年），赵匡胤率军到达陈桥时，赵普出谋划策，发动兵变，于是赵匡胤黄袍加身，做了皇帝，建立宋朝，史称宋太祖。后来，宋太祖任命赵普为宰相。

从宋太祖取得政权开始，到平定南方，赵普是主要的谋士，立了不少大功。宋太祖拜赵普为相后，事无大小，都跟赵普商量。而赵普出身小吏，比起一般文臣来，他的学问差得多。他当上宰相以后，宋太祖劝他多读点书。赵普每次回家，就关起房门，认真诵读《论语》。

宋太祖死后，他的弟弟赵匡义继位，就是宋太宗。赵普仍然担任宰相。有人对宋太宗说赵普是粗人，不学无术，所读之书仅仅是儒家的一部经典《论语》而已，当宰相不合适。宋太宗不以为然地说："赵普读书不多，这我一向知道，但说他只读一部《论语》，我是不相信的。"

有一次和赵普闲聊，宋太宗问道："有人说你只读一部《论语》，这是真的吗？"

赵普老老实实地回答说："臣所知道的，确实不能超出《论语》。过去臣以半部《论语》辅助太祖平定天下，现在臣用半部《论语》辅助陛下，便会使天下太平。"

后来，赵普因为年老体衰病逝，家人打开他的书箱，里面果真只有一部《论语》。

【掩卷沉思】

儒家认为"道不远人"，"道"就在人的身边，所以除了从书本上学"道"，也要把自己融入自然和生活中，去体会人生天地间处处包含的哲理。"学而时习之"，一方面是要经常实践书本上的知识，这样知识才能成为人的内在修养和能力，才能够融会贯通，举一反三；另一方面，也是在日常生活中实践道德修养和体会哲理。

这正是孔子说的"学而时习之"。学习并不仅仅意味着书本与知识，在学习的过程中，人们感受到林间松韵、石上泉声、草际烟光和水心云影的美妙境界，当学习和思考、道德实践同人生的幽远意境融会贯通时，怎么能不让人感到喜悦和快乐呢？

孔子说："有朋自远方来，不亦乐乎？"这句话可以说是我们中国人热情好客传统的渊源，同时，它也深刻地影响了中国人交友的标准和对待朋友的方式。

"人不知，而不愠"，这句话也跟儒家的"学"的思想有关。在儒家思想里，"学"是一个自觉修养的过程，是为了培养自己的德行、仁爱和智慧，这不是为别人做的，也不需要别人来监督和评价，所以，别人知不知道，不会影响自己内心的喜怒。正如深谷幽兰，清芳自足，甘于淡漠，象征着一个人不管是做学问还是要成就事业，都要能够承受寂寞，忍受别人的不理解，用达观、平和的心境去面对风雨人生。然而，这并不是某种孤芳自赏的清高，而是因为学习君子之道的过程本身就是快乐和充实的。

吾十有五而志于学

【经典回顾】

子曰："吾十有[1]五而志于学，三十而立[2]，四十而不惑[3]，五十而知天命[4]，六十而耳顺[5]，七十而从心所欲，不逾矩。"

——《论语·为政》

注释

[1] 有：同"又"。

[2] 立：站得住的意思。

[3] 不惑：掌握了知识，不被外界事物所迷惑。

[4] 天命：指不能为人力所支配的事情。

[5] 耳顺：对此有多种解释。一般而言，指对那些于己不利的意见也能正确对待。

今译

孔子说："我十五岁立志于学习；三十岁能够自立；四十岁能不被外界事物所迷惑；五十岁懂得了天命；六十岁能正确对待各种言论，不觉得不顺；七十岁能随心所欲而不越出规矩。"

【亲近经典】

在这里，孔子自述了他学习和修养的过程。这一过程，是一个随着年龄的增长思想境界逐步提高的过程。就思想境界来讲，整个过程分为三个阶段：十五到四十岁是学习领会的阶段；五十到六十岁是安心立命的阶段，也就是不受环境左右的阶段；七十岁是主观意识和做人的规则融合为一的阶段。在这个阶段中，道德修养达到了最高的境界。孔子的道德修养过程，有合理因素：第一，他看到了人的道德修养不是一朝一夕的事，不能一下子完成，不能搞突击，要经过长时间的学习和锻炼，要有一个循序渐进的过程；第二，道德的最高境界是思想和言行的融合，自觉地遵守道德规范，而不是勉强去做。这两点对任何人都是适用的。

【故事链接】

博爱的陈嘉庚

陈嘉庚是著名的爱国华侨，早年他白手起家，靠着过人的聪明和坚忍的意志，终于富了起来。可他日常生活依然十分俭朴。他年纪大了去检查身体，发现营养不良，钱到哪里去了？全做了社会慈善事业，新加坡南洋大学就是他亲手创办的。在国内，他也到处兴办学校，提倡教育，帮助那些家境贫寒的人。

有一次陈嘉庚和儿子一起出国办事，儿子坐的是头等舱，他自己坐经济舱，下了飞机后，他对儿子说："我们同时到达，何必花那么多冤枉钱？"我国著名的佛学大师净空法师高度赞扬陈嘉庚："这老人不同凡响。"

陈嘉庚的儿子曾经被绑匪绑票，绑匪提出条件要赎金。陈嘉庚通知绑匪："你把我儿子杀掉好了，我一分钱也不会给你，我的钱全部拿去做公益事业，绝不给后代。"真正是全力做社会慈善福利事业，一心为别人想、为社会想，没有为自己想。那个绑匪接到通知，就把他的儿子放掉了。

直到今天，提起陈嘉庚老先生，我国和新加坡许多人都对他念念不忘。

【掩卷沉思】

孔子的这段话，其实就是指出了人们在提升人生境界方面的不同阶段和步骤。人生境界的提升过程，也就是人的自我觉悟的过程。一个人在自己一生的成长和提升中，未必一定能够达到圣人境界；但对这一超拔之境界，须持一种"高山仰止，景行行止，虽不能至，然心向往之"的敬畏。

传统的人才观讲究德才兼备，强调以德为先，不是没有道理的。现代的人才观似乎更偏重于才而忽视了德。不管人格高下，只要有一技之长就足矣。殊不知，当一个人道德败坏时，其才能越大，带来的危害也就越大。古今中外，不乏其例。怎样才能使人有德呢？这就离不开人生境界的修养和提升这条路径。

读这一段时，不妨对比一下王国维讲的人生“三境界”：“昨夜西风凋碧树，独上高楼，望尽天涯路”，是寻找目标；“衣带渐宽终不悔，为伊消得人憔悴”，是穷追不舍；“众里寻他千百度，蓦然回首，那人却在灯火阑珊处”，是如愿以偿，理想得以实现。

虽然孔子大半生周游列国，推行仁政，而最终却是怀抱着未遂的志愿死去，并未如愿以偿；但是他的思想却影响了中国几千年。孔子这段话，只是讲述了他的人生历程。人生的意义不在于一定有一个什么样的结果，而在于为实现理想而不断奋斗不断修养自我的过程。

温故而知新

【经典回顾】

子曰：“温故[1]而知新，可以为师矣。”

——《论语·为政》

注释

故：过去学的知识。

今译

孔子说：“在温习旧知识时，能有新体会、新发现，就可以当老师了。”

【亲近经典】

“温故而知新”是孔子对我国教育学的重大贡献之一，他认为，不断温习所学过的知识，可以获得新知识。人们的新知识、新学问往往都是在过去所学知识的基础上发展而来的。因此，“温故而知新”是一个十分可行的学习方法。

【故事链接】

温故而知新

杨澜到纽约哥伦比亚大学研究生院学习，她知道自己的时间有限，而学习的机会难得，因此珍惜在那里的每一分每一秒。两年的时间里，她几乎是在挤压时间，好像把每一分钟都掰成了两半来使用。为了尽可能多地掌握知识，杨澜在第一个学期一下子选了18个学分的课程。超过了一般学生应该选修的12个学分，多出了50%。

杨澜是自己给自己施加压力，自己给自己找不痛快。杨澜想，既然是学习，就要给自己最大的空间，让自己的学习潜力发挥到极点。而这样一来，杨澜在一个学期的四个月里，就没有了休息的时间。

杨澜不是在教室里上课，就是在图书馆里看书。如果不在这两个地方，那杨澜一定是在去这两个地方的路上。如果说杨澜在外国语学院的学习是一种游戏的话，那在纽约的学习就是一场生死较量的格斗。杨澜在学习上的求知欲望以对自己近乎残忍的方式展开。听杨澜说自己在纽约学习的一段，你会觉得呼吸困难，无法想象她是怎么熬过来的。

毅力、坚韧，个性成就了杨澜。

期末考试的前夕，杨澜面临着极大压力，如果说选择 18 个学分只是基于内心强烈的求知欲望一时作出的决定，那考试就到了要兑现承诺的时刻。

首先是三篇论文，每篇论文都需要在 20 页以上，论点、论据虽然是现成的，但还是需要查找大量的资料，图书馆成了杨澜的第二个住处。需要拍摄一部电视纪录片，时间是两周。还有三个小时的当堂考试，那时候杨澜感觉自己都快疯了。每天只有不足四个小时的睡眠时间，杨澜感觉那阵子没有时间的概念，就像刚到纽约的那天需要倒时差一样，不同的是，杨澜的这次倒时差是两个星期的 14 天。

中国有句老话，一分耕耘一分收获。杨澜的努力得到了回报。在全部考试的科目里，除了一门功课得 B^+ 以外，其他的考试科目杨澜都拿到了最优秀的 A。

这在哥伦比亚大学的学生中间绝对算得上是好成绩，而这个成绩之所以要在这里强调的特殊意义就在于，杨澜在这个学期里不但拿到了作为一名学生应该拿到的 12 学分，还额外多拿了 6 学分。从生意经的角度来看，杨澜这次的学习赚了。

（作者张路艳晶，《精彩杨澜》，中国铁道出版社 2007 年版）

【掩卷沉思】

周而复始地巩固旧有知识，不断获得新认识，达到为人师的境界。这句话让人想到了“学无止境”这四个字。其实，之所以无止境，不仅是因为知识的宽度，更因为知识的深度。在这里，孔子用最浅显的话语告诉我们这样一个道理：常回头看看。

学问是在一次次学与问的过程中累积起来的，这样的累积过程不是单纯的叠加，知识不可如绸缎般被叠得整整齐齐贮存到大脑中，它只有在使用的时候，才具有伟大的力量，也因此它必将处在永恒的整合过程中。一代红学大师周汝昌这一生致力于还《红楼梦》一个本真面貌，谁又能说得清几十年来，《红楼梦》他到底温习过多少次？但我们知道，每次重温，他都有新的体会，研究都会更进一层。

做学问如此，做人亦是如此。在一次次回首中，检省自我，叩问内心，人才可以成长为一个纯粹的人。卢梭《忏悔录》打动我们，不正因为这是他在残酷迫害下、在四面受敌时作的这样一次真诚的回首吗？周国平曾说：“寻求生命的意义，所贵者不在意义本身，而在寻求，意义就寓于寻求的过程之中。”台湾教授辛意芸也认为，我们的一生是生命意识自我觉醒的过程，这个过程需不断学习，并始终以自省贯之。对自己所行之“故”作一次回顾，作一次反思，无论得失，我们都可以拥有新的起点。人生恰恰是从一个个旧的脚印上踏出新的征程。

学而不思则罔，思而不学则殆

【经典回顾】

子曰："学而不思则罔[1]，思而不学则殆[2]。"

——《论语·为政》

注释

[1] 罔：迷惑，糊涂。

[2] 殆：危险。

今译

孔子说："只读书学习，而不思考问题，就会惘然无知而没有收获；只空想而不读书学习，那就危险了。"

【亲近经典】

孔子认为，在学习的过程中，学习和思考不能偏废。他指出了学而不思的局限，也道出了思而不学的弊端，主张学习与思考相结合。只有将学习与思考相结合，才可以使自己成为有道德、有学识的人。这种思想在今天的教育活动中有其值得肯定的价值。

【故事链接】

孔子求道于老子

孔子能够虚心向别人求教，而且善于自己思考。有一天，他带领学生们去拜访老子。他们走了很远的路，才来到老子的住处，但不巧，老子正在闭目养神。孔子没有打扰，只是安静地站立在旁边等候。过了很久，老子睁开眼睛，孔子就施礼拜见，然后就向老子请教做人处世的道理。

老子听了，又闭上眼睛，过了一会儿，他张开嘴巴，说："你看，我的牙齿怎么样？"孔子莫名其妙地看了看，老子的牙稀稀落落的，大部分都掉了。于是他摇摇头，说："您的牙齿差不多都掉光了。"老子没有说话，又伸出舌头，说："看看我的舌头。"孔子虽然疑惑，还是认真看了看，说："您的舌头的颜色红润，很健康啊。"听了这话，老子点点头，又闭上了双眼，不再说话。孔子和弟子们就向老子道谢离开了。

回去的路上，孔子的弟子们感到很疑惑，有的说："我们白白走了这么远的路，却没有收获。"有的说："本想求学的，没想到他老人家这么小气，不肯教我们。"有的说："就是，只让我们看他的嘴巴，太不懂礼仪了。"孔子听了这些，捋着胡子哈哈大笑起来。学生们更疑惑了。这时候，孔子说："老子他老人家教给了我们大智慧呀！他是想告诉我们，牙齿虽然坚硬，但是它们之间却经常磨碰，以硬碰硬，久了，自然受到的磨损大，有的就脱落了，即使没有脱落，剩下来的也是有残缺的；而舌头虽软，但和牙齿这样坚硬的东西相处起来，却能以柔克刚，所以至今完整，没有丝毫损坏。”弟子们听了，纷纷点头，表示佩服。一是佩服老子的大智慧和他的无私传授，一是佩服孔子能够深入思考学习。原来，真正的学习不是别人教什么我们就记住什么，而是要自己动脑筋去思考。

（出自《淮南子·缪称训》，本为老子学于商容，此处故事为今人所撰）

【掩卷沉思】

仅靠学习，取法前人，而不加上自己的分析、判断就容易受到前人的思想蒙蔽及限制。前人的思想固然有很多是珍贵正确的，但也可能有一些不正确的，另外还有一些问题可能是前人尚未有解答的，因此如果受到前人的思想的蒙蔽及限制，就难免陷入迷惑之中了。有许多问题前人已有解答，然而他们在解答的过程中，曾误入歧途，历经千辛万苦才得到正确的解答。如果专靠自行思索而不知取法前人，则有可能像前人一样误入歧途，导致虚掷精力。

知之为知之，不知为不知，是知也

【经典回顾】

子曰：“由[1]，诲女[2]，知之乎？知之为知之，不知为不知，是知也。”

——《论语·为政》

注释

[1] 由：姓仲名由，字子路。生于公元前542年，孔子的学生，长期追随孔子。

[2] 女：同“汝”，你。

今译

孔子说：“由，我教给你的，你明白了吗？知道就是知道，不知道就是不知道，这就是智慧啊！”

【亲近经典】

这里孔子说出了一个深刻的道理：“知之为知之，不知为不知，是知也。”对于文化知识和其他社会知识，人们应当虚心请教，刻苦学习，尽可能多地加以掌握。但人的知识再丰富，总有不懂的问题。那么，就应当有实事求是的态度。只有这样，才能学到更多的知识。

【故事链接】

丁肇中南航演讲三问“三不知”

诺贝尔奖获得者、著名美籍华人、实验物理学家丁肇中教授，于2004年11月7日为南航师生作了一场题为《国际空间站上的AMS实验》的学术报告。按照惯例，一小时报告后，丁教授回答同学们提问。

“您觉得人类在太空能找到暗物质和反物质吗?”“不知道。”“您觉得您从事的科学实验有什么经济价值吗?”“不知道。”“您能不能谈谈物理学未来20年的发展方向?”“不知道。”

三问“三不知”！这的确让在场的所有同学意外，但丁教授简短而朴实的解释不久就赢得全场热烈掌声。

丁教授补充说，在太空实验找到反物质和暗物质之前，谁也无法确定能不能找到。对于第二个问题，他说了一段话：“科学很大的一个作用就是满足人的好奇心，这是人和动物的最大区别。1890年前后，物理学第一个和第二个获得诺贝尔奖的，是发现了电子和X光的科学家，那时候很多人问它有什么用，有什么经济价值。到了上世纪三四十年代电子和X光都很有用。三四十年代最先进的科学是量子力学，现在用在了超导、激光、通信上，比如微处理器等，到了四十年代最基本的科学是原子能物理，现在也被用在能源等方面，所以今天我们所用的东西都是以前被认为是‘花钱最多最没有经济效益的’。”后来他补充说，他所研究的东西确实是没有什么经济价值，场内立即发出会意的笑声。对于第三个问题，他没有作过多的解释。

（作者不详，载于《华西都市报》，2004年11月9日）

【掩卷沉思】

“不知道”体现一种务实精神。因为“闻道有先后，术业有专攻”。每一个人，无论地位多么高、名气多么响、影响多么大，也只可能在某一方面或某些方面精通，不可能知道所有的知识。因此，领导并不一定比下属高明，军官并不一定比战士能干，学历高者也并不一定比学历低者各方面都优秀。实事求是地说“不知道”，并不丢什么面子，也并不会影响地位与名声。相反，坦诚的“不知道”会得到他人的认可和尊重。丁肇中回答“不知道”，向我们展现出一种科学、严谨、务实的精神。

敏而好学，不耻下问

【经典回顾】

子贡问曰：“孔文子[1]何以谓之文也?”子曰：“敏[2]而好学，不耻下问，是以谓之文也。”

——《论语·公冶长》

注释

[1] 孔文子：卫国大夫孔圉（音yǔ），“文”是谥号，“子”是尊称。

[2] 敏：敏捷，勤勉。

今译

子贡问道："为什么给孔文子一个'文'的谥号呢？"孔子说："他聪敏勤勉而好学，不以向他地位卑下的人请教为耻，所以谥号为'文'。"

【亲近经典】

这里，孔子在回答子贡提问时讲到"不耻下问"的问题。这是孔子治学一贯应用的方法。"敏而好学"，就是勤敏而兴趣浓厚地发愤学习。"不耻下问"，就是不仅听老师、长辈的教导，向老师、长辈求教，而且还求教于一般看来不如自己知识多的人，而不以这样做为耻辱。孔子"不耻下问"的表现：一是就近学习自己的学生们，即边教边学，这在《论语》书中有多处记载；二是学于百姓，在他看来，群众中可以学的东西很多，这同样可从《论语》书中找到许多根据。他提倡的"不耻下问"的学习态度对后世文人学士产生了深远影响。

【故事链接】

一字师

唐五代"诗僧"齐己，写过一首题为《早梅》的诗，其中有两句是"前村深雪里，昨夜数枝开"。诗人郑谷读后提意见说，"数枝"就不算"早"了，不如改为"一枝"。齐己觉得言之有理，当即拜他为"一字师"。

元代诗人萨天锡有两句诗："地湿厌闻天竺雨，月明来听景阳钟。"很多人赞誉有加，唯有一个不知名的老者含笑摇头。萨天锡求教，老者说："此联虽好，只是'闻''听'二字意思重复，'闻'宜改为'看'。"并说唐人有"林下老僧来看雨"的名句。萨天锡随即俯身叩首拜为"一字师"。"闻"改为"看"，不但避免重复，而且"看"比"闻"更直观，更能表现"厌"的情绪，妙！

宋人肖楚才在溧阳主持事务时，有个叫张乖崖的官员请他吃饭。他看到张的案上放着刚写完的一首诗，其中有"独恨太平无一事，江南闲杀老尚书"两句，略作沉吟，就提笔把"恨"改为"幸"。问之，则曰："你现在功高位显，奸人蠢蠢欲动而未曾动，今天下统一，太平无事，你应该感到万幸才对，为何独恨太平无事？有悖情理啊！"张茅塞顿开，拜肖为"一字师"。"恨"改为"幸"，完全从实际出发。古人使用语言先要炼"意"，而后再炼"字"；意切，字才可能准。离开外部语境和内部语境，孤立地"炼字"，是下策。

【掩卷沉思】

李政道博士曾经说过："什么叫学问？就是要学怎样问，就是学会思考问题。"他还说："我们现在的学校教育往往是'学答'，学答案固然是很重要，但学习怎样提出问题和思考问题，应在学习答案的前面。"李博士的这些见解指出了当前学校教育中存在的弊端。大量的调查研究也证明，我国中小学生的提问意识的确比较薄弱。

美国衡量教育成功的标准是：将"没问题"的学生教育得"有问题"，如果学生提出的问题教师都回答不了，那算是非常成功。所以美国学生年级越高，越有创意，越会突发奇想。而中国的教育正好相反。越是高年级这种现象越明显，首先是因为他们害怕被嘲笑。尤其是基础差、胆子小的学生，要在课堂上提出问题更是不易。其次是不想。这部分学生学习目的性不够明确，积极性没有调动起来，在课堂上总是当“收音机”，不想在课堂上开动脑筋主动提问题。最后是不会。更多的学生由于不知从何处生疑，找不到问题点，这既是最主要的原因，也是最难解决的地方。爱因斯坦有句名言：“提出一个问题往往比解决一个问题更为重要。”可见学生的提问意识的重要性。“敏而好学”固然好，“不耻下问”更可贵。

知之者不如好之者，好之者不如乐之者

【经典回顾】

子曰：“知之者不如好之者，好之者不如乐之者。”

——《论语·雍也》

今译

孔子说：“懂得它的人，不如爱好它的人；爱好它的人，又不如以它为乐的人。”

【亲近经典】

孔子在这里没有具体指懂得什么，看来是泛指，包括学问、技艺等。孔子这句话为我们揭示了一个怎样才能取得好的学习效果的秘密，那就是对学习的热爱。不同的人在同样的学习环境下学习效果不一样，自身的素质固然是一个方面，更加重要的还在于学习者对学习内容的态度或感觉。正所谓“兴趣是最好的老师”，当你对一门科目产生了兴趣之后，自然会学得比别人好。

【故事链接】

诸葛亮喂鸡求学

少年时代，诸葛亮从学于“水镜先生”司马徽。诸葛亮学习刻苦，勤于动脑，不但深得司马徽赏识，连司马徽的妻子对他也很器重。那时，还没有钟表，计时用日晷，遇到阴雨天没有太阳，时间就不好掌握了。为了计时，司马徽训练公鸡按时鸣叫，办法就是定时喂食。为了学到更多的东西，他想让先生把讲课的时间延长一些，但先生总是以鸡鸣叫为准，于是诸葛亮想：若把公鸡鸣叫的时间延后，先生讲课的时间也就延长了。于是他上学时就带些粮食装在口袋里，估计鸡快叫的时候，就喂它一点粮食，鸡一吃饱就不叫了。

过了一些时候，司马先生感到奇怪，为什么鸡不按时叫了呢？经过细心观察，发现诸葛亮在鸡快叫时给鸡喂食。司马先生在上课时，就问学生，鸡为什么不按时叫鸣了？其他学生都摸不着头脑。诸葛亮心里明白，他是个诚实的人，就如实地把鸡快叫的时候

喂食来延长老师授课时间的事报告了司马先生。司马先生很生气，当场就把他的书烧了，不让他继续读书了。诸葛亮求学心切，不能读书怎么得了，可又不能硬来，便去求司马夫人。司马夫人对请葛亮喂鸡求学遭罚之事深表同情，就向司马先生说情。司马先生说："小小年纪，不在功课上用功，倒使心术欺蒙老师。这是心术不正，此人不可大就。"司马夫人反复替诸葛亮说情，说他小小年纪，虽使了点心眼，但总是为了多学点东西，并没有他图。司马先生听后觉得有理，便同意诸葛亮继续读书。

【掩卷沉思】

知之者不如好之者，好之者不如乐之者。这是三种不同的思想境界：知道—喜好—乐在其中。

"知道"是偏重于理性。当需要我们身体力行进行实践的时候，往往难以做到。比如说我们都"知道"锻炼身体很有好处，很有必要，但是要坚持天天早起锻炼身体，那就很少有人能做到了。

"喜好"是触及情感，发生兴趣。例如：我们很多人都会说自己喜好看书，这是确实的，但喜好的程度有所不同，大多数人是"好读书，不求甚解"，这本看看，那本翻翻，觉得有些困了累了，扔在一边，明天再读，这就是"好之者"，甚于"知之者"，但还没有进入"乐之者"的境界。

"乐在其中"才是最高境界。这种境界用一个最恰如其分的词语来形容，就是陶醉。陶醉于其中，以它为赏心乐事。爱迪生就是个很好的例子，他几乎每天都在实验室里辛苦工作十几小时，在那里吃饭、睡觉，但丝毫不以为苦。"我一生中从未间断过一天工作。"他宣称，"我每天其乐无穷。"再比如孔子说到了，也做到了，发愤起来就忘记了吃饭，高兴起来就忘掉了忧愁，甚至连自己快要老了也不知道。

历史如大浪淘沙，经过大浪淘洗后能够留下来的东西，才是真正有价值的。就读书学习而言，的确需要恒心和毅力、悟性和天赋，但仅仅凭它们，恐怕很难学好学深入，"知之者""好之者"还不够，最主要的还得"乐在其中"，有"乐之者"的境界。

学而不厌，诲人不倦

【经典回顾】

子曰："默而识[1]之，学而不厌，诲[2]人不倦，何有于我哉[3]？"

——《论语·述而》

注释

[1] 识：音 zhì，记住的意思。

[2] 诲：教诲。

[3] 何有于我哉：对我有什么难呢？

今译

孔子说：“默默地记住（所学的知识），学习不觉得厌烦，教人不知道疲倦，这对我有什么困难呢？”

【亲近经典】

这里讲的正是做学问精进所应有之态度，人能做到如此，没有学不到的知识，没有做不成的学问。“默而识之”是说做学问应默然处之，平静对待。“学而不厌”是说学不可间断，不可因一时受挫而沮丧，不可因烦躁气虚而废学。“诲人不倦”是说遇有求教于己者，都应静气而教之，不能私而隐之。要做到此三者，并不容易，当时时戒骄、躁、得失之心。学业相授，学生当恭敬虚心，老师当仁怀而耐心，学生以老师为范得道理，老师以学生为镜得仁心。

【故事链接】

芭蕉练字

怀素是中国历史上杰出的书法家，他的草书被称为“狂草”，用笔遒劲有力，使转如环，奔放流畅，一气呵成，对后世影响极深。

怀素自幼聪明好学，他在《自叙帖》里开门见山地说：“怀素家长沙，幼而事佛，经禅之暇，颇好笔翰。”他勤学苦练的精神十分惊人。

因为买不起纸张，怀素就找来一块木板和圆盘，涂上白漆书写。后来，怀素觉得漆板光滑，不易着墨，又在寺院附近的一块荒地，种植了一万多株芭蕉树。芭蕉长大后，他摘下芭蕉叶，铺在桌上，临帖挥毫。由于怀素没日没夜地练字，老芭蕉叶剥光了，又舍不得摘小叶，于是他想了个办法，干脆带了笔墨站在芭蕉树前，对着鲜叶书写，就算太阳照得他如煎似熬，刺骨的北风冻得他手肤迸裂，他还是坚持不懈地练字。他写完一处，再写另一处，从未间断。

【掩卷沉思】

“学而不厌，诲人不倦”，反映了孔子治学和教育方法的一个重要方面，对中国教育思想的形成和发展产生了重大影响，至今我们仍要学习和实践他的这一教育主张。毛泽东同志对此也十分肯定，他说：“学习的敌人是自己的满足，要认真学习一点东西，必须从不自满开始。对自己‘学而不厌’，对人家‘诲人不倦’，我们应学习这种态度。”

对学生来讲，重要的是学而不厌。现在处于知识爆炸的时代，各种信息、各种思想不断朝我们涌来，我们学习的这些课本知识远远不足以使我们在快速发展的社会上立足。学无止境，我们根本没有满足的理由。

举一隅不以三隅反，则不复也

【经典回顾】

子曰："不愤[1]不启，不悱[2]不发。举一隅[3]不以三隅反，则不复也。"

——《论语·述而》

注释

[1] 愤：苦思冥想而仍然领会不了的样子。

[2] 悱：音fěi，想说又不能明确说出来的样子。

[3] 隅：音yú，角落。

今译

孔子说："教导学生，不到他想弄明白而不得的时候，不去开导他；不到他想出来却说不出来的时候，不去启发他。教给他一个方面，他却不能由此而推知其他三个方面，那就不再教他了。"

【亲近经典】

孔子曾说："中人以上，可以语上也；中人以下，不可以语上也。"这一章也说了教育方法问题。在这里，他提出了"启发式"教学的思想。就教学方面而言，他反对"填鸭式""满堂灌"的作法。要求学生能够"举一反三"，在学生充分进行独立思考的基础上，再对他们进行启发、开导，这是符合教学基本规律的，而且具有深远的影响，在今天的教学过程中仍可加以借鉴。

【故事链接】

以屠知女

一个名叫吐的人以宰牛卖肉为生。

一天，齐王派人去找吐，告诉他说："齐王准备了丰厚的嫁妆，打算把女儿嫁给你做妻子，这可是大好事呀！"吐听了，并没有受宠若惊，而是连连摆手说："哎呀，不行啊。我身体有病，不能娶妻。"

后来，吐的朋友知道了这件事，觉得奇怪，吐怎么这么傻呢？于是跑去劝吐说："你这个人真傻，你一个卖肉的，整天在腥臭的宰牛铺里生活，为什么要拒绝齐王拿厚礼把女儿嫁给你呢？真不知你是怎么想的。"

吐笑着对朋友说："齐王的女儿实在太丑了。"

吐的朋友摸不着头脑，问："你见过齐王的女儿吗？你何以知道她丑呢？"

吐回答说："我虽没见过齐王的女儿，可是我卖肉的经验告诉我，齐王的女儿是个丑女。"

朋友不服气地问："何以见得？"

吐回答说："就说我卖牛肉吧，我的牛肉质量好的时候，只要给足数量，顾客拿着就走，我用不着加一点、找一点的，顾客感到满意，我呢，唯恐肉少了不够卖。我的牛肉质量不好的时候，我虽然给顾客再加一点这、找一点那，他们依然不要，牛肉怎么也卖不出去。现在齐王把女儿嫁给我一个宰牛卖肉的，还加上厚礼，我想，他的女儿一定是很丑的了。"

吐的朋友觉得吐说得十分在理，便不再劝他了。

过了些时候，吐的朋友见到了齐王的女儿，果然长得很难看。这位朋友不由得暗暗佩服吐的先见之明。

（出自《韩诗外传》）

【掩卷沉思】

"不愤不启，不悱不发"，因为这句话，孔子成了启发式教育的鼻祖，"启发"这个词也是由此而来。

"悱"，就是想说却说不出来。苦思冥想之后，似有所得，但还未能完全明了，不能窥其全貌，因此还不能用语言完整地表达和叙述出来。这个时候，对他进行启发引导，以达其辞。

"愤"和"悱"，从心理学上来说，都是心理充满张力的状态，恰当地利用这种张力，巧妙地进行"启"和"发"，这是极高明的教育方法，而两千多年前的孔子就已经提出了。现在的教育学理论，基本上是师承于西方，但只要一谈到启发式教育方法，就必提"不愤不启，不悱不发"这八个字。不过令我们汗颜的是，两千年来，中国人还未能把这八个字发扬光大。

"举一反三"这个成语，也是出自这里。教给他一面，而他不能推知其他三个面，就不再继续教下去。孔子要求学生主动积极地进行思考，要求学生根据所学能够进行举例、推理，可见孔子教学并不死板，而是强调思维能力。这些思想，确实是值得今人借鉴的。

择其善者而从之，其不善者而改之

【经典回顾】

子曰："三人行，必有我师焉。择其善者而从之，其不善者而改之。"

——《论语·述而》

今译

孔子说："三个人一起走路，其中必定有人可以做我的老师。我选择他善的品德向他学习，以他不善的地方作为借鉴，改掉自己的缺点。"

【亲近经典】

善学者学无常师，然时时处处有师。善者正面为师，不善者反面为师。

孔子曾向当时声望显赫的郯子、苌子、师襄、老聃等人正式拜师学过官制、乐、琴术、礼等。对于“大德不官，大道不器”的田野山林之隐士，孔子也能慧眼识人不耻下问，或遣学生执礼问讯，或自己亲临请益。他还坦承“吾不如老农”和“吾不如老圃”（《论语·子路》），谓“吾有知乎哉，无知也”（《论语·子罕》）。“闻道有先后，术业有专攻”，任何人都不可能万事通达。高山之所以雄伟绵延，是因为它从不排斥每一小块石；大海之所以广阔无边，是因为它汇集了一点一滴的水。若想具有高山的情怀和大海的渊博，就要敏而好学，见贤思齐。

从善或许可以如流，而见“不贤”“不善”又该如何“自省”“改之”呢？孟子说：“爱人不亲，反其仁；治人不治，反其智；礼人不答，反其敬。行有不得，皆反求诸己。”意思是说，我爱别人而别人不亲近我，应反问自己的仁爱之心够不够；我管理别人而未能管理好，应反问自己的知识能力够不够；我礼貌地对待人而得不到回应，要反问自己态度够不够恭敬。任何行为得不到预期效果，都应反躬自问，好好检查自己。对不好的品行，一定要忧惧地加以自我反省；如果不好的品行在身，一定要像被玷污一样厌恶它。

【故事链接】

择善而从

一、项羽之死

翻滚奔腾的乌江水已经变成了血色，阴霾的天空中盘旋着一只雄鹰，它嘶喊着，拍打着翅膀，无奈这劲风的强悍，迎风而上却只能徒劳而落。

随风而扬的是凄凄的歌声，这是四十万楚兵的死亡之歌，其声何等悲烈、痛彻心扉，我想：霸王已经再也听不到了。

鸿门错失良机，亚父范增良言未被项羽采纳，是因为他念旧情的妇人之仁吗？不，是因为其过于信任自己的判断，认为刘邦不过是手中的一颗棋子罢了，不会对自己构成任何威胁。

放虎归山，等待他的只有死亡！

二、马谡之死

神算子孔明的挚友马谡，乃蜀军一大将，此人作战骁勇，但我行我素，骄傲自大。

领将军令的一刹那间，孔明有些迟疑，但面对挚友的豪言壮语，又消除了疑虑。

二十万大军驻扎在高山上，但久经沙场的老将王平力劝其撤离此山。理由让在场的士兵信服，但唯有马谡沉默不语。

带有几分侥幸的心理，他仍然坚持自己的观点，不料敌军轻易地打败了他。

是因为他不懂兵法吗？不，是因其认为自己才华盖过军中上下，不能让别人牵着鼻子走。

狂妄自大，骄傲自满，终被斩于军中。

三、桓公之死

蔡桓公乃春秋蔡国君王，可惜因讳疾忌医而亡，倘若他听取了扁鹊的建议也不至于染病无救。

是因为他不怕死吗？不，是因其闭目塞听而无法听取别人的肺腑之言，一味相信自己的主观判断而误了医治时机。

讳疾忌医，等待他的只有不治而亡。

这三则故事悲剧性的结局都是由于不听取别人的建议而过分固执地相信自己所导致，令人甚觉惋惜。

（安徽考生，2004年高考作文）

【掩卷沉思】

孔子的“三人行，必有我师焉”这句话，受到后代知识分子的极力赞赏。他虚心向别人学习的精神十分可贵，但更可贵的是，他不仅以善者为师，而且以不善者为师，这其中包含有深刻的哲理。他的这段话，对于指导我们处事待人、修身养性、增长知识，都是有益的。

虽然“择其善者而从之，其不善者而改之”道理很浅显，但是做起来是相当难的。人们常犯的一个通病，就是往往看自己的优点和他人的缺点多，看自己的缺点和他人的优点少；我们应该怎样做呢？首先，要通过观察，能够看到别人的优点或缺点；其次，要承认自己存在不足，这点往往比较难。人要谦虚、要反省、要对照、要学习、要改进，不可一味地自大、傲慢。山外有山，人的进步是没有止境的。

以能问于不能，以多问于寡

【经典回顾】

曾子曰：“以能问于不能，以多问于寡；有若无，实若虚；犯而为校[1]。昔者吾友[2]尝从事于斯矣。”

——《论语·泰伯》

注释

[1] 校：音 jiào，同较，计较。

[2] 吾友：我的朋友。

今译

曾子说：“自己有才能却向没有才能的人请教，自己知识多却向知识少的人请教；有学问却像没学问一样，知识很充实却好像很空虚；被人侵犯却也不计较。从前我的朋友就这样做过了。”

【亲近经典】

曾子在这里所说的话，完全秉承了孔子的思想学说。“问于不能”“问于寡”等都表明在学习上的谦逊态度。没有知识、没有才能的人并不是一钱不值的，在他们身上总有值得学习的地方。所以，在学习上，既要向有知识、有才能的人学习，又要向少知识、少才能的人学习。曾子还提出“有若无”“实若虚”的说法，希望人们始终保持谦虚不自满的态度。曾子说“犯而不校”，表现出一种宽阔的胸怀和忍让精神，这也是值得学习的。

【故事链接】

创立莫斯科大学的罗蒙诺索夫

米哈伊尔·瓦西里耶维奇·罗蒙诺索夫（1711～1765年），俄国科学家、语言学家、哲学家和诗人。出生于阿尔汉格尔斯卡亚省杰尼索夫卡村一个渔民家庭。

1730年罗蒙诺索夫徒步两千公里到莫斯科求学，因为不是贵族子弟而被拒之门外。后来他装成外城贵族子弟考入斯拉夫—希腊—拉丁学院学习。因为不懂拉丁文，老师让他坐在最后一排。班上的大都是十三四岁的孩子，他们笑他：“二十来岁的大傻瓜来学拉丁文！”但罗蒙诺索夫对老师的冷淡、同学的讥笑佯作不知，只是专心听讲，虚心求教，甚至向这些孩子学习拉丁文。1736年，他以卓越的才能和优良的拉丁文水平被派往德国学习。1741年回圣彼得堡科学院，任物理学副教授。1745年8月成为圣彼得堡科学院院士和化学教授。1748年秋他按照自己的计划创建了俄国第一个化学实验室。1755年创办了莫斯科大学。1760年他当选为瑞典科学院院士，1764年当选为意大利波伦亚科学院院士。罗蒙诺索夫终于由一个打渔的青年成为一位著名的科学家。

【掩卷沉思】

“以能问于不能，以多问于寡”，其实也是做学问和学习的要求。做学问需要有不耻下问的精神。

许多的学问与知识，客观地存在于“民间”或者学问不太高和地位比较低的老百姓中间。做学问的人，不仅不能看不起学问与地位比自己低的人，还要谦虚地向他们请教，且不因此感到羞耻。而现在我们的许多决策部门的工作人员，缺少的就是“不耻下问”的精神。一些机关干部与决策部门的人，学历很高，有不少还是博士生，他们自以为有很高的学问，不屑于“民间”的智慧，高高在上，脱离实际，拍脑袋决策，所以，往往许多政策一出台，就受到置疑，甚至产生不好的效果。

所以，“以能问于不能，以多问于寡”，而且不以为耻，是很有必要的，也是很有意义的。这不仅是一种学习态度，也是一种精神状态，更是一种境界。

好勇不好学，其蔽也乱

【经典回顾】

子曰：“由也！女闻六言六蔽[1]矣乎？”对曰：“未也。”“居！吾语女。好仁不好学，其蔽也愚；好知[2]不好学，其蔽也荡；好信不好学，其蔽也贼[3]；好直不好学，其蔽也绞[4]；好勇不好学，其蔽也乱；好刚不好学，其蔽也狂。”

——《论语·阳货》

注释

［1］蔽：弊病。

［2］知：通“智”。

［3］贼：害。

［4］绞：说话刻薄。

今译

孔子说：“仲由，你听说过六种品德也有六种弊病吗?”子路回答说：“没有。”孔子说：“坐下！我告诉你。喜好仁德却不喜好学问，它的弊病便是容易受人愚弄；喜好耍小聪明却不喜好学问，它的弊病便是使人好高骛远没有根底；喜好诚实却不喜欢学问，它的弊病便是害了自己；喜好直率却不喜好学问，它的弊病便是说话尖刻；喜好勇敢却不喜好学问，它的弊病便是容易犯上作乱；喜好刚强却不喜好学问，它的弊病便是轻率狂妄。”

【亲近经典】

仁、知、信、直、勇、刚都必须以“学”为基础、为前提。不学，则不能得其正，不能得其纯。学，是知识的积累，是修养性情的过程。没有这种积累的过程，就会愚、荡、贼、绞、乱、狂，在性情上枝叶旁出，没有起码的规范与修养。

【故事链接】

大胆的想法，要靠努力来实现

比尔·盖茨从小酷爱读书，除了童话故事，他最喜欢的书要数《世界百科全书》。他常常一读就是几个钟头，对书的迷恋和狂热真是无人能比。

小盖茨强烈的进取心在同龄人中是罕见的，无论游戏还是比赛，盖茨总要争个高低。

盖茨就读的中学是美国最先开设计算机课程的学校。计算机方面的书，盖茨总是百读不厌，还能举一反三。同窗好友保罗·艾伦，常向盖茨发难和挑战，坚强的意志力和强烈的进取心使他俩成为知己。艾伦曾说：“我们都被计算机能做任何事的前景所鼓舞……盖茨和我始终怀有一个伟大的梦想，也许我们真的能干出点名堂。”

从比尔·盖茨的青少年时代，我们可以看出，也许盖茨最早所具有的梦想与一般人相差无几，财富、成功、金钱对一般人只是一个抽象的观念而已，但盖茨却能够将这一梦想与自己新接触的计算机联系在一起，这使得他的梦想有了坚硬的基石。

盖茨还有一个人人皆知的梦想：将来，在每个家庭的每张桌子上面都有一台个人电脑，而在这些电脑里面运行的则是自己所编写的软件。

正是在这一伟大梦想的激励下，微软公司诞生了，也正是在这个公司的推动和影响下，软件业才从无到有，并发展到今天这种蓬勃兴旺的地步。

有一个大胆的想法是成功的第一步，第二步要有勇气去实行，第三步要全力以赴地工作，这样，看起来不切实际的梦想才能成真。

【掩卷沉思】

从一般意义上说，“仁”“知”“信”“直”“勇”“刚”是值得肯定的六种德行，但是如果偏执于这些德行而不好学，就会产生种种弊端。这个道理不难理解，需要注意的是，孔子认为好学就可以防止这些弊端，这里他所说的学，主要是一种道德修养，要学礼、修身。

先秦儒家之教与学，都侧重于道德完善。比起现今的教育来，那时候的教育当然有其局限性，然而现今的教育也有一定的偏弊，就是相对忽视培育善德的意义，由此产生了一些不良的社会后果，而要纠正这种偏弊，孔子的思想是十分富有启发意义的。

性相近也，习相远也

【经典回顾】

子曰：“性相近也，习相远也。”

——《论语·阳货》

今译

孔子说：“人的本性是相近的，由于习染不同才相互有了差别。”

【亲近经典】

“性相近也，习相远也。”这两句话突出了教育的重要性。儒家注重伦理修养，而教育是实现伦理修养的主要方式。教育的目的，主要就是培养道德完善的君子。君子的品格不是朝夕之间形成的，世间的人才也不是像雨后春笋那样容易生长。任何成功都不会光顾没有准备的心灵。只有平时多学习多努力，从善弃恶，有量的积累，最后才可能达到质的变化。

孔子首创私学，“有教无类”，使每一个普通人家的子弟都有读书求学的机会。从这一意义上说，“性相近也，习相远也”也就包含着教育平等化的思想。也就是说，每一个人只要经过教育和学习，就都可以成为一个君子，成为一个有益于社会的人。

【故事链接】

孟母择邻

孟子幼年丧父，家境贫寒，在城外墓地旁居住，年幼的孟子耳濡目染，垒坟哭拜便成了他的日常游戏。孟母见儿子如此必难成器，便搬回城里，在市场边居住。孟子便常学商贩的叫卖为乐。孟母极为忧虑，最后把家搬到学堂边，朗朗的读书声与先生的儒雅风范熏染着孟子，使他渐渐倾心于求学问道，终成一代亚圣。

【掩卷沉思】

近朱者赤，近墨者黑。一匹白布，染于蓝则蓝，染于黄则黄。所以为人处世，最要时时处处警惕自己，保持清白，慎防染黑。

人的本性相近，只是因为生长环境不同、生活环境不同、学习环境不同，所以时间一长，就各自学好学坏，大为不同了。在《孟子·告子上》中，孟子曾经说过：丰收年成，少年子弟多半懒惰；灾荒年成，少年子弟多半强暴。这并不是因为他们天生资质不同，而是周围环境熏染的缘故。孟子由此重视教育的作用，认为教育可以扩充人的善良天性，并能增加人的知识、提高人的技能，培养出德才兼备的优秀人才。

日知其所亡，月无忘其所能

【经典回顾】

子夏曰："日知其所亡，月无忘其所能，可谓好学也已矣。"

——《论语·子张》

今译

子夏说："每天学到一些过去所不知道的东西，每月都不能忘记已经学会的东西，这就可以叫作好学了。"

【亲近经典】

这是孔子教育思想的一个组成部分。既讲了学习的方法，又讲了对待学习的态度。每天长进，每月长进，日月累积，应有所成。学而时习之，温故而知新，不断上进的精神与持久进步的毅力相结合，经年累月地集腋成裘、聚沙成塔、积少成多，更兼反复粹砺，持之以恒而日久功深，自然可以成为学识渊博、修养深厚的人。

【故事链接】

好学的顾炎武

"天下兴亡，匹夫有责。"许多人对顾炎武的最初认识，恐怕就源于这句充满爱国激情的名言。这位明末清初的爱国主义思想家、著名学者，自幼勤学。他六岁启蒙，十岁开始读史书、文学名著，对待读书做学问老老实实，认认真真，常常手不释卷。

凡是顾炎武外出旅行，都要用许多马和骡子载书随行。到了险要的地方，就向退休的差役询问这里的详细情况；有的与平时听说的不一样，就在附近街市中的客店打开书进行核对校正。有时直接走过平原旷野时，没有什么值得留意的，就在马背上默读各种经典著作的注解疏证；偶然有忘记的，就在附近街市中的客店打开书仔细认真地再次查看。顾炎武根据实地考察，完成一部集文献资料与实地历史考察相结合的著作——《天下郡书》。他在代表作《日知录》序言中写道："愚自少读书，有所得辄记之。其有不合，时复改定。或古人先我而有者，则遂削之。积三十余年，乃成一编，取子夏之言，名曰《日知录》，以正后之君子。"可见其对学问多么精益求精。

【掩卷沉思】

学习首先基于一定量的知识的积累，因而博学强记是学习的基本功之一。每天都要学到过去不知道的新的知识，每月都要复习已经学习掌握的知识与技能，不使忘记，不使荒废。在这个基础上，知新又温故，温故而知新，积少成多，持之以恒。

中华民族自古即有注重学习的风尚，民间有耕读传家的传统，皇室与贵族也重视学习修养。三国时东吴吕蒙、清代曾国藩等正因为虔心自学，才能成为扶助国家的将相之才。尤其在知识经济时代和信息时代，终身学习已经成为一个普遍的常识。学习，自然是要接触过去不懂的，或者不太容易弄懂的东西。做学问不是翻通俗小说，若是没有一定的文史水平，就连金庸武侠小说也是难得读出味道的。今天我们的国家落后，与管理层和国民学习意识普遍淡薄、学习力普遍落后而造成整个民族素质的落后有一定关系。而以色列之所以能够战胜周边诸国而强盛的重要原因之一，就是基于犹太民族崇尚教育与学习的传统所铸成的国民素质。

博学而笃志，切问而近思

【经典回顾】

子夏曰："博[1]学而笃[2]志，切问而近思，仁在其中矣。"

——《论语·子张》

注释

[1] 博：广也。

[2] 笃：坚定。

今译

子夏说："追求广博的知识，树立坚定的志向，经常提出恰切的问题，致力于现实的思考，仁就蕴含在其中了。"

【亲近经典】

这里又提到孔子的教育方法问题。前一句讲做人，要求学生要有广博的知识，做人和做学问都要立志，而且要志向专一（笃志），不能朝秦暮楚、见利忘义，要坚忍不拔、奋斗到底；后一句讲做学问，所谓"切问"，就是经常问，而且要问得中肯；所谓"近思"，就是把问题放在脑子里经常思考。

【故事链接】

吾爱吾师，吾更爱真理

公元前366年仲夏的一天，一个穿着讲究的青年来到柏拉图学园拜师求学。他的到来在学生中引起了一阵骚动。他仪态优雅，举止潇洒，彬彬有礼，是一个地道的富家贵族子弟。更使同学们惊奇的是，这位年仅17岁的青年上知天文，下知地理，博古通今，才华横溢。连他的老师柏拉图也对他的渊博知识感到惊奇。这个青年就是全希腊闻名的、后来对欧洲文化产生深远影响的“古代最博学的人物”——亚里士多德。

柏拉图（公元前427～前347年）是古希腊哲学史上鼎鼎有名的大人物。作为柏拉图的学生，亚里士多德的思想无疑受到了他的深刻影响。他学习勤奋，见解深刻。柏拉图曾称他为“学园的精英”。但是作为一个学者，亚里士多德不盲从老师，他有自己的学习追求，不断对老师的观点提出异议，在理论上有所创新。亚里士多德逐渐发现老师的学说同现实的情况很不一致，对柏拉图的哲学基础“理念论”产生了怀疑。他认为真理和师友都是可贵的，但真理更可贵。他说：“吾爱吾师，吾更爱真理。”以致柏拉图抱怨说：“亚里士多德像匹小马驹，生下来就用足踢它的母亲，必须用缰绳拴着它。”

【掩卷沉思】

复旦大学的校训“博学而笃志；切问而近思”，即源于此，这也说明了儒家思想对后世影响之深远。做学问要审问、慎思、明辨；求真知重在博学而笃行。

《论语》中的这句话，对今天青少年的进德修业，也有积极地指导作用。当今的各种知识，浩如烟海，而各种新知识，又层出不穷，每个人的精力都是有限的，如果学习的过程中方法不当，恒心不足，即使我们穷尽一生，也可能难以掌握其九牛之一毛，也不易有一技之长。因此，我们更需要有正确的方法引领，以少走弯路。我们要广泛涉猎，博闻强记，持之以恒，日积月累，对所学知识，要勇于质疑，勤于思考，有些还要活学活用，用实践去检验。只有这样，才能真正成为有知识而又有用的人。

一日暴之，十日寒之

【经典回顾】

孟子曰：虽有天下易生之物，一日暴[1]之，十日寒[2]之，未有能生者也。

——《孟子·告子上》

注释

［1］暴：音pù，晒。

［2］寒：冻。

今译

孟子说：“即使是天下最容易生长的植物，放在太阳底下晒一日，又接连冻它十日，也不可能生存、生长的。”

【亲近经典】

春秋战国时期，知识发展很蓬勃，因此也就衍生许多教人如何念书学习的励志文章。儒家在关于“如何学习”这方面也颇有心得，除了孔子提出很多关于教育的精湛看法之外，孟子也继承了他的遗志，当起“孟老师”，每日谆谆教诲起来。

孟子是有当老师的天分的，因为他擅用各式各样新奇、有趣的比喻，或挖苦、反讽的方式，来表达他的主张。而后人则将孟子所说的“一日暴之，十日寒之”，简化为“一曝十寒”这句成语，用来比喻修学、做事没有恒心。

【故事链接】

一曝十寒

孟子对齐王的昏庸，做事没有坚持性、轻信奸佞谗言很不满，便不客气地对他说：“大王也太不明智了，天下虽有生命力很强的生物，可是你把它放在太阳下晒一天，再放在阴寒的地方冻它十天，它哪里还活得成呢？我跟大王在一起的时间很短，大王即使有了一点从善的决心，可是我一离开你，那些奸臣又来哄骗你，你又会听信他们的话，叫我怎么办呢?”“大王你会下棋吧，我就给你讲个下棋的故事。下棋看起来是件小事，但如果你不专心致志，也同样学不好，也是赢不了别人的。”

奕秋是全国最善下棋的能手，他教了两个徒弟，其中一个专心致志，处处听奕秋的指导，很认真地学习棋艺。而另一个却总是心不在焉，东张西望，老希望有一只大鸟从天边飞来，好用箭射下大鸟。这两个徒弟都是一个师傅教的，一起学习，然而这两个人的成绩却差得很远。一个棋艺很高，一个却没多大进展。这不是他们的智力有什么差别，而是专心的程度不一样啊。

齐王听了孟子的故事感到很惭愧，从此以后便用心处理国家大事，把齐国治理得很好。孟子反复地举例，就是为了说明做事要认真、持之以恒，“一曝十寒”是永远不会成功的。

【掩卷沉思】

我们要学习一样东西，做好一件事情，是非专心致志、下苦功夫不可的。若是今天做一些，把它丢下了，隔十天半月再去做，事情怎样做得好呢？专心致志是求学、做事能否成功的决定因素之一。

如切如磋，如琢如磨

【经典回顾】

有匪君子，如切如磋，如琢如磨。

——《诗经·国风·卫风·淇奥》

注释

切磋琢磨：本来指把骨头、象牙、玉石、石头等加工制成器物。后来引申为学问上的研究、探讨。指共同研究学习，互相取长补短。

今译

君子的自我修养就像加工骨器，切了还要磋；就像加工玉器，琢了还得磨！

【亲近经典】

《诗经》是我国第一部诗歌总集，收入自西周初年至春秋中叶五百多年的诗歌三百零五篇，又称《诗三百》。先秦称为《诗》，或取其整数称《诗三百》。西汉时被尊为儒家经典，始称《诗经》，并沿用至今。按用途和音乐分“风、雅、颂”三部分，其中的“风”是指各地方的民间歌谣，其中的“雅”大部分是贵族的宫廷正乐，其中的“颂”是周天子和诸侯用以祭祀宗庙的舞乐。《诗经》的主要表现手法是赋、比、兴。其中直陈其事叫“赋”，譬喻叫“比”，先言它物以引起所咏之物叫“兴”。

【故事链接】

苏轼与老师切磋

苏轼年少时，在四川峨眉山下眉山城西面的寿昌书院里读书。书院的教师叫刘微之，他既精通经史又会写诗作文，是位学识渊博的学者。

一天，老师在课堂上吟诵了自己新近创作的一首《鹭鸶》诗。老师吟罢，传来了学生的一片赞扬声，老师看看学生们的反应，然后说：“大家不能都一味夸好，还要大胆提意见。”课堂上一片沉寂，老师用鼓励的眼光望着大家，看到有一位学生开始用手指轻轻敲着桌子，一遍又一遍地默念“渔人忽惊起，雪片随风斜”，从他的神态看，老师知道这位学生对诗似乎有点看法，他就问：“苏轼，你对这首诗有什么看法?”

苏轼很有礼貌地站起来说：“这首诗从整体来看写得很好，但有一点学生不清楚，想请教老师，这后两句中的“雪片”是不是指鹭鸶受惊时一瞬间掉落下来的羽毛?”“正是，正是。”老师连连点头。“学生前几天在江边玩，亲眼目睹鹭鸶受惊时，一瞬间掉落下来的羽毛，离地面很近，并不是随风斜飘的。”

“诗首先要真，既然不合乎事理，就请你改一改吧。”老师用真诚的眼光看着苏轼，然后又转向学生，“大家都试试看吧。”

学生们你看看我，我看看你，都不说一句话。苏轼也沉吟了一下，然后说：“我看可以改为‘雪片落芦苇’。”

刘老师是位谦虚好学的人。他凝思片刻，称赞说：“改得好，改得好！这‘落’字读起来声音铿锵有力，合乎事理，使人们仿佛看到鹭鸶惊飞时掉羽毛的生动情景，这样诗的意境就比原来清新优美得多了。”

从此以后刘老师经常和苏轼一起切磋诗文，常常告诫别的学生要好好向苏轼学习。

苏轼很受鼓励，这一年他十三岁。从此，他更加地喜欢美丽的大自然，观察得仔细，感受得也很到位，歌咏山水之美成了他一生文艺创作的一个突出主题，他写文作画时琢磨之透、体物之工也非常人可比。

【掩卷沉思】

“如切如磋，如琢如磨”，这八个字是讲做玉器的方法，如花莲的玉石，最初是桌面大的一块石头，买来以后，先将它剖开，里面也许能有几百个戒指面，也许只有十个八个也说不定。做玉器的第一步，用锯子弄开石头叫剖，也就是切；找到了玉，再用锉子把石头的部分锉去，就是第二步叫磋；玉磋出来了以后，再慢慢地把它雕琢，琢成戒指形、鸡心形、手镯形等一定的形式、器物，就是琢；然后又加上磨光，使这玉发出美丽夺目的光彩来，就是磨。切、磋、琢、磨，可以来譬喻教育。一个人生下来，要接受教育，要慢慢从人生的经验中进行体会，学问才能进一步，越到了后来，学问就越难。

用这几个字形容人生的过程其实也很贴切，一个人在生命的里程中能不断地在不同的阶段对自己的内心切、磋、琢、磨，或者能有幸被别人不断地提醒着，反省自己的行为，雕琢自己的心理、性格，那一定是个很有意思的过程。虽然是简单的几个字，说来容易做来难，任何一个高级的玉雕家若非有十几年甚至几十年的时间磨炼，也很难把一块璞玉雕琢成完美的精品。人生呢？人生几十年若能不断地切磋琢磨，不断调整，自己的性情会是什么样子呢？

一张一弛，文武之道

【经典回顾】

子曰：“张[1]而不弛[2]，文武[3]弗能也；弛而不张，文武弗为也。一张一弛，文武之道也。”

——《礼记·杂记下》

注释

[1] 张：拉紧弓弦。

[2] 弛：放松弓弦。

[3] 文武：指周文王和周武王。

今译

孔子说：“只拉紧弓弦而不放松弓弦，即使是文王和武王也做不到；只放松弓弦而不拉紧，却是文王和武王不会做的；有时拉紧弓弦有时放松，这才是文王和武王治理民众的办法。”

【亲近经典】

“文武之道，一张一弛”原意是说要治理好国家，就要让人民有劳有逸，劳逸结合，使工作、生活有节奏地进行。治理民众要有松有紧，完全放任自流，国将不国；管得太死，民不堪苦，会起来造反。这道理就像手里捉着一只鸟儿，松开手，鸟儿就飞掉了；手捏紧了，鸟儿会死掉。既不要鸟儿死掉，又不让它飞掉，才是恰到好处。

除了治理国家，日常生活事务也是一样道理。凡事要适度，不要走极端；要注意掌握节奏，适当调节。比如，人不能无所事事，太闲了会闲出病来的，但又不能太忙，忙得喘不过气来，那样身体会垮掉的。不要让生命过快耗尽，也不要让它在无所事事中消磨掉。掌握平衡的权利在每个人自己手中。

【故事链接】

真正的好弓

一个弓箭手到商店买弓箭，一进门，一眼就看中了店门正中那把悬挂在墙上张得非常饱满的大弓，那把大弓外形精美，看上去是那么意气风发，孔武有力。比商店摆放的弓箭看上去威风多了。他问老板，这把弓怎么卖。没想到的是，商店老板建议弓箭手不要买这把弓，改买其他的弓，弓箭手不解。老板介绍说，这把弓自从商店开业以来一直挂在这里吸引客人。两年来，这把弓从来没有收拢过，休息过。现在它已经“累”了，失去了应有的张力，已经无法把箭射得很远了。别的弓虽然是合拢的，但它们内在精力饱满，时时等着好的弓箭手使用它们。它们才是真正的好弓。

【掩卷沉思】

在现代，这句话除了用来比喻生活的节奏和工作的劳逸要合理安排，还暗指一种做人的修养和智慧。

一张一弛，文武相济。这实际上是道出了与时俱进、刚柔相济、能屈能伸的修身处事的方法。拥有这种智慧的人做事懂得张弛有节、张弛适度，懂得松紧和进退，具备一定内涵但又有一定的轻松度，并可以一种轻松的方式感染别人。

尽信书，则不如无书

【经典回顾】

孟子曰：“尽信《书》，则不如无《书》。吾于《武成》[1]，取二三策[2]而已矣。仁人无敌于天下，以至仁伐至不仁，而何其血之流杵[3]也？”

——《孟子·尽心下》

注释

[1]《武成》:《尚书》的篇名。现存《武成》篇是伪古文。

[2] 策：竹简。古代用竹简书写，一策相当于我们今天说一页。

[3] 杵：舂米或捶衣的木棒。

今译

孟子说：“完全相信书，那还不如没有书。我对于《武成》这一篇，就只相信其中的二三页罢了。仁人在天下没有敌手，以周武王这样至仁的人去讨伐商纣这样不仁的人，怎么会使鲜血流得可以浮起木棒呢？”

【亲近经典】

这里，“书”本指《尚书》。《武成》记武王伐纣事。孟子从一个作者的创作体验出发，提出阅读原则。不尽信，就是不完全相信、不过于相信。其实，孟子的“不尽信”有三个层次的含义。第一是材料的层次，对作品所记载的事实不要“尽信”。“血流漂杵”的景象在今天看来也是很夸张的，孟子推此及彼，认识到作品中不可避免地存在着不合事实的成分。我们如今读书时应该加以分析，不能盲目地迷信书本，不能完全相信它，应当辨证地去看问题。

【故事链接】

武王伐纣

殷商末年，周武王继位后四年，得知商纣王的商军主力远征东夷，朝歌空虚，即率兵伐商。周武王率本部及协同自己作战的部落军队，进至牧野，在这里进行了历史上著名的牧野之战。

商纣王惊闻周军来袭，仓促调动少量的防卫兵士和战俘，开赴牧野迎战。商军的兵力和周军相距悬殊，但忠于纣王的将士们都决心击退来犯之敌，战斗异常激烈，以致血流漂杵。

【掩卷沉思】

古往今来，人们关于书已不知有过多少礼赞。但是，如果我们完全信书，唯书本是从，轻则使人成为书呆子，重则形成所谓“本本主义”“教条主义”和“唯书”的作风，误人子弟，贻害无穷。今天，我们强调“实践是检验真理的唯一标准”，说到“尽信书，则不如无书”，似乎也已经是浅显而容易明白的道理了。

尤其值得注意的是，孟子谈到“尽信书，则不如无书”时，所举的例子是《尚书》中《武成》篇的内容，而我们知道，《尚书》是儒家经典之一，孟子对经典保持独立思考、勇于怀疑的精神，尤其难能可贵，体现出圣贤人物的治学风范。即便是对于两千多年后的我们来说，也是值得学习的。

更何况，我们今天出版业大大发展，日出一书的出版社已不在少数，书籍汗牛充栋，其负面效应是“无错不成书”，这已成为一个日益引起人们重视的社会问题。在这样的情况下，“尽信书，则不如无书”的精神就显得尤其必要。

读书百遍，而义自见

【经典回顾】

“人有从学者，遇不肯教，而云：‘必当先读百遍’，言‘读书百遍，而义自见[1]。’”

——晋·陈寿《三国志·魏志·董遇传》

注释

见：显现。古同“现”。

今译

附近的读书人请董遇讲学，董遇不肯教，而对人家说：一定要先读很多遍，读书上百遍，书中的意思自然领会。

【亲近大师】

陈寿（233～297年），字承祚，巴西安汉（今四川南充）人。西晋史学家。他小时候好学，师事同郡学者谯周，在蜀汉时曾任卫将军主簿、东观秘书郎、观阁令史、散骑黄门侍郎等职。当时，宦官黄皓专权，大臣都曲意附从。陈寿因为不肯屈从黄皓，所以屡遭遣黜。入晋以后，历任著作郎、长平太守、治书侍御史等职。公元280年，晋灭东吴，结束了分裂局面。陈寿当时48岁，开始撰写《三国志》。

陈寿所撰的《三国志》是一部记载魏、蜀、吴三国鼎立时期的纪传体断代史。其中，《魏书》30卷，《蜀书》15卷，《吴书》20卷，共65卷。

【故事链接】

爱读书的毛泽东

毛泽东读书的范围十分广泛，他酷爱阅读历史书籍，历史知识十分渊博。特别是中国历史，仅《资治通鉴》他就读过17遍。4000万字左右的“二十四史”，他曾从头到尾读过，其中有些部分不只读过一遍，而且还作了许多圈点、勾画和批注。他说，研究中国历史，“必须扎扎实实地把‘二十四史’学好”，“不仅‘二十四史’，稗官野史也要读”。毛泽东读史有一个显著特点，就是“古为今用”。无论在民主革命时期，还是在社会主义革命和社会主义建设时期，毛泽东都重视从历史的经验教训中汲取有益的营养，引为借鉴。

毛泽东对鲁迅的著作也很有兴趣。1938年8月，中国第一次出版了20卷本的《鲁迅全集》。毛泽东对这套书十分珍爱。他行军、转移到哪里，就把它带到哪里。1949年出国访问时，也随身带着几本，一有空就读。从1956年到1958年，人民文学出版社陆续出版了新版的《鲁迅全集》。毛泽东对这套新的全集十分珍爱，把它放在床上，经常利用夜晚时间和其他零散时间阅读。他阅读鲁迅著作十分认真，对它的思想性、战斗性、人民性了解得很深。他在自己的著作、讲话、报告和一些书信中多次谈到鲁迅和鲁迅的著作，并对鲁迅在中国革命和文化发展中的地位作了很高的评价。

【掩卷沉思】

中国有一句古话：“少年不读书，老来空白首。”世间万物，皆属身外，唯有书能够渗心入骨地擦拭你蒙尘的心灵，让你耳聪目明，心高志远。任何时刻拾起书本，打开扉页，都可以在夏日里读出雪意，于山间听到泉鸣。读书人多的时代，是书籍繁荣的时代，亦是社会文明、人类进步的时代。读书多的时期，则是生命充实丰盈的时期，是激情炽热，才思、理智最敏捷的时期。

“读书百遍，其义自见”，意思是反复阅读一本书，自然能逐渐了解它的含义。这是一种通过精读以促进独立思考的学习方法，尤其适用于自学者的钻研。

当然，逐字逐句地反复阅读未必能达到精通的程度，如果没有悟性地理解只会成为可怜的书呆子，纸上谈兵，只知表面肤浅的文字表述，未必能深入内涵。有悟性地读书，可以与作者融洽地平等交流，在心灵的碰撞和摩擦中灵思如泉涌，思考得更透彻。如果我们不带思索地读百遍书，又怎会奇迹般地自见其意呢？这种低效率的苦差事不但浪费时间，而且致命地浇灭你对书本知识的热情和自信。我们读书却不理解，读出来的往往是自己加给作者的思想，活在自我世界的樊笼里，如井底之蛙，仍旧心胸狭隘，孤陋寡闻。

读书破万卷，下笔如有神

【经典回顾】

纨绔[1]不饿死，儒冠多误身[2]。
丈人试静听，贱子请具陈。
甫昔少年日，早充观国宾[3]。
读书破万卷[4]，下笔如有神。
赋料扬雄[5]敌，诗看子建亲。
李邕[6]求识面，王翰愿卜邻。
自谓颇挺出，立登要路津[7]。
致君尧舜上，再使风俗淳[8]。

——节选自杜甫《奉赠韦左丞丈二十二韵》

注释

[1] 纨绔：指富贵子弟。

[2] 儒冠多误身：满腹经纶的儒生却穷困潦倒。

[3]“甫昔”两句是指开元二十三年（735年），杜甫以乡贡（由州县选出）的资格在洛阳参加进士考试的事。杜甫当时才24岁，就已是“观国之光”（参观王都）的国宾了，故白“早充”。“观国宾”语出《周易·观卦·象辞》：“观国之光尚宾也”。

[4] 破万卷：形容书读得多。“卷”指书籍的册本或篇章。

[5] 扬雄：字子云，西汉辞赋家。

[6] 李邕：唐代文豪、书法家，曾任北海郡太守。杜甫少年在洛阳时，李邕奇其才，曾主动去结识他。

[7] 挺出：杰出。立登要路津：很快就要得到重要的职位。

[8] 尧舜：传说中上古的圣君。这两句说，如果自己得到重用的话，可以辅佐皇帝实现超过尧舜的业绩，使已经败坏的社会风俗再恢复到上古那样淳朴敦厚。这是当时一般儒者的最高政治理想。

今译

富贵子弟不学无术却无饥饿之忧，满腹经纶的儒生却穷困潦倒。韦大人请静下心来听我仔细说，我很年轻的时候就是参观王都的国宾了。书读了很多很多，且才思敏捷，如有神助。诗赋可与杨雄曹植相比，李邕、王翰这样的当代大家都愿意与我亲近。自以为很杰出，很快能到重用。如果自己得到重用的话，可以辅佐皇帝实现超过尧舜的业绩，使已经败坏的社会风俗再恢复到上古那样淳朴敦厚。

【亲近大师】

杜甫（712～770年），字子美，自称少陵野老。祖籍襄阳，出生于巩县（在今河南省），唐朝伟大诗人。唐肃宗乾元元年（758年）六月至乾元二年（759年）秋，任华州司功参军。杜甫原在朝中任左拾遗，因直言进谏，触怒权贵被贬，后做检校工部员外郎。他在中国古典诗歌中的影响非常深远，被后人称为“诗圣”，与“诗仙”李白并称“大李杜”。杜甫的诗被称为“诗史”。其作品集为《杜工部集》。

【故事链接】

嗜书的钱锺书

1998年12月19日，钱锺书逝世后，著名学者余英时发出了这样的叹息：“中国古典文化和20世纪同时终结。”

钱锺书，字默存，生于江苏无锡世家，科学家钱伟长、学者钱穆都是出自这一家族的名人。钱锺书周岁时抓周抓到了一本书，因而取名“锺书”。他因《围城》为人所知，又因《谈艺录》《管锥编》为中国文化留下经典。

1929年，清华大学外语系招生时爆出一条新闻，一位数学只考了15分、本应被退回的考生却被破格录取。

这个人就是钱锺书。他数学极差，可英文、国文却是特优，英文还是满分。主管老师欲退不忍，欲取不敢，便报告了校长罗家伦。罗校长亲阅试卷后立即定夺：此为奇才，破格录取。

“他不喜欢循规蹈矩。”堂弟钱钟韩曾回忆说，在他的兄弟、同学、朋友之间，极少见像钱锺书这样聪明的人，“可以说是平生中所遇唯一的一位”。钱锺书小时候看书极快，一两天就消灭一本。看完总是批评，书中人物故事看过一遍就能记住。

他穿着蓝大褂去上冯友兰的逻辑学，随手扯过同学的笔记本，一字不漏地记下先生所讲的所有引语及英文原文；他被邀请参加哲学系高年级学生讨论会，舌战九儒，每战必胜。

人人只说他有“照相机式的记忆能力”和“异常活跃的思维”，却不了解他课后的轨迹。钱锺书入学后的第一个志愿就是“横扫清华图书馆”，要读尽清华藏书。同学韩石山记得，钱锺书一个礼拜读中文书，一个礼拜读英文书。每个礼拜六，就把读过的书整理好，抱去图书馆还，再抱一堆回来。夫人杨绛曾在《我们仨》书中回忆，钱锺书几乎把所有的假期时间都用来读书，以至于“在清华待了四年，连玉泉山、八大处都没有去过。”同学饶余威在《清华的回忆》一文中写到钱锺书时说：“他自己喜欢读书，也鼓励别人读书。他还有一个怪癖，看书时喜欢用又黑又粗的铅笔画下佳句，又在书旁加上他的评语，清华藏书中的画线和评语大都是出自此君之手笔。”

他的博学，使他不是老师的学生，而成了老师的“顾问”。吴宓教授就曾推荐他临时代替教授上课。吴宓曾赞他是“人中之龙”：“自古人才难得，出类拔萃、卓尔不群的人才尤其不易得。当今文史方面的杰出人才，在老一辈要推陈寅恪先生，在年轻一辈中要推钱锺书，他们都是人中之龙，其余如你我，不过尔尔。”

【掩卷沉思】

“读书破万卷，下笔如有神”，是唐代大诗人杜甫的名句。后人对这两句诗做过不同的解释，集中地反映了对“破”字的不同理解。概括起来就是：突破、磨破、识破。

所谓“突破”，即多读而“胸罗万卷”，就是说要博览群书。汉代著名思想家王充说：“人不博览者，不闻古今，不见事类，不知然否，犹目盲耳聋鼻痈者也。”古今中外，任何一个有杰出成就的学者大家，无一不是勤奋好学、博览群书者。王充本人一生读书近一万三千卷，“博通众流百家之言”，所以他才能写出《论衡》这部伟大著作。

所谓“磨破”，即熟读而致“书破”。孔子晚年读《周易》，竟使编联竹简的牛皮绳多次磨断，即所谓“韦编三绝”。根据实际需要，选出一部分书籍反复阅读，深入理解，加深记忆，这是行之有效的读书方法。苏东坡有诗云：“旧书不厌百回读，熟读深思子自知。”这是经验之谈。有书不读，束之高阁，书无异于废纸；读书囫囵吞枣，一览而过，“按册子便在，掩了册子便忘”。读得再多又有何益？

所谓“识破”，即精读而透彻理解书中之理。精读，一要抓住重点，宁精勿杂；二要深入钻研，务求精通。“书富如海，百货皆有，人之精力，不能兼收尽取”，所以读书要善于选择，取其精华，不可滥读。选好了重点，确定了主攻方向，就要深入、刻苦钻研，直到真正弄懂弄通为止。宋代哲学家陆九渊说：“学必无所蔽而后可。”意思是说，学习一定要达到没有迷惑不解的地步才可以。如果读书不注意识理，漫无目的，一味多读，必然如郑板桥所说：“读书破万卷，胸中无适主。”

博观而约取，厚积而薄发

【经典回顾】

吾少也有志于学，不幸而早得与吾子[1]同年[2]，吾子之得亦不可谓不早也。吾今虽欲自以为不足，而众且妄推之矣。呜呼！吾子其去此而务学也哉。博观而约取[3]，厚积而薄发[4]，吾告子止于此矣。子归过京师而问焉，有曰辙子由者，吾弟也，其亦以是语之。

——节选自苏轼《稼说（送张琥）》

注释

[1] 同年：古时科举时代同榜录取的人互称同年。这里指作者与本文所赠朋友张琥同年中进士。

[2] 吾子：古时对人的尊称，可译为"您"，比"子"更亲切。

［3］博观：指看大量的书，多阅读，了解事物；约取：指少量地、慢慢地拿出来。

［4］厚积：指大量地、充分地积蓄力量；薄发：指少量地、慢慢地释放。多多积蓄，慢慢释放。形容只有准备充分才能办好事情。

今译

我从小就有用功学习的志向，没料想能早早地与您同一年考中进士，不过您的成功也不能说不早啊！我现在虽然想到自以为还很不够，但众人却已经胡乱地称颂我了。唉，您要摆脱这种状况而致力于学习啊！广博读书而简约审慎地取用，在深厚积累之后慢慢地释放出来，我能告诫您的也就到此为止了。您回去时路过京城打听一下，有名叫苏辙、字子由的人，是我弟弟，请您将这些话也转告他。

【亲近大师】

苏轼（1037～1101年），北宋文学家、书画家。字子瞻，号东坡居士。眉州眉山（今属四川）人。与父苏洵、弟苏辙合称“三苏”。他在文学艺术方面堪称全才。其文汪洋恣肆，明白畅达，与欧阳修并称欧苏，为唐宋八大家之一。其诗清新豪健，善用夸张比喻。在艺术表现方面独具风格，与黄庭坚并称“苏黄”；词开豪放一派，对后代很有影响，与辛弃疾并称“苏辛”；书法擅长行书、楷书，能自创新意，用笔丰腴跌宕，有天真烂漫之趣，与黄庭坚、米芾、蔡襄并称“宋四家”；画学文同，喜作枯木怪石，论画主张神似。诗文有《东坡七集》等，词有《东坡乐府》。

【故事链接】

诸葛亮在隆中隐居期间都在做什么

诸葛亮作为三国时代蜀国的宰相，平西蜀，定南蛮，东和北拒，六出祁山，七擒孟获，战功无数，鞠躬尽瘁，死而后已，直到千秋万世之后，仍被人称道。

诸葛亮居隆中时，师从当时“江南第一名士”司马徽，诸葛亮与司马徽亦师亦友，司马徽祖居颍川阳翟，因避战乱，而寓居襄阳，是一位大隐于世的高人。其于天文地理、兵法布阵都有很深的研究，且与当地名士如庞统的叔父庞德公等人交往甚密。当时聚集在司马徽身边的还有诸葛亮的好友徐庶和崔州平等人，这些人志同道合，书生意气，踌躇满志，他们饮酒作诗，高歌述怀，尽显名士风范。诸葛亮天纵聪明，在司马徽的精心呵护下，饱读兵书，韬光养晦，为其步出隆中打下了坚实的基础。

在中原大地饱受战火蹂躏的战乱年代，年轻的诸葛亮能处变不惊，把自己从一介布衣书生锻造成荆襄之间闻名遐迩的“卧龙”先生，这份定力和毅力也是常人所难以想象的。他虽然躬耕于垄亩之间，但国事、天下事却处处留心，事事关注。诸葛亮的多谋善断以及对天下大势的不俗见解都受到当地名士推崇。

在这十年间，诸葛亮的艺术天分渐渐显露，艺术造诣趋于精湛。诸葛亮无论是在书法、音乐、绘画还是诗书方面都具有很高的成就，这与他十年之间潜心修炼有关。据说诸葛亮还传下了音乐理论专著《琴经》，而在文学方面，前后《出师表》和《诫子书》，都是流传千古的名篇。

在隐居隆中的这段时间内，诸葛亮完成了少年向青年的转变，他的妻子是当地名流黄承彦的女儿。诸葛亮的兄长诸葛瑾是东吴的士大夫，诸葛亮一家人与当时的上流社会保持着错综复杂的关系。但他通过自己的观察和缜密分析，知道荆州牧刘表为人懦弱，大权旁落，荆州并非久留之地。而此后急于得到名士辅佐的刘备三顾茅庐，诸葛亮一诺千金，从而留下一段千古流传的佳话。

正是因为有了隆中时期的隐居和蛰伏，诸葛亮这条卧龙才能够以十年之期甘受清贫，在青山绿水间自耕自乐，于韬光养晦之中不断磨炼和锻造自己。当诸葛亮在为自己选择到了政治和军事生涯时的明主时慷而慨之，厚积而薄发，完成了他在三国时期叱咤风云的一生，为魏蜀吴三国鼎立作出了历史上不可磨灭的贡献，而成就了他两朝开济老臣心的赤胆忠诚，以及鞠躬尽瘁死而后已的惊世伟业。

（作者不详，载于全民阅读网）

【掩卷沉思】

“博观而约取，厚积而薄发。”这里的“约取”，不单指少取，主要是指慎取、精取，而取其精华，去其糟粕。所谓“取”，就是对书中所言之事、所论之理、所抒之情的认可和接受。“取”不贵其多，而贵其精，应以“少少取胜多多取”。

历观中外读书经验，如果说博览群书重要，那么慎取、精取则更重要。有些书，即使是佳作，也往往并非字字珠玑，句句真理，而是玉瑕共存，精粗混杂。因此，不能对其不加分析，兼收并蓄，必须认真思考，分清优劣，去粗取精，弃伪存真。越是博览，越须慎取精取。否则，不加分析，盲目滥取，那就“尽信书，不如无书”，轻则无益，重则有害了。知贵精，不贵多。真正有学识者，不是记住很多死知识的人，而是积累了知识精粹的人。

古今学界有识之士，治学都很注重“博观而约取”。观而有选，取而有择，有的放矢，唯真是取。唐代韩愈，在《原道》中批评有些人读书作文，“择焉而不精，语焉而不详”。王安石提倡读书要“深思而慎取”。

要做到博观精取，首先要能识精。这就要对所观之书熟读精思，反复玩味，慧眼识珠，知其精义。否则，盲目滥取，也就难得其精了。

今天打好积累知识的扎实根基，来日方能筑起学问的高楼大厦。有道是：厚积而薄发，积学以储金。期望未来有所建树的同学，那就从小处着手，先从一点一滴的资料积累做起吧。

第三章 人生的担当

什么是担当？是一种态度，也是一种责任感；是一种接受，也是一种行动。

一部《论语》两万字，“君子”一词就出现了一百多次。先贤孔子在为人们勾勒出理想的君子形象的同时，提出了君子最基本的人格标准：做一个有担当的人。

身处乱世的孟子将这份沉甸甸的担当演绎为“穷则独善其身，达则兼济天下”的释然；百病缠身、身居陋室的杜甫仍不减“安得广厦千万间，大庇天下寒士俱欢颜”的济世情怀；“先天下之忧而忧，后天下之乐而乐”“天下兴亡，匹夫有责”无不显出那些人中君子的旷达胸襟和心系天下苍生的担当。在当今这个价值观日益多元化的社会，这分担当依然不能少，只有敢于担当，才能使自己的潜在能力得到更充分的挖掘和发挥，才能创造人生的精彩，作出应有的贡献，赢得尊敬。

担当，不仅仅是匹夫逞一时之勇，除了勇气，更需要智慧和实力。勇于担当的人，有铁肩担道义的气魄，有舍我其谁的胸襟，不计较得失，不踌躇功过，不在乎流言，不畏惧艰苦……为家庭，为社会，为民族，为国家，不躲避，不推诿，不迷失，坦荡荡，勇于担当，才是大丈夫，真君子，才是一个顶天立地大写的人。

自强不息，厚德载物

【经典回顾】

天行健[1]，君子以自强不息；地势坤[2]，君子以厚德载物[3]。

——《周易》[4]

注释

[1] 健：刚强劲健。

[2] 坤：厚实和顺。也是六十四卦之一。

[3] 厚德载物：增厚美德，容载万物。

[4]《周易》：是一部中国古哲学书籍，是建立在阴阳二元论基础上对事物运行规律加以论证和描述的书籍，其对于天地万物进行性状归类，天干地支五行论，甚至精确到可以对事物的未来发展作出较为准确的预测。《周易》在古代文献中常被简称为《易》，至西汉初年被列为“经”书之一，世人遂尊称为《易经》。

今译

天（即自然）的运动刚强劲健，相应于此，君子应刚毅坚卓，发愤图强；大地的气势厚实和顺，君子应增厚美德，容载万物。

【亲近经典】

在中国历史文化的发展过程中，“自强不息，厚德载物”的精神不断丰富和发展，被赋予新的内容。作为一个高尚的人，在气节、操守、品德、治学等方面都应不屈不挠，战胜自我，永远向上，力争在事业与品行两个方面都达到最高境界。“自强不息，厚德载物”精辟地概括了中国文化对人与自然、人与社会、人与人的关系的深刻认识与辩证的处理方法。中华民族历经几千年时间的考验和兴衰变化，而一直能稳固地凝聚在一起，并保持一个伟大民族的生机与活力，同这种深刻认识是分不开的。事实上，“自强不息，厚德载物”已构成中华民族的民族精神与民族性格的重要表征。

【故事链接】

轮椅上的霍金

英国物理学家史蒂芬·霍金创立了新的宇宙学说，著有《时间简史》等书，被人们称为“当今世界上继爱因斯坦之后最杰出的理论物理学家”。1963年，他21岁时被确诊为肌肉萎缩症，医生认为他只能活两年时间了。他却支持到现在，并且取得卓越的成就，获得学术界与大众一致的敬重，这与他坚强的意志、顽强的生命力息息相关。

1970年，在学术上声誉日隆的霍金已无法自己走动，他开始使用轮椅。直到今天，他再也没离开它。永远坐进轮椅的霍金，极其顽强地工作和生活着。1985年，霍金动了一次穿气管手术，从此完全失去了说话的能力。他就是在这样的情况下，极其艰难地写出了著名的《时间简史》，探索宇宙的起源。

不管病情多么严重，他始终坚持奋斗，刻苦钻研。霍金大学时结识的朋友狄克斯说：“当霍金所热爱的东西都失去时，他不仅坚强地活着，而且伟大地活着，他带给人们的不仅仅是科学的智慧，还有人类最可贵的不息的奋斗精神。”

【掩卷沉思】

自强不息，厚德载物，不仅是一种生活信念和道德境界，更是一种理想和信仰。

人活着，不能没有理想和信仰。有理想和信仰的支撑，人才能不畏艰难困苦而乐观向上，才能长久奉献而无怨无悔，才能最大限度地燃烧自己，追求崇高，使生命发出光彩。

几千年来中华民族虽屡经劫难，战火连绵，分分合合，但终能克服重重困难，在神州大地上生生不息，自立于世界民族之林。也正是因为有“自强”与“道德”结合而成的民族魂的维系与支持。

只有自强不息，才能居安思危，在危机来临时从容不迫，沉着应对和排除危机；只有自强不息，才能不断加强学习，取长补短，接受新的挑战；只有自强不息，才能顺应时代变化、抓住机遇，时常变不利弱势为有利强势，最终达到事业的成功。

就像滴水能汇成江海，善事日积月累就会升华为高尚的品德，具有高尚品德的人才能得到人们的尊重和爱戴，而恪守道德准则的团体也会与时俱进，健康发展。孟子的“老吾老以及人之老，幼吾幼以及人之幼”，孔子的“仁义礼智信温良恭俭让”，毛泽东的“为人民服务”，都无不劝诫引导人们重视德行。从这个角度说，中华民族的发展史就是一部重“德”求“善”的历史。愿我们为荣誉、为国家多做“善事”，积“小善”为“厚德”。

“自强不息”与“厚德载物”有着强有力的互补，“自强不息”激励人不断地向前，然而人对于压力毕竟存在极限，随时可能出现惰性；而“厚德载物”却给人强烈的责任感，有了这种动力，“自强不息”才能源源不断地得以延续。愿自强不息的精神永远激励着我们，厚德载物，行稳致远。

与朋友交，言而有信

【经典回顾】

子夏曰：“贤贤[1]易[2]色；事父母，能竭其力；事君，能致其身[3]；与朋友交，言而有信。虽曰未学，吾必谓之学矣。”

——《论语·学而》

注释

[1] 贤贤：第一个“贤”字作动词用，尊重的意思。贤贤即尊重贤者。

[2] 易：有两种解释。一是改变的意思，即改变好色之心；二是轻视的意思，即轻视女色。

[3] 致其身：致，意为“献纳”“尽力”。这是说把生命奉献给君主。

今译

子夏说：“一个人能够看重贤德而不以女色为重；侍奉父母，能够竭尽全力；服侍君主，能够献出自己的生命；同朋友交往，说话诚实恪守信用。这样的人，尽管他自己说没有学习过，我一定说他已经学到了。”

【亲近经典】

子夏认为，一个人有没有学问，他的学问的好坏，主要不是看他的文化知识，而是要看他能不能实行“孝”“忠”“信”等传统伦理道德。只要做到了这几点，即使他说自己没有学习过，但他已经是有道德修养的人了。

“与朋友交，言而有信”这句格言，阐述的是人与人之间交往的诚信原则。孔子在《论语·为政》中说过：“人而无信，不知其可也”，就是说一个人一旦言而无信，那么他的一切言行都将失去别人的信任。曾子在《论语·学而》中说：“吾日三省吾身：为人谋而不忠乎？与朋友交而不信乎？传不习乎？”也就是说曾子将忠信作为自己的为人准则，每日反省检查，督促自己不可一日不讲诚信。

“信”，属于儒家“五常”之一。在儒家看来，诚信是个人道德修养的基本内容，是为人安身立命之本。在中国传统文化中，诚信一直是社会交往中最为基本的原则之一。要想获得别人的信任，只有自己先对别人讲诚信。正是古人这种努力的道德实践与自觉的理论提倡，才形成了中华民族与人一诺千金不移、一言既出驷马难追的诚实守信的优良传统。今天，我们提倡诚实守信，这既是对中华民族传统精神的继承与弘扬，也是迫切的现实需要。很难想象，一个不重诚信、不讲信用的社会将会是怎样的一个社会。

【亲近大师】

子夏，姓卜名商，卫国温人，是孔子晚年的得意弟子之一。子夏是继孔子之后，系统传授儒家经典的第一人，对儒家文献的流传和学术思想的发展作出了重大的贡献，被后世誉为传经之鼻祖。子夏晚年时，到魏国西河一带教学，开创了“西河学派”，培育出大批经国治世的良材，并成为前期法家成长的摇篮。子夏在传播儒家经典、发扬儒家学说、继承和发展孔子思想，以及培育具有法家特色的弟子等方面都贡献卓著。

子夏晚年，因丧子而哭至失明，离群索居。唐玄宗时，追封其为“魏侯”，宋代时又加封为“河东公”。

【故事链接】

邓稼先以诚交友

邓稼先是我国著名的科学家，在氢弹和原子弹的研制中担任着非常重要的职务。他与诺贝尔物理奖获得者、美籍华人杨振宁从小就是好朋友。

他们的父母都是清华大学的老师，都住在清华园。很小的时候两个人就在一块儿玩，后来还在一个中学读书。他们俩都很聪明，但是性格不同，杨振宁比较机灵，邓稼先沉稳老实。可是他们都很敬重对方，以对方的优点为榜样互相学习。两人一直是好朋友。

长大以后，他们都在美国留学，并且都是学习理论物理学，搞原子核物理研究。邓稼先毕业后不久返回祖国，支持祖国的科技建设，杨振宁则继续留在美国搞科学研究。

邓稼先回国以后，被派去领导和组织原子弹的研制工作。经过多年的艰苦奋斗，1964 年 10 月 26 日我国第一颗原子弹试验成功。杨振宁知道了这个消息后很为自己的祖国高兴，同时他也很想知道自己的好朋友邓稼先是否也参与了原子弹的研究工作，但他知道这是国家机密，如果问邓稼先，会让他为难的，所以就一直没问过。

1971 年，杨振宁回国，邓稼先到首都机场迎接分别整整二十年的老朋友，两人一见面就没完没了地聊了起来。不过，由于邓稼先从事的工作都是国家机密，两人的谈话总是点到为止，尽量不涉及这方面的问题。可是杨振宁十分想知道邓稼先是否参与了原子弹的研究，于是就绕着弯子问他："听说中国研究原子弹的专家中有美国人，有这么回事吗?"

这个问题让邓稼先很为难。如果回答说"没有"，就证明了自己很了解参加原子弹试验的成员，这实际上是承认了自己也参与了原子弹的研制；如果回答说"不知道"，又是在欺骗老朋友。于是他就想出一个既不泄密、也不欺骗朋友的办法，说："我以后再告诉你吧。"

后来，邓稼先把这个问题向上级汇报，最终得到周总理的批准。邓稼先这才如实地答复了老朋友的问题。

邓稼先就是这样一个诚实正直的人，无论是对待国家还是朋友，都以诚为本。

1986 年，邓稼先病逝，杨振宁为失去这样一位好朋友而十分悲痛，他在从美国发来的电报中说："稼先为人忠诚纯正，是我最敬爱的挚友。"

（作者不详，载于中国青年网，2004 年 5 月 17 日）

【掩卷沉思】

"与朋友交，言而有信"，讲的是与朋友交往过程中的一个道德准则，放在现代社会中，可以理解为诚信。诚信是朋友交往和保持友谊的基石。历史上出现过的可歌可泣、令人推崇的友谊，无一例外都闪耀着诚信的光芒。

战国时的隐士田光，为助燕太子丹刺秦王，举荐荆轲，更为守秘而刎颈。钟子期因病去世，俞伯牙悲叹没有了知音，便摔掉他珍爱的琴，永不弹琴。恩格斯无论在生活上还是工作中处处帮助马克思，两人建立了深厚的友谊，最终才有《资本论》的问世。

在现代社会，我们经常慨叹认识的人很多，但真正能做朋友的没几个。究其原因，还在"诚信"二字。西汉文学家、哲学家扬雄于《法言·学行》中说："朋而不心，面朋也；友而不心，面友也。"想要获得真正的朋友和长久的友谊，首要的是个"心"字，以心相交，诚信待人。

首先自身要讲求诚信。没有诚信的人根本没有资格赢得别人的信任和尊重，更别说建立友谊，就算是朋友也只能算是“面朋”“面友”。再者就是对方也要是个讲求诚信的人，试想与一个言而无信、满嘴谎言和欺骗的人做朋友，无异于引狼入室，这是任何一个头脑清醒的人都不会做的事。

友谊不是凭空掉下来的，它需要培养、浇灌才能不断成长。只有用自己的诚信来换取朋友的诚信，才能达到朋友间推心置腹、无私帮助的目的。

友谊由一个“缘”字开始，友情全凭一个“信”字延续，朋友全靠一个“心”字长久！

曾有首老歌《永远是朋友》里面有这样几句歌词：“千里难寻是朋友，朋友多了路好走，以诚相见心诚则灵，让我们从此是朋友。”在诚信的浇灌下，友谊之花才能灿烂开放！

温、良、恭、俭、让

【经典回顾】

子禽[1]问于子贡曰：“夫子[2]至于是邦[3]也，必闻其政。求之与？抑[4]与之与？”子贡曰：“夫子温、良、恭、俭、让[5]以得之。夫子之求之也，其诸[6]异乎人之求之与！”

——《论语·学而》

注释

[1] 子禽：姓陈名亢，字子禽。郑玄所注《论语》说他是孔子的学生，但《史记·仲尼弟子列传》中未载此人，故一说子禽非孔子学生。

[2] 夫子：这是古代的一种敬称，凡是做过大夫的人都可以取得这一称谓。孔子曾担任过鲁国的司寇，所以他的学生们称他为“夫子”。后来，沿袭以称呼老师。《论语》书中所说的“夫子”，都是孔子的学生对他的称呼。

[3] 邦：指当时割据的诸侯国家。

[4] 抑：表示选择的文言连词，有“还是”的意思。

[5] 温、良、恭、俭、让：就字面理解即为温和、善良、恭敬、俭朴、谦让。这是孔子的弟子对他的赞誉。

[6] 其诸：语气词，有“大概”“或者”的意思。

今译

子禽问子贡说：“老师到了一个国家，总是先了解这个国家的政事。这是他自己求得的呢，还是别人主动告诉他的呢?”子贡说：“老师是靠温良恭俭让来了解政事的。但他求的方法，或许与别人的求法不同吧?”

【亲近经典】

本章通过子禽与子贡两人的对话，把孔子的为人处世品格勾画了出来。

所谓温，就是温和、随和，温文尔雅。只有有着高度修养的人，内心完善健全的人，对待别人才能做到和颜悦色。原因就在于那些经历丰富又十分有涵养的人，其内心已经非常平和协调了，表现于外也就显得格外地随和。

所谓良，就是善良、和善的意思。一个善良的人首先应该相信这个世界是美好的。只有这样的人才愿意舍弃自己的利益去帮助别人，表现出人性善的美。对待外界的认识无疑是人们内心的投射，善良的人必然有一个美好的内心世界，恶毒的人自然会拥有一个冰冷的内心。

所谓恭，就是做事认真，恭敬。对待自己的长辈要尊敬，对待自己的工作要认真负责。可是很多人做起来就比较难，现代人尤其难。

所谓俭，就是节制自己的欲望而俭朴。人的欲望是无限的，我们要照顾自己的欲望，满足自己的欲望，但是绝对不能成为欲望的奴隶。不能节制自己欲望的表现就像喝酒一样，适可而止，方为仙品；沉溺其中，必然受祸。

所谓让，就是谦让礼让。在功名利权上先人后己，在职责义务上先己后人。孔子认为，好胜，争取名声；夸功，争取名利；争不到便怨恨别人，以及在名利上贪心不足，都不符合让的原则。

一个人若是能有“温和”的性格、“良善”的心地、“恭敬”的态度、“俭朴”的美德，“礼让”的原则，待人就会温良宽厚、谦虚有礼，也自然就会得到他人的尊敬、支持和帮助，才能团结最大多数的人，这是我们的生活和事业须臾离不开的，是成功和幸福的保障。

【故事链接】

歌德让路

德国诗人、剧作家、思想家歌德有一次在街上行走，经过一条只能容一人通过的小巷。这时，刚好遇见一个趾高气扬的贵族，贵族说：“我从不会为傻瓜让路。”只见歌德往边上一靠，态度温和地说了一句：“但是我会。”对方羞得红了脸，赶紧走了。做人应该温和，同时不卑不亢。尊严不需要用激烈的争吵去换取，有时温和的态度、适当的谦让便能使嚣张之人羞颜。

（作者丁国成，载于《朔方》，1982 年第 6 期）

修女德兰

德兰修女是 1979 年诺贝尔和平奖获得者，被誉为继 1952 年史怀泽博士获得诺贝尔和平奖以来最没有争议的一位得奖者。她创建的“仁爱传教女修会”有 4 亿多美金的资产，世界上最有钱的公司都乐意无偿捐钱给他，她赢得了全世界人民的爱戴。然而，当她去世时，她全部的个人财产，就是一张耶稣受难像，一双凉鞋和三件旧衣服。德兰修女的伟大不在于上亿的钱财，也不在于高等的身份地位，而在于一颗单纯的心。她的善良感动了所有的人，同时也赢得了世界各国人民的尊重。如果每个人都有一颗善良美好的心灵，那么这个世界也会美丽多了。

【掩卷沉思】

子贡用“温、良、恭、俭、让”五个字概括了孔子的风度、性格和修养，认为正是这五种优秀品德，让孔子获得人们的信赖、尊重、支持和帮助。

其实，“温、良、恭、俭、让”五德作为做人的道德标准，对我们建设和谐社会还是具有一定的借鉴作用。我们所处的时代，竞争异常激烈，注重个性发展，社会生活多姿多彩，但也出现了一个不好的现象：人与人之间的关系以利益衡量，过分看重自己的利益，个别的甚至不择手段地损人利己。“天下熙熙皆为利来，天下攘攘皆为利往”，在这熙熙攘攘中，有人名利双收，有人人财两失，但都是机关算尽，身心俱疲。这也许就是现代人的物质生活上去了，但幸福感却下降的原因之一吧。

一个人只有心存敬畏和保持谦和，才能拥有清醒的头脑，才能获得理性的支持，也才能赢得人们的好感和帮助，从而不断进步和取得成绩。达·芬奇说得好：“少量的知识使人骄傲，丰富的知识使人谦逊，所以空心的禾秆高傲地举头向天，而充实的禾穗却低头向着大地。”“满招损，谦受益”，一个人心可以激昂，但是行动却应该低调，要低调做人，踏实做事，努力保持“温、良、恭、俭、让”的处世态度和为人修养，远离狂妄和自大，避免偏激和自私，努力做一个讲操守、重品行的人，一个有益于人民和社会的人，一个内心和谐的人。

“温、良、恭、俭、让”不仅是个人立身处世的必修课和基本功，而且也是人生取得成功的重要法宝和有益经验。试想：一个狂野粗暴（不温）、骄横残忍（不良）、傲慢无礼（不恭）、穷奢极欲（不俭）、斤斤计较（不让）的人，不可能正确对待困难、挫折、荣誉，也不可能正确对待组织、对待自己、对待社会。这样的人，谁愿意与他交往、相处并合作共事呢？谁愿意相信他和帮助他呢？

所以说，“温、良、恭、俭、让”是一种心态，是一种自信，是一种智慧，是一种境界，是一种成熟，但是并非与生俱来、一劳永逸，需要我们努力地去长期坚持修炼。倡导“温、良、恭、俭、让”的为人和品行，是一个人具备良好修养所需要的，也是构建和谐社会理应有的内容。道德的力量能让人走得更远！

君子周而不比，小人比而不周

【经典回顾】

子曰：“君子周[1]而不比[2]，小人[3]比而不周。”

——《论语·为政》

注释

[1] 周：广泛，普遍。

[2] 比：音 bǐ，结党营私。

[3] 小人：没有道德修养的人。

今译

孔子说："君子讲究忠信而无不接纳，不会出于私心邪念而结党阿谀；小人出于私心邪念而结党阿谀，却不能讲究忠信而广泛接纳。"

【亲近经典】

所谓"周"是指普遍。怎么叫普遍？内心无私不偏，能一视同仁，也就不存嫉妒与排斥之意，所以能周全普遍。对于"周"，我们知道汉语里有"周到"、"周全"等词，它表示团结的是大多数人。

《说文》："比，密也。二人为从，反从为比。"所谓"从"，是一个人跟随着另一个人，所谓"反从"是谁也不跟随着谁，又不是相互背离，而是因为相同的利益而临时在一起，表现得很亲密，实际上却各怀心事，所以，"密"是表面的，是因为偏私而亲密。

王引之《经义述闻》说："以义合者，周也，以利合者，比也。"即是说，用道义去团结众人叫做"周"，用利益去勾结别人叫做"比"。

孔子在这一章中提出君子与小人的区别点之一，就是小人结党营私，与人相勾结，不能与大多数人融洽相处；而君子则不同，他胸怀广阔，与众人和谐相处，从不与人相勾结，这种思想在今天仍不失其积极意义。

【故事链接】

李世民招抚尉迟恭

唐朝有一名将领叫尉迟恭，就是我们今天家家户户过年贴的门神中间的一位，在历史上，他最早是隋朝将领刘武周手下的一员猛将，后归顺李世民。因为有归顺者叛变了，李世民的将领们便将尉迟恭关了起来，还有人建议李世民说，尉迟恭打仗很勇猛，要趁早杀掉，以绝后患。李世民没听，把他从监狱里放出来，对他说："大丈夫以义气相许，小的嫌隙不要放在心里，我不会因为谗言杀害良士。"李世民还给他黄金，说如果他要走，可以作为他的路费。对此，尉迟恭感激涕零，此后战功赫赫。后来李世民的哥哥，身为皇太子的李建成也想来招抚他，赠送他一车的金器，希望他能够归顺，结果被尉迟恭当场拒绝。

【掩卷沉思】

与人交往，是人类的基本生存技能之一，它决定一个人生活世界的宽窄。然而，人类又是个体差异最丰富最悬殊的群体，与自己熟悉了解的人相处，自然要容易一些，所以，党同伐异几乎是人类难以消除的天性。孔子却把这称之为小人行径。

人和人的差异有两种，一种是性情兴趣的差异，另一种是人品人格的差异。前一种差异只是性格差异，不存在是非对错，只能说各具特色；后一种差异却是道德差异，有明显的是非对错。

兴趣相投，结为好友，这不但没错，反而应该提倡，孔子不也曾说"有朋自远方来，不亦乐乎"吗？所以孔子这里所说的"周"和"比"主要是针对道德差异。在兴趣上，每个人都可以各投所好，但在是非善恶上，则不应该以自己的私心好恶为标准来衡量人、选择人。这才是孔子这句话的本意。

人而无信，不知其可

【经典回顾】

子曰："人而无信，不知其可也[1]。大车无輗[2]，小车无軏[3]，其何以行之哉？"

——《论语·为政》

注释

[1] 信：信用；其：那；可：可以，行。

[2] 輗：音 ní，古代大车车辕前面横木上的木销子。大车指的是牛车。

[3] 軏：音 yuè，古代小车车辕前面横木上的木销子。小车指的是作战和乘人的马车。

今译

孔子说："一个人不讲信用，是根本不可以的。就好像大车没有輗、小车没有軏一样，它靠什么行走呢？"

【亲近经典】

"信"，是儒家传统伦理准则之一。孔子认为，"信"是人立身处世的基点。在《子张》《阳货》《子路》等篇中，都提到"信"的道德。在《论语》书中，"信"的含义有两种：一是信任，即取得别人的信任，二是对人讲信用。本章中孔子以"輗""軏"喻信，是说讲信用乃人的关键性品质和道德，在社会生活中起着关键性的作用。这章中，孔子强调了信的社会功能。这种功能就是联结人际关系的纽带作用。

人生活在群体中，与人相处，得到别人的信任十分重要。据《论语》记载，弟子问孔子如何治国，孔子说要做到三点：一要"足食"，就是要有足够的粮食；二要"足兵"，有足够的军队；三要得到百姓的信任。弟子问，如果不得已必须去掉一项，去哪一项？孔子答："去兵"。弟子又问如果还得去掉一项，去哪一项？孔子说："去食。自古皆有死，民无信不立。"可见，在孔子看来，得到百姓的信任比什么都重要。治国如此，其他事何尝不是如此？如果得不到别人的信任，什么事都办不成，无论大事小事都是如此。

孔子以后，儒家思想在这个问题上又有发展，把信与诚相联系，称"诚信"。孟子说"诚者，天之道；思诚者，人之道"，从天道诚信进一步说明人必须诚信的道理。诚，是实的意思，就是真实、实在，没有虚假。天道，用今天的话说，是自然之道的意思。天地之间，日月星辰的运行，春夏秋冬的交替，花鸟鱼虫自然万物的生长繁息，都是真实、实在的，不真实的东西，在自然中不能存在。所以说，诚是"天之道"。既然自然之道真实无欺，人也就应该如此，也应该真实无欺。所以说，"思诚者，人之道"。也就是说，人们应当效法天道，努力做到诚实无欺。

人在社会之中，总要与形形色色的他人发生各种各样的关系，宏观地看，诚信就是无形的大网。以诚信为纽带编织的大网比较完整，那个社会自然也就是健康的。诚信，是天道之本然，也是人道的根本。人如果不讲诚信，整个社会就无法运行。

【故事链接】

一个关于诚信的故事

在纽约的河边公园里矗立着“南北战征阵亡战士纪念碑”，每年都有许多游人来到碑前祭奠亡灵。美国第十八任总统、南北战争时期担任北方军统帅的格兰特将军的陵墓，坐落在公园的北部。陵墓高大雄伟、庄严简朴。陵墓后方，是一大片碧绿的草坪，一直绵延到公园的边界、陡峭的悬崖边上。格兰特将军的陵墓后边，更靠近悬崖的地方，还有一座小孩子的陵墓。那是一座极小、极普通的陵墓，在任何其他地方，你都可能会忽视它的存在。它和绝大多数美国人的陵墓一样，只有一块小小的墓碑。在墓碑和旁边的一块木牌上，却记载着一个感人至深的诚信的故事。

故事发事在两百多年以前的1797年。这一年，这片土地的小主人五岁的时候，不慎从这里的悬崖上坠落身亡。其父伤心欲绝，将他埋葬于此，并修建了这个小小的陵墓，以作纪念。数年后，家道衰落，老主人不得不将这片土地转让。出于对儿子的爱，他对土地的新主人提出一个奇特的要求，他要求新主人将孩子的陵墓作为土地的一部分，永远不要毁坏它。新主人答应了，并把这个条件写进契约。这样，孩子的陵墓就保存了下来。

沧海桑田，一百年过去了。这片土地不知道辗转卖过了多少次，也不知道换过多少个主人，孩子的名字早已被世人忘却，但孩子的陵墓仍然还在那里。它依据一个又一个的契约，被完整无损地保存下来。到了1897年，这片风水宝地被选中为格兰特将军的陵园，政府成了这块土地的新主人。无名孩子的陵墓，在政府手中依然被完整地保留下来，成为格兰特将军陵墓的邻居。一个伟大的历史缔造者之墓，和一个无名孩童之墓毗邻而居，这可能是世界上独一无二的奇观。

又是一个一百年以后，即1997年，这年是格兰特将军陵墓建立一百周年，也是小孩去世两百周年，为了缅怀格兰特将军，当时的纽约市市长朱利安尼来到这里，亲自撰写了这个动人的故事，并把它刻在木牌上，立在无名小孩陵墓的旁边，让这个关于诚信的故事世世代代流传下去……

立木为信与烽火戏诸侯

春秋战国时，秦国的商鞅在秦孝公的支持下主持变法。当时处于战争频繁、人心惶惶之际，为了树立威信，推进改革，商鞅下令在都城南门外立一根三丈长的木头，并当众许下诺言：谁能把这根木头搬到北门，赏金十两。围观的人不相信如此轻而易举的事能得到如此高的赏赐，结果没人肯出手一试。于是，商鞅将赏金提高到五十两。重赏之下，必有勇夫，终于有人站起将木头扛到了北门。商鞅立即赏了他五十两。商鞅这一举动，在百姓心中树立起了威信，而商鞅接下来的变法就很快在秦国推广开来。新法使秦国渐渐强盛，最终统一了中国。

而同样在商鞅“立木为信”的地方，在早它四百年之前，却曾发生过一场令人啼笑皆非的“烽火戏诸侯”的闹剧。

周幽王有个宠妃叫褒姒，为博取她的一笑，周幽王下令在都城附近二十多座烽火台上点起烽火——烽火是边关报警的信号，只有在外敌入侵需召诸侯来救援的时候才能点燃。结果诸侯们见到烽火，率领兵将们匆匆赶到，弄明白这是君王为博妻一笑的花招后又愤然离去。褒姒看到平日威仪赫赫的诸侯们手足无措的样子，终于开心一笑。五年后，申侯与缯国、西夷犬戎大举攻周，幽王烽火再燃而诸侯未到——谁也不愿再上第二次当了。结果幽王被杀而褒姒也被掳走。

一个“立木取信”，一诺千金；一个帝王无信，“烽火戏诸侯”。结果前者变法成功，国强势壮；后者自取其辱，身死国亡。可见，“信”对一个国家的兴衰存亡都起着非常重要的作用。

【掩卷沉思】

曾看过一个故事：一个人得到了健康、荣誉、机敏、才学、金钱、诚信六个行囊，在过河时遇到大浪，船夫叫他扔掉一个，不然就会葬身河底，智者最终选择扔掉了“诚信”，他安全返航了，但是从此人们对他避而远之，不愿与他说话与交谈，在孤独中他逐渐消沉下去，健康、荣誉、机敏、才学、金钱也逐渐从他的生活中消失。从这个故事，我们可以看出诚信的重要性，如果一个人他没有诚信，他是不能在社会上立足的。

然而遗憾的是，当今社会中的“诚信”仿佛是越来越缺乏，越来越脆弱了。失信的现象日益严重，造成信用危机，影响经济发展，扰乱生活秩序。例如，高考作弊，政府官员贪污情况严重，假冒伪劣商品屡禁不止，商家对顾客态度冷漠敷衍，虚假广告等等。

在物质主义、功利主义和享乐思想的冲击下，现代人普遍认为见利忘义、投机取巧比中国传统美德如诚信、刻苦、勤奋更为实际，社会崇尚金钱、权力，并以此作为衡量个人成功与否的标准。而人类的精神世界、生命价值、崇高理想、道德情操则被逐渐遗忘。再加上信用制度、市场规则尚未健全，一些见利忘义的人就会钻制度和法律不完备、执法不严的空子，不讲信用，形成现今种种“见利忘信”的现象。

在学校读书是人生重要的求知阶段，在学习过程中，可能会犯不少错。犯错并不可怕，可怕的是文过饰非，隐瞒错误的侥幸心理。在学校求知，是一个艰苦的学习过程。求学时应抱着“知之为知之，不知为不知”的态度，不可以不懂装懂，欺世盗名。同时，学贵在勤，勤能补拙，历代不少名人都是在极端艰苦的条件下求学。成功非侥幸，只有诚实、刻苦、排除万难的人才能成功。

“信用既是无形的力量，也是无形的财富。”这是日本的松下幸之助说过的。在现代社会，随着社会主义市场经济不断发展，诚实守信的社会生活的各个方面，日益显示出其重要性，就个人而言，只有诚信才能赢得别人的尊敬和爱戴；就企业而言，诚信是宝贵的无形资产；就社会而言，诚信是正常的生产生活秩序，就国家而言，诚信是良好的国际形象。

没有诚信，生活便没有了分量。留住诚信，生命便有了前进的依托；留住诚信，你我便有了心灵的共鸣。

见义不为，无勇也

【经典回顾】

子曰："非其鬼[1]而祭之，谄[2]也。见义[3]不为，无勇也。"

——《论语·为政》

注释

[1] 鬼：有两种解释：一是指鬼神，二是指死去的祖先。这里泛指鬼神。

[2] 谄：音 chǎn，谄媚，阿谀。

[3] 义：人应该做的事就是义。

今译

孔子说："不应该是你祭的鬼神，你却去祭它，这就是谄媚。见到应该挺身而出的事情，却袖手旁观，就是怯懦。"

【亲近经典】

《礼记祭法》说："人死曰鬼。"非其鬼，是指非自己的祖先，不当祭而祭之，是谄媚之举。而且他人祖先有其自己的子孙，不需外人祭祀，亦不会福荫外人。

这里，孔子又提出"义"和"勇"的概念，这都是儒家有关塑造高尚人格的规范。《论语集解》注：义，所宜为。符合于仁、礼要求的，就是义。"勇"，就是果敢，勇敢。孔子把"勇"作为实行"仁"的条件之一，"勇"，必须符合"仁、义、礼、智"，才算是勇，否则就是"乱"。

【故事链接】

见义勇为的"的哥"张德军

2004 年 8 月 14 日下午，张德军与另外三人一起驾驶汽车，追赶在大街上抢夺他人财物后逃跑的两名歹徒，胡远辉和罗军。当追到一座立交桥上时，由于发现有人追赶，两名歹徒惊慌中驾车不稳，致使摩托车与桥面护栏意外相撞，而后反弹回来，撞向张德军驾驶的汽车。胡远辉当场坠桥死亡，而罗军左腿受伤，后被截肢。因为这次见义勇为，张德军等人受到有关部门的大力表彰。然而三个月后，罗军竟然声称这次一死一伤的车祸的发生，完全是张德军用汽车撞击摩托车所致。此后不久，罗军与胡远辉的家人一起向法院起诉，要求追究张德军故意伤害的刑事责任，并要求巨额赔偿。

经过法院公开、公平、公正的审理，2005 年 12 月 7 日，成都市成华区人民法院宣判张德军无罪。

【掩卷沉思】

见义勇为一直是人们追求的道德标准和行为规范。然而，近年来，见义勇为的精神在我们身边却是渐行渐远。且不谈“路见不平拔刀相助”，有时候见不平连报警的人都没有。

见义勇为离我们越来越远让人遗憾，也让人深思。究其原因，应当说这并非偶然。见义勇为往往面对的是危险的环境，挺身而出就可能遭受种种不测，甚至会为此付出生命的代价。近年来，全国各地发生了不少英雄因见义勇为受到很大伤害却得不到应有的保护与奖励的现象，并出现了一些让见义勇为者“流血又流泪”的尴尬局面，这在一定程度上挫伤了人们见义勇为的积极性。同时，一些见义勇为者在见义勇为后，却没有获得对方最起码的尊重，连声“谢谢”都得不到，甚至被反咬一口。由此，许多人面对需要伸出援手的场景时，会选择“视而不见”“明哲保身”。不管什么原因，见义勇为的日渐远去无疑是当今社会的一种无奈和悲哀。

见义勇为者最担心的恐怕就是“高成本、高风险”，全社会既然倡导人们见义勇为，就理应为见义勇为者提供权益保障。前面的故事链接里提到的见义勇为的“的哥”张德军被歹徒告上法庭，最后法庭还张德军以公道，无疑给人们的勇者仁心打了一针强心剂。还有近几年，各地纷纷建立见义勇为基金会，为见义勇为者提供补偿和帮助。这些不仅是对见义勇为者的一种安慰，更体现出社会应肩负的责任，这一切显然有助于把见义勇为精神进一步发扬光大。

每个人都是有责任感的，只有全社会充分保障见义勇为者的权益，让见义勇为者得到社会各界的关心、帮助，才能够涌现出更多的见义勇为者，从而达到扶正祛邪、保障社会平安的目的。

见贤思齐

【经典回顾】

子曰：“见贤[1]思齐[2]焉，见不贤而内自省[3]也。”

——《论语·里仁》

注释

[1] 贤：有才德的人，

[2] 齐；看齐。

[3] 内自省：在内心进行反省。

今译

孔子说：“见到贤人，就应该向他学习、看齐，见到不贤的人，就应该自我反省（自己有没有与他相类似的错误）。”

【亲近经典】

这里谈的是个人道德修养问题。“见贤思齐，见不贤而内自省”，这是一个人自我修养应有的正确态度。“贤”是做人做事的榜样和楷模，人在自我修养的过程中，要自觉地向“贤”看齐，向“贤”学习，取“贤”之长补己之短，完善自己的道德人格。“不贤”是自我修养的反面教员，看到“不贤”，应该提醒自己，警示自己，反省自己，避免自己重蹈“不贤”的覆辙。

这句话也是后世儒家修身养德的座右铭。“见贤思齐”是说好的榜样对自己的震撼，激励自己努力赶上；“见不贤而内自省”是说坏的榜样对自己的“教益”，要学会吸取教训，不随别人堕落下去。孟子的母亲因为怕孟子受到坏邻居的影响，连搬了三次家；杜甫写诗自我夸耀“李邕求识面，王翰愿为邻”，都说明了这种榜样的作用。取别人之长补自己之短，同时又以别人的过失为鉴，不重蹈别人的旧辙，这是一种理性主义的态度，在今天仍不失其精辟之见。

【故事链接】

孙潜与孙放

东晋时期，有兄弟俩，一个叫孙潜，一个叫孙放，两人都是机智聪慧、勤奋好学的人。他们时刻都想着学习别人的善行，这从他俩的名字中也可以看得出来。

孙潜，字齐由。为什么叫齐由呢？原来在古代有一个叫许由的贤士，尧帝把自己的帝位让给他，他感到才浅德薄，就推辞不受。孙潜觉得应该向这种谦让的精神看齐，所以取名“齐由”。

孙放，字齐庄。我们都知道，庄子是古代著名的思想家，孙放觉得自己应该向庄子学习，所以取名“齐庄”。

【掩卷沉思】

见贤思齐是个多步骤的系列过程。首先要具备识别贤与不肖的眼光，才能见贤；其次是见而生爱，欣羡不已，心向往之；最后则是以榜样为标杆，紧盯目标，付诸行动，孜孜以求。

米开朗琪罗说：“当我看到一个具有才能或思想的人，或一个为人所不为，言人所不言的人时，我不禁要热爱他，我可以全身心托付给他，以至于我不再是我了。”

无视自己的成就和名望，衷心诚服于另一个人，将具有卓越才智和高尚美德的他者，作为自己的表率。身体力行，向目标步步追赶。这本身就是一种仁德之行，非贤人不可操之。

而“见不贤而内自省”提出的要求更高。将不贤当作一面镜子，反观自照，检查自己身上是否也有这种毛病。这个自我反省是很难做到的，人往往对自己的缺点视而不见，为自己的错误找借口，轻易原谅自己，甚至把错误都推到他人身上，为自己开脱，这样下去的结果就是走下坡路而不自知。

法国牧师纳德·兰塞姆墓碑上刻着：“假如时光可以倒流，世界上将有一半的人可以成为伟人。”所以要做到及时自省，首先要认识到自省的重要性。反省不但要勇于面对自己、正视自己，并且要及时、反复。疏忽怠惰就有可能放过一些本该及时反省的事情，导致自己继续犯错。

反省是纠正个人的偏差，从而让自己的路走得更踏实，反省也是对别人经验教训的思考和总结。个人的经验教训虽然直接真切，但其广度、深度毕竟有限。要想获得更广博深刻的经验，还要在反省自身的基础上，善于从别人的经验教训中学习。成本最低的财富是把别人的教训当作自己的教训。

反省也是一种从认识到实践的过程，把反省的思考付诸于新的耕耘才能让过去的失误变成今后的成功，使过去的成功变成今后更大的成功。

不迁怒，不贰过

【经典回顾】

哀公问："弟子孰为好学?"孔子对曰："有颜回者好学，不迁怒[1]，不贰过[2]，不幸短命死矣[3]。今也则亡[4]，未闻好学者也。"

——《论语·雍也》

注释

[1] 不迁怒：不把对此人的怒气发泄到彼人身上。

[2] 不贰过："贰"是重复、一再的意思。这是说不犯同样的错误。

[3] 短命死矣：颜回死时年仅31岁。

[4] 亡：同"无"。

今译

鲁哀公问孔子："你的学生中谁是最好学的呢?"孔子回答说："有一个叫颜回的学生好学，他从不迁怒于别人，也从不重犯同样的过错。不幸短命死了。现在没有那样的人了，没有听说谁是好学的。"

【亲近经典】

颜回是孔子三千弟子中最为好学者，这是孔子对颜回的褒扬，他甚至希望颜回成为他的理想的传承和光大者，然而颜回却早逝，使孔子悲痛至极。

孔子喜欢的不仅仅是颜回的聪慧和学识，更看重的是颜回的求学态度和做人品格。颜回的不迁怒，不贰过，在孔子看来，是其他弟子所不能企及的品德。

“贤哉，回也！一箪食，一瓢饮，在陋巷，人不堪其忧，回也不改其乐。贤哉，回也！”颜回之所以不迁怒，首先源于他愤怒之心难生，即使生活穷困，他也淡定自如，他游弋于学问而心无杂念，他的心灵永远快乐！

“不迁怒，不贰过”，这就是孔子对颜回全力治学、一心向仁、严于律己、善于自省的赞赏！从中也可以看出孔子教育学生，重在培养他们的道德情操。正是孔子的褒扬，使后来的儒家学子，把“不迁怒，不贰过”视为修身的终极目标。

【亲近大师】

颜回，春秋末鲁国人。字子渊，亦颜渊，孔子最得意弟子。为人谦逊好学，异常尊重老师，以德行著称。不幸早死。自汉代起，颜回被列为七十二贤之首，有时祭孔时独以颜回配享。此后历代统治者不断追加谥号：唐太宗尊之为“先师”，唐玄宗尊之为“兖公”，宋真宗加封为“兖国公”，元文宗又尊为“兖国复圣公”。明嘉靖九年改称“复圣”。山东曲阜还有“复圣庙”。

【故事链接】

迁怒于人就是伤害别人，迁怒于己就是伤害自己

1965年9月7日，世界台球冠军争夺赛在美国纽约举行。路易斯·福克斯如有神助，得分一路遥遥领先。此时，他只要正常发挥就可稳拿冠军了。然而就是在这个时候，一只苍蝇落在了主球上，他挥手将苍蝇赶走了。可是，当他俯身击球的时候，那只苍蝇又飞回到主球上来了，他再一次起身驱赶苍蝇。这只讨厌的苍蝇破坏了他的情绪，而且更为糟糕的是，苍蝇好像是有意跟他作对，他一回到球台，它就又飞回到主球上来，近处的观众哈哈大笑。福克斯的情绪恶劣到了极点，终于失去理智，愤怒地用球杆去击打苍蝇，球杆碰动了主球，裁判判他击球，他因此失去了一轮机会。接下来，情绪糟糕的他方寸大乱，连连失手。而对手约翰·迪瑞则抓住这个机会，奋起直追，终于夺走了桂冠。第二天早上人们在河里发现了路易斯·福克斯的尸体，他投河自杀了。

奥巴马：不会第二次犯同样的错误

2008年10月23日，正值美国总统竞选的最后冲刺关头。出人意料的是，这一天奥巴马中止了他的竞选活动，于晚上乘9小时的飞机专程到了夏威夷，去看望抚养他成长现正病重的外婆，并且第二天全天守在外婆的身边，直到她去世。有媒体问他，为何在竞选关键时刻，甘愿牺牲宝贵的一天宣传活动。他的回答是，1995年他的母亲癌症病重临终时，他没及时赶到夏威夷向他母亲告别，造成他一生的遗憾，这次他要确保不会第二次犯同样的错误！

【掩卷沉思】

碰到不满意不顺心的事，往往怨天尤人者多，冷静客观地去分析解决问题者少，就算明白了过错或不足，能拿出切实的解决方案，杜绝同样的问题再发生的人也是少之又少，所以“不迁怒，不贰过”，简单的六个字，真正实行起来，谈何容易！

要做到“不迁怒，不贰过”为什么这样难？孔子说，颜回死了以后，再也没有人做到这两条，颜回是个淡泊名利的人。这样的人精神上没有锁链，什么环境都能自得其乐，不会患得患失。坦承自己的过失，对他们而言，是一种收获，一种进步，一种人格的完善。颜回以后，能有多少人从名缰利锁之中解脱出来？青云直上之际，恨不能锦上添花；光环耀眼之时，岂容佛头着粪？

程树德《论语集释》中说："古人之学，在学为人。"一个真正好学的人，应该虚怀若谷。一旦发现自己的过失，不管别人是"善意批评"，还是所谓恶意嘲讽，他都不会迁怒于人，更不会为自己的错误找出许多辩解的理由。不仅用这种态度来对待业务知识方面的某种缺陷，而且更坚持用这种精神来加强自己的人格修养。这样"不迁怒，不贰过"，时时注意修正自己，完善自己，恐怕也正是孔子一生孜孜不倦追求和提倡的完美境界，是一种好学者应该追求的理想境界。

己所不欲，勿施于人

【经典回顾】

仲弓问仁。子曰："出门如见大宾，使民如承大祭[1]；己所不欲，勿施于人；在邦[2]无怨，在家[3]无怨。"仲弓曰："雍虽不敏，请事[4]斯语矣。"

——《论语·颜渊》

注释

[1] 出门如见大宾，使民如承大祭：这句话是说，出门办事和役使百姓，都要像迎接贵宾和进行大祭时那样恭敬严肃。

[2] 邦：诸侯统治的国家。

[3] 家：卿大夫统治的封地。

[4] 事：从事，照着去做。

今译

仲弓问怎样做才是仁。孔子说："出门办事如同去接待贵宾，召唤百姓如同去进行重大的祭祀（都要认真严肃）；自己不愿意要的，不要强加于别人；做到在诸侯统治的国家没人怨恨（自己），在卿大夫的封地里也没人怨恨（自己）。"仲弓说："我虽然笨，也要照您的话去做。"

【亲近经典】

"己所不欲，勿施于人"在《论语》中出现了两次，可见孔子对这一品德的高度重视。

这句话所揭晓的是处理人际关系的重要原则。孔子所言是指人应当以对待自身的标准为参照来对待他人。人应该有宽广的胸怀，待人处事之时切勿心胸狭窄，而应宽宏大量，宽恕待人。倘若自己所讨厌的事物，硬推给他人，不仅会破坏与他人的关系，也会将事情弄得僵持而不可收拾。人与人之间的交往确实应该坚持这种原则，这是尊重他人、平等待人的体现。人生在世除了关注自身的存在以外，还得关注他人的存在，人与人之间是平等的，切勿将己所不欲施之于人。

孔子这句话，早已成为世界名言。法国启蒙思想家伏尔泰对其推崇备至，视为每个人应遵守的座右铭。瑞士红十字总会博物馆，也悬挂有中国先哲的这句名言。据报载，美国众议院通过决议纪念孔子诞辰2560周年时，特别提到孔子这句话，认为“是一种道德品行的典范，也能促进人类和谐”。

【故事链接】

以邻为壑

大禹在视察了各地洪水的情况后，觉得光用息壤来堵水，不能根本解决问题；更重要的是应该把水疏导出去。为此，他大力开掘沟渠让水流到汪洋大海中去。禹带领百姓们在野外辛勤地工作了十三个年头，曾经三次过自己的家门而不入。最后，他终于战胜了洪水，使江河通畅，东流大海，湖泊疏浚，能蓄能灌。原来被淹没的土地，如今又变成了良田。

到了战国初，有个叫白圭的水利专家，也非常出名。什么地方河堤有了裂缝、漏洞，渗出水来，他一到就能修好。后来，他被魏国请去当相国，魏国的国君对他很信任。有一次，孟子来到魏国，白圭在会见他的时候，表露出自己有非凡的治水本领，甚至自我吹嘘说：“我的治水本领已经超过大禹了！”孟子是位非常有学问的人，当场驳斥他说：“你说的话错了。大禹治水是把四海当作大水沟，顺着水性疏导，结果水都流进大海，于己有利，于人无害。如今你治水，只是修堤堵河，把邻国当作大水沟，结果洪水都流到别国去，于己有利，于人却有害。这种治水的方法，怎么能与大禹的相比呢？”

（出自《孟子·告子下》）

【掩卷沉思】

所谓“己所不欲，勿施于人”，就是用自己的心推及别人；自己希望怎样生活，就想到别人也会希望怎样生活；自己不愿意别人怎样对待自己，就不要那样对待别人；自己希望在社会上能站得住、能通达，就也帮助别人站得住、通达。总之，从自己的内心出发，推及他人，去理解他人，对待他人。“己所不欲，勿施于人”，简单地说就是推己及人，它和中国民间常说的将心比心、设身处地为别人想一想等等，指的都是一个意思。

为什么有人会如此友善地考虑到其他人呢？

真正的原因是：你种下什么，收获的就是什么。

播种一个行动，你会收到一个习惯；播种一个习惯，你会收到一个个性；播种一个个性，你会收到一个命运；播种一个善行，你会收到一个善果；播种一个恶行，你会收到一个恶果。

你有权利非公平地对待其他人，但你这种非公平的态度，将会使你“自食其果”。而且，进一步说，你所释放出来的每一种思想的后果，都会回报到自己身上。因为你对其他人的所有行为，以及你对其他人的思想，都经由自我暗示的原则，而全部记录在你的潜意识中，这些行为和思想的性质会修正你自己的个性，而你的个性相当于是一个磁场，把和你个性相同的人或情况吸引到你身边。

中国有句俗语“人和万事兴”，推己及人的嘉言懿行，正是实现“人和”的润滑剂。仅仅“推己及人”这一点推广开来，对整个社会，意义是很了不得的。

言必信，行必果

【经典回顾】

子贡问曰：“何如斯可谓之士[1]矣？”

子曰：“行己有耻，使于四方，不辱君命，可谓士矣。”

曰：“敢问其次。”

曰：“宗族称孝焉，乡党称弟焉。”

曰：“敢问其次。”

曰：“言必信，行必果[2]，硁硁[3]然，小人哉！抑亦可以为次矣。”

曰：“今之从政者何如？”

子曰：“噫！斗筲之人[3]，何足算也？”

——《论语·子路》

注释

[1] 士：士在周代贵族中位于最低层。此后，士成为古代社会知识分子的通称。

[2] 果：果断，坚决。

[3] 硁硁：音 kēng，象声词，敲击石头的声音。这里引申为像石块那样坚硬。形容人浅薄固执的样子。

[3] 斗筲之人：筲，音 shāo，竹器，容一斗二升。比喻器量狭小的人。

今译

子贡问道：“怎样才可以叫做士？”孔子说：“自己在做事时有知耻之心，出使外国各方，能够完成君主交付的使命，可以叫做士。”子贡说：“请问次一等的呢？”孔子说：“宗族中的人称赞他孝顺父母，乡党们称他尊敬兄长。”子贡又问：“请问再次一等的呢？”孔子说：“说到一定做到，做事一定坚持到底，不问是非地固执己见，那是小人啊。但也可以说是再次一等的士了。”子贡说：“现在的执政者，您看怎么样？”孔子说：“唉！这些器量狭小的人，哪里能数得上呢？”

【亲近经典】

孔子观念中的“士”，首先是有知耻之心、不辱君命的人，能够担负一定的国家使命。其次是孝敬父母、顺从兄长的人。再次才是“言必信，行必果”的人。至于当时的当政者，他认为是器量狭小的人，根本算不得士。他所培养的就是具有前两种品德的“士”。

这其中提到的“信”，是《论语》中多次提到的一个概念。“信”是孔子乃至儒家从个人修身到平治天下的一个最基本的思想理念。从《为政篇》中“人而无信，不知其可也”，把“信”视为一个人立身处世的最基本的品质；到《公冶长篇》中“老者安之，朋友信之，少者怀之”；再到《颜渊篇》中“民无信不立”，孔子将“信”视作个人修身的操守，也将“信”看做是治国平天下的基本的政治原则。

【故事链接】

孔子背约

孔子在周游列国的过程中曾到过一个叫蒲的地方，蒲人把孔子给包围了。弟子公良孺身材魁梧，见势不好，高喊着要与蒲人拼命。蒲人没想到孔子这么一个书生，手下竟这么勇猛，害怕了，就说：“我们不打了，只要你们答应不到卫国去，我们就放你们走。”孔子答应了蒲人，并签订了盟约。盟约签好后，蒲人也就撤了兵。

孔子见对方撤了兵，马上就赶着马车，说：“走，我们到卫国去。”弟子们都糊涂了：“老师啊，不对呀，言必信啊，你刚刚跟蒲人签订了不去卫国的盟约，怎么那么快就反悔了啊。”孔子说：“那是被胁迫订立的盟誓，上苍不会认可，所以我们当然也可以不遵守。”

【掩卷沉思】

现在，很多人都在讲“言必信，行必果”，讲到这个话时都言之凿凿；但读到此句会发现孔子对“言必信，行必果”评价很低。“言必信，行必果，硁硁然小人哉”，这个小人不是指坏人，而是指境界不高的人，境界不高的人才会这样想问题。

这个地方首先要作个说明，孔子赞成“言有信”“行有果”，他反对的是“言必信，行必果”中间的“必”。“必”就是必然，就是极端。

我们想一下前面“故事链接”里提到的故事，假设蒲人威逼着孔子作了承诺，然后孔子就照着做，不到卫国去，这个事情是不是太荒唐了？假如武力或逼迫都能让人就范，那这个世界岂不是乱了套？

仰不愧于天，俯不怍于人

【经典回顾】

孟子曰：“君子有三乐，而王[1]天下者不与存焉。父母俱[2]存，兄弟无故[3]，一乐也；仰不愧于天，俯不怍[4]于人，二乐也；得天下英才而教育之，三乐也。君子有三乐，而王天下者不与存焉。”

——《孟子·尽心上》

注释

[1] 王：名词动用，称王。

[2] 俱：全，都。

[3] 故：事故，指灾患病丧。

[4] 怍：惭愧。

今译

孟子说："君子有三件快乐的事，（可是）称王天下不在其中。父母都健在，兄弟没有病患，这是第一件快乐的事情；仰头对天不觉得内疚，低头对人不觉得惭愧，这是第二件快乐的事；得到天下优秀的人才并教育他们，这是第三件快乐的事。君子有三件快乐的事，称王天下不在其中。"

【亲近经典】

朱熹《四书章句集注》引林氏之言说："此三乐者，一系于天，一系于人，其可以自致者，惟不愧不怍而已。"第一乐"父母俱存，兄弟无故"取决于天意，有赖于天助；第三乐"得天下英才而教育之"取决于机会，有赖于人助；唯第二种快乐"仰不愧于天，俯不怍于人"只关乎自己的道德修养和精神境界，取决于自己，只需自助。

一个人所言所行能够面对亲人友人他人乃至"老天"（或神灵、上帝）而无愧无怍，那种坦荡心态浩然气概，确实是一种人生大快。

孔子也有"三乐"之训。子曰："益者三乐，损者三乐。乐节礼乐，乐道人之善，乐多贤友，益矣。乐骄乐，乐佚游，乐晏乐，损矣。"以礼乐调节言行，调和情绪为乐，以喜欢引导他人向善为乐，以多多结交贤能之友为乐，这都是有益之乐。《论语》开卷就是写孔子之乐的：学而时习之，乐；有朋自远方来，乐；人不知而不愠，仍然是乐。孔子自称"乐以忘忧，不知老之将至"，自称"饭疏食饮水，曲肱而枕之，乐亦在其中矣"。

儒家之乐与权力、财富之类外在事物无关，乃德性、精神，五伦之乐，乐在"事君、奉亲、教子、交友"等行为之中，更乐在心灵生活的充实光辉和精神境界的阔大崇高。

【故事链接】

使一颗心脏发挥它最大的力量

在美国的一所中心医院，有两个病人需要心脏移植，他们都在等待心脏，可他们的身份却大有不同，一个是坎贝尔，花匠，一个无足轻重的人；而另一个，弗尼斯，是在全美都有着巨大影响的人，他是总统的高级顾问，而且白宫三天两头地打电话来询问弗尼斯的情况。

主治医生麦克拉斯第一次自私地希望心脏不会出现，因为一旦出现就意味着他将面临困难的选择，可偏偏在这个时候，有心脏了，麦克拉斯被难住了。如果移植给坎贝尔，那么白宫的官员就会谴责他。可弗尼斯的肾脏和肝脏受损超标，心脏在他体内无法发挥最大的作用。

放弃良心，他可以得到一切；选择良心，他却有可能会失去一切。麦克拉斯最终选择了坎贝尔，虽然承受了巨大的压力，但他无怨无悔，他说："我是医生，而不是政治家，我对一切病人都一视同仁，而不该去管他的身份、地位的高低，我所能做的，就是使一颗心脏发挥它最大的力量。"

（作者志宏，《生命的礼物》，载于《读者》，2005年第22期）

【掩卷沉思】

"仰不愧于天，俯不怍于人"被孟子认为是最快乐的三件事之一，从中我们可以看出孟子朴素而高尚的幸福观。

为人要胸怀坦荡，才会在遇到坎坷、波折和惊险场面时处之泰然，才能经起人生的风雨和苦难，也才会在人生的旅途上步履从容，安然自若。

胸怀坦荡的人，在做任何事情的时候都不会单单站在自己的立场去考虑，能以他人之喜而喜，以他人之乐而乐，更以他人之忧而忧。心底无私，乐于助人，他人有过错的时候勇于指出来，并坚持自己的原则和观点；自己有过错，别人指出来的时候，勇于承认并加以改正。

胸怀坦荡的人，在别人背后中伤他的时候，他只会淡然一笑，不会因为他人幼稚的行为而引起纷争，更不会因为别人污蔑和冤枉而怀恨在心，互不相容。胸怀坦荡的人始终坚信的一句话就是"清者自清，浊者自浊"。

胸怀坦荡的人，有一颗平常心、平等心和平静心，他以平常心对待名利，不会因为得与失而心烦意乱，他以平等心对待周围的朋友，以平静心对待自己。

从一个人的幸福观可以看出他的人品、学养和抱负。

唯有胸怀坦荡的人才能融入人群，结交四海宾朋，迎接八方来客，在人生的海洋中如鱼得水。坦荡而明心，宁静而致远，胸怀坦荡的人必定会在生命的航行中乘风破浪，在五彩缤纷的生活中八面来风、游刃有余……这样的人，活得简单而幸福。

仰不愧于天，俯不怍于人，是孟子对幸福的要求和追求，在生活中要想去真正实现它，就需从真诚的心性修养开始。

好学近乎知，力行近乎仁，知耻近乎勇

【经典回顾】

子曰："好学近乎知[1]，力行近乎仁[2]，知耻近乎勇[3]。知斯三者，则知所以修身[4]；知所以修身，则知所以治人；知所以治人，则知所以治天下国家矣。"

——《礼记·中庸》

注释

[1] 知：同"智"，智慧学识才能，是儒家品德标准之一。

[2] 力行近乎仁：努力实行就接近"仁"。仁，一般指人与人互相亲爱，是儒家品德标准之二。

[3] 知耻近乎勇：耻，羞耻之心，羞耻。勇，勇敢，儒家品德标准之三。

今译

孔子说："爱好学习就接近'智'，努力实行就接近'仁'，知道羞耻就接近'勇'。明白了这三个方面，就知道修身的方法；知道修身的方法，也就知道了管理百姓的方法；知道了管理百姓的方法，也就知道了治理天下国家的方法了。"

【亲近经典】

这里记述了孔子对修身的论述，指出了人生修养的方法和途径。第一从好学、力行、知耻这些浅近的事情入手，第二再进入智、仁、勇这一社会共识的道德境界，第三由修身扩展到治人，再至治理天下国家。

从某种意义讲，一个人能做到"知耻"，并且"好学""力行"，就离高尚不远了。孔子提出的"好学近乎知，力行近乎仁，知耻近乎勇"的修身方法和途径，对于当代人来说，仍然值得借鉴。

【故事链接】

韦编三绝

孔子一生勤奋学习，到了晚年，很喜欢读《周易》。春秋时期没有纸，字是写在一片片竹简上的，一部书要用许多竹简，必须用熟牛皮绳子（"韦"）编连在一起。平时卷起来放着，看时就打开来。《周易》文字艰涩，内容隐晦，孔子翻来覆去地读，这样就把编连竹简的牛皮绳子磨断了许多次。即使读到了这样的地步，孔子还是不满意，说："如果我能多活几年，我就可以多理解些《周易》的文字和内容了。"

这个故事一直流传至今，人们后来就用"韦编三绝"来形容读书勤奋。

卧薪尝胆

春秋时期，吴王夫差凭着自己国力强大，领兵攻打越国。结果越国战败，越王勾践于是被抓到吴国。吴王为了羞辱越王，派他做看墓与喂马这些奴仆才做的事务。越王心里虽然生气，但仍然极力装出忠心顺从的样子。吴王出门时，他走在前面牵马；吴王生病时，他在床前尽力照顾，吴王看他这样尽心伺候自己，觉得他对自己非常忠心，最后就允许他返回越国。越王回国后，决心洗刷自己在吴国当囚徒的耻辱。为了告诫自己不要忘记复仇雪恨，他每天睡在坚硬的木柴上，还在门上吊一颗苦胆，吃饭和睡觉前都要品尝一下，为的就是要让自己记住教训。除此之外，他还经常到民间视察民情，替百姓解决问题，让人民安居乐业，同时加强军队的训练。经过十年的艰苦奋斗，越国变得国富兵强，于是越王亲自率领军队进攻吴国，也成功取得胜利，吴王夫差羞愧得在战败后自杀。后来，越国又趁胜进军中原，成为春秋末期的一大强国。

【掩卷沉思】

孔子认为构成圆满人格的三要素是智、仁、勇，而获得三者的途径就是好学、力行与知耻。

好学不等于智慧，但好学却是获得智慧的必经之途。这种好学应该是“家事国事天下事事事关心”，是“友直，友谅，友多闻”，是“纸上得来终觉浅，绝知此事要躬行”，这样才能具备知识才能和智慧。

现实生活中，我们经常听到所谓的“高科技犯罪”，一个品行低下的人，掌握的知识越多，对社会的危害也就越大。所以，我们说好学，学做人是第一位的，学知识是第二位的。

学做人，先学“仁”。仁是儒家最重要的道德概念之一。一个智慧而仁爱的人，自然也会得到别人的尊重和支持，除了保障基本的生存之外，也就进一步有了作为一个人，在社会上堂堂正正地生活的能力。

孟子曰：“人不可以无耻，无耻之耻，无耻矣。”古往今来，无论个人还是群体，知耻与不知耻的情形大不一样。纵览历代圣人贤哲，哪一位不是知耻惜荣的人杰？反之，那些少廉寡耻之人，如暴虐无道的夏桀商纣，陷害忠良的秦桧，口蜜腹剑的李林甫，贪赃枉法的和珅之徒，哪个不是遗臭万年？

朱熹说过“人有耻，则能有所不为”，人有了羞耻心，才会有志向、抱负和气节，才能意志坚定，于贫富、得失、义利之间有所取舍，而不是任凭物欲驱遣。国人知耻与否，关系着国运的兴衰。具备了丰富的智慧、渊博的知识和优秀的才能，懂得了确立和谐的人际关系，明确了坚持正义，反对邪恶，就会成为社会和人生的成功者。

为天地立心，为生民立命，
为往圣继绝学，为万世开太平

【经典回顾】

为天地立心，为生民[1]立命[2]，为往圣[3]继绝学[4]，为万世开太平。

——北宋·张载

注释

[1] 生民：指民众。

[2] 命：命运。

[3] 往圣：指历史上的圣人。儒家所谓圣人，其实就是指人格典范和精神领袖。

[4] 绝学：指中断了的学术传统。

今译

要为上天建立一个意志；为民众选择正确的命运方向，确立生命的意义；为历史上的圣人延续中断的学术传统；为后世开辟万世的太平基业。

【亲近大师】

张载（1020～1078年）北宋哲学家，理学创始人之一，程颢、程颐的表叔，理学支

脉“关学”创始人，封先贤，奉祀孔庙西庑第38位。与周敦颐、邵雍、程颐、程颢，合称“北宋五子”。字子厚，汉族，大梁（今河南开封）人，徙家凤翔郿县（今陕西眉县）横渠镇，人称“横渠先生”。

张载的学术思想在中国思想文化发展史上占有重要地位。他的著作一直被明清两代政府视为哲学的代表之一，作为科举考试的必读之书。作为“关学”创始人，为后世留下了许多宝贵的精神遗产，其中包括他这句名言。最能表出儒者的襟怀，也最能开显儒者的器识与宏愿，因而也可说是人类教育最高的向往。近年，温家宝总理在国外演讲或接受记者采访，曾多次引用；2005年，时任台湾国民党主席的连战先生访问大陆，也曾用以寄语北大学子。足见张载此句名言的精神感召力之强盛。

【故事链接】

李时珍弃文从医

李时珍从小聪明好学，四五岁的时候就能背诵不少诗词，后来在私塾念了几年，很受老师称赞。14岁的时候，李时珍顺利通过了“童试”，成了秀才。父母高兴，亲友称赞，都认为他将来准有出息。虽然李时珍对医药很有兴趣，但父亲李言闻一心要他参加科举。

李时珍按父亲的要求，潜心读书。不仅念熟了“四书”“五经”，八股文和律诗都写得很好。可是，李时珍前后三次参加考试，都未金榜题名。这时，李时珍已经23岁了，精神上受到了很大的打击。为什么老考不中呢？原来，在写八股文时，他提出“做官应以宋朝的包公为榜样”，为人民做事，除暴安良，铲除贪官污吏。这些主张不为那些考官赞同，考不中是自然的了。

考了三次都未考上，第四次还考不考？按父亲的意愿当然还要再考，可李时珍此时实在不愿再去考了。他想，自己不是当官的料，还是从父学医为好。

父亲对这件事很是为难。不让李时珍再考吧，他不甘心。让李时珍考吧，此时儿子不仅仅心灰意冷，而且咳嗽不止，患上了骨蒸病——一种类似肺结核的病，再考下去恐怕难保性命。

此时，李时珍写了一封“求父允儿学医”的决心书，其中有诗一首，写道“身如逆水船，心比铁石坚，望父全儿志，至死不畏难”，表达了学医的决心。

李言闻担心坚持让儿子参加科举考试会逼出毛病来，到时候后悔都来不及，不想再难为儿子，就答应了李时珍的请求，同意他学医。

【掩卷沉思】

“为天地立心，为生民立命，为往圣继绝学，为万世开太平。”此四句话，乃一个仁人志士或者说是教育大儒对做学问或者求学的人真诚劝告与鼓励！

“为天地立心”就是要求一切有抱负、负责任的仁人志士，能顺应宇宙万事万物向上进化的要求，去自觉推动社会历史合乎规律地向前发展。“为生民立命”是为天下人解决好基础的温饱问题。之所以要为生民立命，是因为生命乃人得以存在的基础，国家之所以为国家，是先有人民才有了国家。国家的目标，就是在不断解决人民如何立命保命的问题。有了“为天地立心，为生民立命”的前提，才有“为往圣继绝学，为万世开太平”。它继往开来，囊括寰宇乾坤，涉及泱泱大国的作息生民，把天地万物作为目标，为历史立牌坊，正义气，为后代开先河，树明理！

这“四为”何其伟大，以至于很多人只能是望其生叹。自己只是沧海一粟，何来此等高深理想！

应当承认，处理天、地、人的关系，我们的知识有限，能力有限，经历和生存时间有限。但个人命运总与国家命运紧密相连，人生道路总与时势风云难分难舍。我们必须时时保持警醒，激发责任，不断提出质疑，敢于批评，勇于思考，澄清疑惑，大胆创造。一个社会，一个民族，如果这种敢于质疑、敢于批评、敢于思考、敢于创造的人多了，这个社会和民族的安全系数和发展机会就会多得多。反之，倘若一味地追逐个人私利，沉溺于安乐享受，吃喝玩乐，毫无忧患意识，忘记了生存中的“盲区”，忘记了潜在的危机与冲突，忘记了自己对社会对人类命运应有的责任。那么，来自天地（大自然）的惩罚，来自社会历史的惩罚，来自自己作孽的惩罚，便会随时地发生。

风声雨声读书声声声入耳，
家事国事天下事事事关心

【经典回顾】

风声雨声读书声声声入耳，家事国事天下事事事关心。

——明·顾宪成

今译

东林书院里风声雨声读书声融为一体，和谐动听，在这样的校园（书院）里，学生要好好读书；但是光读好书对一个读书人来说是不够的，小到家事，大到国家大事，都要关心。

【亲近经典】

这是明东林党领袖顾宪成为东林书院所撰的一副楹联。这副对联表现的是读书人既认真读书，又关心国家大事的胸怀，道出了古人的一种开阔心境和崇高的思想境界，大有“居庙堂之高，则忧其君；处江湖之远，则忧其民”的大家之风范。这和“两耳不闻窗外事，一心只读圣贤书”的思想恰恰相反，又是“天下兴亡，匹夫有责”的生动注解。后来人们用此联提倡“读书不忘救国”，至今仍有积极意义。

【亲近大师】

顾宪成（1550～1612年），明代思想家，东林党领袖。江苏无锡人，字叔时，号泾

阳，因创办东林书院而被人尊称为“东林先生”。顾宪成思想的最大特点是重视社会政治，关心世道人心，充满了以天下为己任的救世精神。顾宪成强调研究学问的出发点必须是为了社会国家民生所用，他认为如果眼光短浅，营营于一己之私，即使功名很高、学问很深、修养很好也不足挂齿，提倡士人不管是做官为民，身处何境，都要明辨是非，注重气节，敢于和恶势力斗争。

【故事链接】

回中国去!

1947年，刚刚36岁的中国科学家钱学森，被美国麻省理工学院聘为终身教授。这是一个很高的荣誉，它预示着钱学森的优厚待遇和远大前程。

当钱学森得知中华人民共和国成立的消息后，这个每时每刻都在想念祖国的科学家，顿时沉浸在极大的喜悦之中。他想：我是中国人，我的根在中国。我可以放弃在美国的一切，但不能放弃祖国。我应该早日回到祖国去，为建设新中国贡献自己的全部力量!

钱学森的回国计划受到严重的阻挠。美国官方通知他不准离开美国。美国海关硬说他准备带回国的书籍和笔记本中藏有重要机密，诬蔑钱学森是“间谍”。几天之后，钱学森突然被逮捕，被关押在一个海岛的拘留所里，受到无休止的折磨。看守人员每天晚上隔十分钟进室内开一次电灯，使他根本无法入睡。

钱学森的遭遇，引起加州理工学院中坚持正义的同事和学生的同情，在他们和其他正直人士的强烈抗议下，美国特务机关被迫释放了他。可对钱学森的迫害并没有停止，他们限制他的行动，监视和检查他的信件、电话等。尽管有种种限制，但钱学森没有屈服。他不断地提出严正要求：坚决离开美国，回中国去!

在争取回国的日子里，钱学森更加关心祖国的建设事业，经常从《华侨日报》等报刊上了解新中国的情况，和中国科学家、留学生讨论建设祖国的有关问题。为了能够迅速地回国，他租房子只签订短时间的合同。家里准备了三只轻便的小箱子，天天准备随时可以搭飞机回中国。

五年过去了。钱学森争取回国的斗争得到世界各国主持正义的人们的支持，更得到了中国政府的极大关怀。周恩来总理曾亲自了解他的情况，并指示参加中美两国大使级会谈的中国代表，在会谈中提出钱学森博士归国问题。

1955年8月，美国政府终于被迫同意钱学森返回中国。

到达北京的第二天清晨，钱学森就和妻子带着两个孩子来到天安门广场。他激动地说：“我相信我一定能回到祖国。现在，我终于回来了!”

冲破重重阻拦而回国的钱学森，一头扎在了军事科学的研究中。他倾其所学，又紧密关注国外的科学动态，不断推出科研新成果，为祖国的国防事业竭思尽智，作出了巨大的贡献，被誉为“导弹之父”。

【掩卷沉思】

无论是普通百姓还是高官富豪，都生活在这个充满万千矛盾的世界里，都要立足自己身所处的环境和生存的空间，要听八面来风，纳百家之言。

声无洪微之分，事无巨细之别。在你自己听来是细若蚊吟，在别人听来可能声如洪钟；在自己看来是不足挂齿的小事，在别人那里可能是关乎身家性命的大事。天下大同，视人父为己父，则天下通顺；视人急为己急，则万事皆解。

就求学来说，不问政治而死读书本的人，是无用的书呆子，决不是真正有学问的学者。真正有学问的学者决不能不关心政治。完全不懂政治的学者，无论如何他的学问是不完全的。就这一点说来，所谓“事事关心”实际上也包含着对一切知识都要努力学习的意思在内。

想问题做事情，要积小成大，集腋成裘。从读书修身而至齐家治天下，这其中“家事国事天下事事事关心”是万万少不了的。

这样看来，“风声雨声读书声声声入耳，家事国事天下事事事关心”也便成了“天下兴亡，匹夫有责”的注解。

铁肩担道义，妙手著文章

【经典回顾】

铁肩担道义，妙手著文章。

——李大钊

今译

坚实的双肩负责起世间的正道情义，灵巧的双手书写出流传的诗文篇章。

【亲近大师】

李大钊，字守常，河北乐亭人，生于1889年10月29日。1907年考入天津北洋法政专门学校，1913年毕业后东渡日本，入东京早稻田大学政治本科学习。战乱动荡的年代，艰辛备尝的生活，使李大钊从小养成了忧国忧民的情怀和沉稳坚强的性格。1915年，日本帝国主义提出灭亡中国的“二十一条”，李大钊积极参加留日学生的抗议斗争。1927年4月6日，奉系军阀张作霖勾结帝国主义在北京逮捕李大钊等80余人。在狱中，李大钊备受酷刑，但始终严守党的秘密，大义凛然，坚贞不屈。4月28日，北洋军阀政府不顾社会舆论的强烈反对和谴责，将李大钊等20位革命者绞杀在西交民巷京师看守所内。临刑前，李大钊慷慨激昂：“不能因为反动派今天绞死了我，就绞死了伟大的共产主义，共产主义在中国必然得到光辉的胜利。”他高呼“共产党万岁！”英勇就义，时年38岁。

李大钊撰写的名联“铁肩担道义，妙手著文章”，原是明代文化名人杨继盛所作，李大钊只是巧妙地将“辣”字改成“妙”字，“辣”“妙”一字之差，李大钊的为人谨慎和文章严谨的特点，都表现出来了。后人不知，以为这幅楹联系李大钊所撰，误会一直相沿至今。从这一个字也可以看出李大钊本人的志向和追求。

【故事链接】

爱国诗人陆游

陆游的童年曾经历北宋末至南宋初的战祸，他随其父陆宰及全家老小流离转徙，四处避难，饱尝离乱之苦，对故土沦陷极感痛心。陆游成年后，南宋的黑暗统治，女真族的入侵使陆游抱定了爱国复仇的强烈愿望。但是，摆在诗人眼前的却是南宋小朝廷的屈膝偷安，主和派不断排斥、迫害爱国人物的残酷现实。因此诗人常常感叹："塞山长城空自许，镜中衰鬓已先斑""胡未灭，鬓先秋，泪空流。此生谁料，心在天山，身老沧州！"这不仅仅是诗人愤慨心情的表露，也是诗人对南宋黑暗统治的强烈控诉。然而诗人不畏难艰，不怕高压，始终坚持爱国立场，丝毫也没有改变北定中原的理想，他把自己的欢乐、痛苦、理想和现实都写进了作品，形成鲜明的对照，充分表现了自己不复国土心不平的志向。

公元1207年，陆游82岁时，得知朝廷下诏伐金，兴奋之中写下了《老马》一诗："一闻战鼓意气生，犹能为国平燕赵。"表达了"老马"也要奔赴疆的豪情。

公元1210年，85岁的陆游怀着"死前恨不见中原"的遗恨，和无限忧国忧民的悲愤，与世长辞了。在他瞑目之前，那顽强的生命火花，作了激情洋溢的爆发，这就是传诵千古的名诗《示儿》："死去元知万事空，但悲不见九州同，王师北定中原日，家祭无忘告乃翁。"这激昂慷慨、雄浑豪放的短短28个字，直接表述了广大人民恢复国土的愿望，洋溢着诗人强烈的爱国主义精神。

忠烈杨继盛

杨继盛（1516～1555年）明代著名谏臣。字仲芳，号椒山，直隶容城（今河北容城县北河照村）人。嘉靖二十六年（1547年）进士，官兵部员外郎。杨继盛在任期间兴办学校，疏浚河道，开发煤矿，让妻子张贞传授纺织技术，深受当地各族人民的拥戴。后因弹劾严嵩，被严嵩假传圣旨投入死囚。受廷杖一百，有人送与蚺蛇胆一具，说是可解血毒，杨继盛拒绝，曰："椒山自有胆，何必蚺蛇哉！"杨继盛自行割下腐肉三斤，断筋二条，受尽三年狱中折磨。嘉靖三十四年（1555年）十月初一，严嵩授意刑部尚书何鳌，将杨继盛处决，弃尸于市。临刑有诗曰："浩气还太虚，丹心照千古；生前未了事，留于后人补！"继盛妻殉夫自缢。死后十二年，隆庆皇帝立，追谥"忠愍"，建"旌忠祠"于保定。

【掩卷沉思】

劣质奶粉、瘦肉精、染色馒头、牛肉膏、化学酱油……近几年食品安全问题层出不穷，屡禁不止，其坑害百姓之烈，可谓触目惊心。这些都源于经营者没有道德底线，没有守法意识，唯利是图，见钱眼开。时代呼唤我们"坚守"日渐为人所忽略的道德底线，呼唤作为社会一员的我们挺起"道德的脊梁"。

挺起"道德的脊梁"，首先要做到坚守高尚的品格，司马光在《交趾献奇兽赋》中有言"正心以为本，修身以为基"，可见自古以来，修炼正直的高尚的品格就被视为安身立命的基石。

挺起“道德的脊梁”，更要做到坚守道义。正义是道德的核心，是一切社会准则的灵魂。作为真正的人，在面对强暴、威逼、利诱之时，必须毫不动摇地为正义而战！南宋末年，宋都临安被元军攻破，文天祥被捕，面对元军高官厚禄的诱惑和折磨，他始终没有屈服，反而写下了令人感佩的《正气歌》，最后英勇就义。文天祥以自己的生命为代价，捍卫民族大义。

挺起“道德的脊梁”，最关键的是坚守个人和民族的尊严。尊严是上帝赋予每个人的最崇高的信物，也是一个国家得以高昂头颅，不被侮辱的脊梁。有两个计算机系的高材生，刚毕业就被日本某软件开发公司高薪聘请为程序员，开发一个以日本二战为题材的大型游戏。但在得知此游戏的宗旨含有美化侵略的成分，他们毅然辞职。公司以加薪挽留，他们依旧严词拒绝：“我们是程序员，但首先是中国人！”就这样，他们以自己的行动坚守住了自己的尊严和中华民族的尊严，不论多么优厚的物质回报，都无法腐蚀他们自己坚守的那一方心灵净土。

挺起“道德的脊梁”，应该作为我们对社会的承诺。不论我们面临怎样的社会环境，都应坚守住高尚品格，不使之同流合污；坚守住公理和正义，不使之泯灭于利益和强权；坚守住尊严之碑，不使之有丝毫撼动！

和谐呼唤我们挺起“道德的脊梁”，时代呼唤我们挺起“道德的脊梁”，挺起了“道德的脊梁”，就是挺起了国家的脊梁、民族的脊梁。

苟利国家生死以，岂因祸福避趋之

【经典回顾】

力微任重久神疲，再竭衰庸定不支。
苟[1]利国家生死以[2]，岂[3]因祸福避趋之。
谪居正是君恩厚，养拙刚于戍卒宜。
戏与山妻谈故事，试吟断送老头皮。

——林则徐《赴戍登程口占示家人》

注释

[1] 苟：如果。

[2] 以：用，去做。

[3] 岂：怎么会。

今译

我以微薄的力量为国担当重任，早已感到疲惫。如果继续下去，再而衰，三而竭，无论自己衰弱的体质还是平庸的才干必定无法支持。如果对国家有利，那么我会不顾生死去做；怎么会考虑有祸害而逃避，有利益就奔竞呢？只遭遣戍，是皇上的恩泽，到边疆做一个多干体力活、少动脑子的‘戍卒’，对我正好是养拙之道。我开玩笑给老妻讲了杨朴和苏东坡的故事（作者自注：“宋真宗闻隐者杨朴能诗，召对，问：‘此来有人作诗送卿否?’对曰：‘臣妻有一首云：更休落魄耽杯酒，且莫猖狂爱咏诗。今日捉将官里去，这回断送老头皮。’上大笑，放还山。东坡赴诏狱，妻子送出门，皆哭，坡顾谓曰：‘子独不能如杨处士妻作一首诗送我乎?’妻子失笑，坡乃出。”），跟她说，你也尝试做首“断送老头皮”那样的诗送我吧！

【亲近经典】

林则徐是鸦片战争时期主张严禁鸦片、抵抗侵略的爱国政治家。史学界称他为近代中国“开眼看世界的第一人”。他为官清廉，而且努力为老百姓干实事，政绩卓著。后来，道光皇帝命他为钦差大臣，前往广东禁烟。林则徐在虎门海滩销烟，大大打击了外国商人的气焰。在此期间，林则徐注意了解外国情况，组织翻译西文书报，供制定对策、办理交涉参考。同时，林则徐还大力整顿海防，积极备战。鸦片战争开始后，英军攻陷定海，再北上侵占大沽。然而道光帝惊恐求和，归罪林则徐，将他革职，充军新疆伊犁。在去伊犁的途中，他写下了这正气凛然的诗句。

首联是正话反说、反言见意之辞。颔联已成为百余年来广为传颂的名句，也是全诗的思想精华之所在，它表现了林则徐刚正不阿的高尚品德和忠诚无私的爱国情操。颈联从字面上看似乎心平气和、逆来顺受，其实心底却埋藏着剧痛，细细咀嚼，似有万丈波澜。尾联含蓄地向道光帝表示：我也伺候够您了，还是让我安安生生当老百姓吧。封建社会中的一位大忠臣，能说出这样的牢骚话来，也就达到极限了。

诗作表现了作者以国事为重、不顾个人安危的高贵品质和他面临遣戍时的旷达胸怀。

【故事链接】

钱伟长：国家的需要就是我的专业

1931年，当钱伟长以中文、历史两个满分的成绩考上清华大学历史系的时候，“九·一八”事变爆发了，日本侵略者在一夜之间占领了沈阳，接着不到半年的时间内，东北辽阔的土地近100万平方公里被日军占领。侵略者的铁蹄践踏着我国的国土，人民在硝烟与血泪中挣扎。尽管钱伟长数理化三科的成绩总共不到100分，而其他同学的考分都在200分以上，但他还是决定转到物理系。在试读一年的时间里，钱伟长用常人难以想象的刻苦，克服了用英语听课和阅读的困难，补上了原先总共只考了25分的数理化课程，因为他要学造飞机大炮，抗日救国。

1940年8月，钱伟长赴加拿大留学。赴加拿大50天后就因为一篇论文的发表而成名，两年后拿到博士学位，之后来到美国加州理工学院喷气推进研究所做博士后，师从世界导弹之父冯·卡门教授。至1945年，钱伟长已经成为了一名国际范围内的知名科学家，且收入颇丰。就在科研事业如日中天之时，传来了国内抗日战争胜利的消息，此时钱伟长选择了回国，回到母校清华大学机械系担任教授。

连年内战，经济衰退，1948 年时，钱伟长的工资只够买两个暖瓶。这时，美国的研究所托人来邀请钱伟长回去工作，可以全家迁去定居，但要在一个表格上签字，表明一旦中美发生战争，绝对忠于美国。钱伟长说，当初从美国出来，就没有想到要再回去。他毫不犹豫地在那张表格上写下了“NO”。

1955 年前后，钱伟长参加制订新中国第一个科技发展规划，在激烈的争论中，他和钱学森、钱三强一起，顶着压力，极力主张列入原子弹、宇航、计算机和自动化等四个项目，而没有提自己的专业，因为诞生不久的新中国需要它们来扬眉吐气。

1957 年 6 月，钱伟长被错划为“右派”，在实验室负责扫地一年，之后下放农村劳动。在这期间，钱伟长仍然利用各种机会发挥自己所长，为各方提供咨询，解决技术难题 100 多项。

拨乱反正以后，年已 60 岁的他，又迷上了计算机，可不是赶时髦，只因为一个最简单的理由：“国家需要我干，我就学。”

多舛的命运，磨炼了他坚忍不拔的意志；再坎坷的磨难，也销蚀不了他的那颗赤子之心。他在许多场合，反复告诫师生：“我们中国青年应当有远大的理想和抱负，应当用高尚的思想去指导自己的工作和生活。我们承认现在社会上还有许多不公平的事情，对此，我们不能光抱怨这个社会有问题，我们自己同样有责任。我们的民族若没有那么一批人敢把国家的责任挑起来，用全部精力为国家和民族工作，我们这个民族就会永远被人欺压。”

【掩卷沉思】

爱国，是时代不变的主题，而每个时代，人们的表现往往不同。

爱国，是战争年代英雄们驰骋战场为保家卫国而抛头颅、洒热血的视死如归；爱国，是科学研究专家们探索研究，为增强祖国的科技实力而日夜钻研的永不言弃；爱国，是莘莘学子努力学习文化知识为报效祖国而奋斗不已的豪情壮志。

爱国之心，人人皆有，每个人的表达方式不同，或许爱国并不需要时时表现出来，只要拥有一颗爱国之心，那么举手投足之间都会展现出真挚的爱国情感。

和平总是令人疼惜的美，而国家的稳定也是我们赖以生存的根本。不需要崇高的主题，不需要凄美的牺牲，只是做一些琐碎到平常的小事，也许就是和平年代爱国需要的本质。当有人对国家的稳定造成威胁时，我们可以仗义执言，予以驳斥；甚而挺身而出，严词制止。当国家遭遇困难和灾难时，我们可以尽自己的绵薄之力，与祖国同舟共济。面对来到中国的外国人，我尽可以展现国人的热情好客和礼仪之邦的大国风范。当我们到异国为客，更不忘让外国人看到新时代中国人彬彬有礼、昂扬上进的精神风貌。

正如陶行知所说：“今天多做一分学问，多养一分元气，将来就能为国家多做一份事业，多尽一份责任。”作为学生，本本分分地学好知识，尽可能地参加社会公益活动，这就是一种爱国的体现；在展现了爱国之心的同时，自身的修养和能力也得到极大的提高。

宁可正而不足，不可邪而有余

【经典回顾】

宁可正[1]而不足[2]，不可邪[3]而有余[4]。

——明·佚名《增广贤文》

注释

[1] 正：坚守正直之道。

[2] 不足：自己的需求得不到满足。

[3] 邪：做奸邪的事。

[4] 有余：获取过多不当利益。

今译

宁可坚守正直之道以致需求得不到满足，也不搞歪门邪道，而获取不当利益。

【亲近经典】

《增广贤文》是中国古代儿童启蒙书目，以有韵的谚语和文献佳句选编而成，内容大致有这样几个方面：一是谈人及人际关系，二是谈命运，三是谈如何处世，四是表达对读书的看法。其中心是讲人生哲学、处世之道。其中一些谚语、俗语反映了中华民族千百年来形成的勤劳朴实、吃苦耐劳的优良传统，堪称宝贵的精神财富，如“一年之计在于春，一日之计在于晨”“一饭一粥，当思来之不易，半丝半缕，恒念物力维艰”等；许多关于社会、人生方面的内容，经过人世沧桑的千锤百炼，堪称警世格言，如“良药苦口利于病，忠言逆耳利于行”“善有善报，恶有恶报”“乐不可极，乐极生悲”等；一些谚语、俗语总结了千百年来人们同自然斗争的经验，堪称简明生动的哲理式的科学知识，如“近水知鱼性，近山知鸟音”“近水楼台先得月，向阳花木早逢春”等。

由于时代和历史的局限，《增广贤文》必然打上旧时代的印记。不少内容反映了封建伦理和道德观念，甚至带有明显的封建迷信、宿命论的色彩；有的内容以个人为中心，反映了当时人们普遍存在的自私自利、损人利己的思想；还有一些内容含义比较模糊，或者只有片面的真理性，如果不作正确的理解，就会变成错误的东西。这些都是不符合时代精神的，我们要在阅读时采取批判的态度，明察扬弃，批判继承，吸取其有营养的成分，古为今用。

【故事链接】

不取不义之财

有位犹太人以砍柴为生，经常把砍好的木柴从山上运往城里卖。为了缩短往返时间，他决定购买一头驴子帮忙驮柴。于是，这个犹太人向城里的阿拉伯人买了一头驴子。

第二天，犹太人的儿子给驴子清洗身体，就在洗刷之际，一颗钻石突然从驴子的颈项间掉落下来。儿子很庆幸得到了这笔意外财富。

可是，犹太人却令儿子立即返回城里，将钻石归还阿拉伯商人。儿子不解其意，遂问："这不是我们买的驴子吗?"

犹太人回答："我买了驴子，但不曾买钻石。只取自己应得之物，这才是正当的行为。"

接过犹太人归还的钻石，阿拉伯人反问道："你买了这头驴子，而钻石就附在驴子身上，你何必送来归还呢?"

犹太人答道："我只能获取所买之物。钻石并非我所购买的东西，因此特地送来归还给你。"

犹太人认为，灵魂的纯正是最大的美德，人的灵魂变肮脏了，人也就完蛋了。在他们心中，贪占不义之财就会受到神的惩罚。因此，虽然犹太人没有停止过追求财富，但是，他们靠头脑和双手光明正大地获得财富。

（出自《犹太法典》）

公仪休嗜鱼

春秋时期鲁国宰相公仪休很爱吃鱼，几乎每天都要吃鱼，连得了病都能靠吃鱼治愈。鱼对于他来说，简直是一种神奇的药物。另外，他还特别讲究烹鱼方法，煎、炒、蒸、煮及一些别人叫不出名字的方法，他能交替使用。于是，上上下下认识他的人，以及那些想求他办事的人，都争着买鱼送给他，不料全都被公仪休拒之门外。他的学生觉得很奇怪，对他说："既然先生这么爱吃鱼，为什么不接受别人送的鱼呢?"

公仪休说："正因为爱吃鱼，所以我才不接受别人送的鱼。如果接受了，办事的时候就会徇情枉法。而徇情枉法，我就会有被革去宰相职务的危险。到那个时候，就是我想吃鱼，这些人也不会给我送鱼了；我没了俸禄，自己又买不起鱼，那就没法天天吃鱼了。与其这样，不如现在不接受别人的鱼，廉洁奉公，做个好宰相。虽然不能吃别人送的鱼，但我自己的俸禄能保证我天天有鱼吃。"

（出自《初潭集·廉勤相》）

【掩卷沉思】

"正而不足"中"正"是正当的方法、正确的途径，也是道。

爱财是人的天性，而君子和小人的分别在于：一个取财有道，一个取财无道。这也就是原则的差别。君子既要顾自己的利益，也要考虑别人的利益，凭自己的正当劳动获取理应得到的财物；小人则只顾自己，不顾别人，发不义之财是常事，把自己的快乐建立在他人的痛苦之上也不少见。

有的人欲壑难填，巧取豪夺，机关算尽，虽掠得财富万千，但事败终将一无所有，遗臭万年。明朝开国皇帝朱元璋曾经这样告诫他的群臣们："老老实实做官，守着自己的俸禄过日子，就好像守着'一口井'，井水虽不满，但是可以天天汲取，用之不尽。"话很简单，道理也很明白，但真正要做到，这要看人生的价值取向、个人的心态和对欲望的掌控了。

一个百万富翁，如果将他置身于贫民窟里，他一定会很满足，觉得自己是个了不起的大富翁；但如果把他放到一个千万、亿万富翁成堆的地方，尽管其财富分文未减，他也可能就会因此倍感失落，甚至觉得自己是"一介贫民"。然而试想，如果这个百万富翁刚从生死线上被抢救回来，他还会为有多少金钱而计较吗?

因此，人生价值的真谛不在于身居高位、财大气粗，正如人世之乐不一定非要怀瑾握瑜，而在于充分施展自己的胆识、智慧和能力。每个人应该用一颗平常心去面对地位、金钱，多想想"广厦千万间，夜居不过五尺；家财万贯，日食不过斗粮"的古训，这样就会达到"事能知足心常惬，人到无求品自高"的境界，也不会因贪欲而堕落。

第四章 做事的规则

没有规矩，不成方圆。做人有做人的原则，做事有做事的规则，不遵守原则，不按规则办事，必然导致整个社会系统功能紊乱，社会也就不成其为社会了。

做事不做人，徒劳恶名声。诚实、谦虚、勤奋、仁厚、积极、宽容……拥有了这些做人的根本，才能谈做事。做人的态度，做人的原则，在某些时候，决定事情的成败。而做事必须遵循外界客观事物的发展规律，遵守规则便是遵循规律的一种直接体现。在我们的人生中，依据事情本来的面目和发展趋势，不断校正自己的思想与做事方法，这样才能在繁复的事务当中，游刃有余，事半功倍。

规则虽然是静止的，但运用起来却变化无穷，这就需要一个人不死守规则，根据环境的变化以求自身相应的变化，触类旁通，由此及彼，像溪中水无形，空中气无态，天上云无状，以适应社会的发展，融入所在的环境，更好地发展自身，成就想要成就的事情。

敏于事而慎于言

【经典回顾】

子曰："君子食无求饱，居无求安，敏于事而慎于言，就[1]有道[2]而正[3]焉，可谓好学也已。"

——《论语·学而》

注释

[1] 就：靠近，看齐。

[2] 有道：指有道德的人。

[3] 正：匡正，端正。

今译

孔子说："君子饮食不求饱足，居住不求舒适，做事勤劳敏捷，说话小心谨慎，到有道的人那里去匡正自己，这样可以说是好学了。"

【亲近经典】

孔子在这里重点提到对于君子的道德要求。孔子认为，一个有道德的人，不应当过多地讲究自己的饮食与居处，他做事应当勤劳敏捷，说话应当谨慎小心，而且能经常检讨自己，请有道德的人对自己的言行加以匡正。作为君子应该克制追求物质享受的欲望，把注意力放在塑造自己的道德品质方面，这是值得借鉴的。

在孔子看来，"敏于事而慎于言"，是君子好学的一个标准。当然，孔子这里说的好学不仅仅是指学习知识，我们可以理解为学习如何办事，学习如何做人。简单说，"敏于事"是"行"，而"慎于言"是"言"，所以"敏于事而慎于言"实际上讲的是言行的关系问题。孔子一向主张，君子在言行问题上要先行后言，言行一致。据《论语》记载，子贡问孔子，怎样才能做君子？孔子回答说，对于你要说的话，先实行了，再说出来，这就可以说是君子了。孔子还说过"君子耻其言而过其行"，也就是说，在君子看来，言过其行是个耻辱。这都是说，言行一致是做人的基本准则。而说话谨慎、做事敏捷正是学习如何做人的重要方法。

【故事链接】

纸上谈兵

战国时期赵国名将赵奢有一个儿子叫赵括，从小爱学兵法，谈起用兵的道理来，头头是道，争论起来连赵奢也没办法把他难住。公元前262年，秦国和赵国对峙长平，当时赵国老将廉颇统帅赵军坚守不出，秦兵无可奈何，就派出奸细，到赵国首都邯郸造谣，说秦国不怕廉颇，就怕年轻力壮的赵括。赵王信以为真，不听赵括的母亲以及朝中大臣的劝阻，派赵括替换了廉颇。赵括到了战场之后主动出击，结果被秦将白起一举击败，四十多万赵军投降，而赵括本人也被乱箭射死。赵国从此一蹶不振，而纸上谈兵的赵括，则留下了千年的笑柄。

【掩卷沉思】

从这个檐头到那个檐头，中间有一丈余宽，蜘蛛却能在两檐之间结一张很大的网。难道蜘蛛会飞？第一根线是怎么拉过去的？从一个檐头起，打结，顺墙而下，一步一步向前爬，小心翼翼，翘起尾部，不让丝沾到地面的沙石或别的物体上，走过空地，再爬上对面的檐头，高度差不多了，再把丝收紧，以后也是如此。蜘蛛是勤奋、敏感、沉默而坚韧的昆虫，它不会飞翔，但它照样可以把网结在空中。

如果你有着很高的才华，勤奋会让你绽放无限光彩。如果说你智力平庸，能力一般，勤奋可以弥补全部的不足。如果目标明确，方法得当，勤奋会让硕果累累。没有勤奋工作，你终将一无所获。大凡成功者，绝不是喊几句“我要成功”之类的口号就能轻易实现目标的。成功绝不是一蹴而就的，只有静下心来日积月累地积蓄力量，才能够“绳锯木断，滴水穿石”。而我们发现，那些勤奋的人往往也是低调沉稳、惜言如金的人，而言过其行、夸夸其谈的人，多半成事不足，败事有余。

俗话说：“祸从口出。”无论任何事情，都要谨慎对待，鲁莽行事是大忌。言语不谨慎者，难有良好的人际关系。会给人以喋喋不休、大谈空话的印象，而直言乱语、失口伤人者则为人所恨。有道是“十语九中未必称奇，一语不中则愆尤并集”，这句话的意思是说，即使十句话能说对九句也未必有人称赞你，但是假如你说错了一句话就会遭受人的指责。如果说话没有深思熟虑，总以快人快语为能事，只怕惹祸上身还尚不自知。

“谨言”，首先说话不要太快，与人答话的时候要沉吟片刻再说出下一句话，也就是“三思而后言”，这样说出的话才能中规中矩，掷地有声。

先行其言而后从之

【经典回顾】

子贡问君子。子曰：“先行[1]其言而后从[2]之。”

——《论语·为政》

注释

[1] 行：实行。

[2] 从：说，宣布。

今译

子贡问怎样做一个君子。孔子说：“先去实践自己想要说的话，等到真的做到了以后才把它说出来，这才可以称得上是一个君子。”

【亲近经典】

孔子有许多关于言和行的精辟论述，其基本观点是，言要谨慎，行要果断，不能言过其实。如“君子欲讷于言而敏于行”，也就是君子说话要谨慎，做事应果决。还有“其言之不怍，则为之也难”，意思是信口开河、又不觉惭愧的人，做起事来一定很难成功。

孔子把言和行当作衡量一个人的道德标准：“有德者，必有言；有言者，不必有德。”这里的“不必有德”，是不必定有德的意思。孔子是说：有德的人，一定能说出有道理的话；但是能说出有道理的话的人，却不一定有道德。为君子，不能只说不做，而应先做后说。只有先做后说，才可以取信于人。

【故事链接】

夸夸其谈的尊卢沙

秦国有个叫尊卢沙的人，平时喜欢吹牛皮说大话，好像自己无所不通。说得久了，自我感觉越来越好，觉得自己非常能干。秦王取笑他不知天高地厚，他说：“大王不必取笑我，我这就去楚国，用我的强国之道去游说楚王。”之后他真的到楚国去了。

到了楚国边境，被守边的官兵拦下，尊卢沙趾高气扬地说：“我是来给你们楚王做军师的，谁敢拦我?”关吏一听，恭恭敬敬地将他送到了都城，交给大夫安置在了馆舍。大夫问他：“先生从秦国千里迢迢来到楚国，我们非常荣幸，能否先听听先生的强国高论呢?”尊卢沙听了马上发怒，道：“这不该是你打听的!”大夫见探听不出什么，只好去报告上卿。上卿一听说这个情况，以为尊卢沙很有本事，就亲自上门拜访，并探问强国之道。谁知尊卢沙对上卿理都不理，显出一副傲慢的样子，并假装见不到楚王就要离开楚国。上卿想如果把治国的人才得罪了，楚王肯定会责备自己，于是赶紧去报告了楚王此事。

楚王不知底细，以为尊卢沙是治国能人，赶紧派人去请。尊卢沙却又摆起了架子，楚王派人请了三次，尊卢沙才勉强同意去见楚王。见到楚王，尊卢沙便大发议论：“楚国东有吴越，西有秦国，北有齐、晋，这些国家可是对楚国觊觎已久了。我这次经过晋国，听说晋侯正召集诸侯准备结盟攻打楚国呢，楚国已经危如累卵了，可惜楚王还毫不知情呢!”

楚王被他的话蒙住了，着急地向他请教应对的办法。尊卢沙不紧不慢地说：“只消大王封我为上卿，我定能使楚国转危为安。”楚王又问：“那楚国应该先做什么呢?”这个人就假装神秘，闭口不言。楚王半信半疑，只好先封他做了楚国的上卿。

三个月过去了，尊卢沙这个上卿每天无所事事，并没有什么特别的表现。正巧，晋侯真的带领诸侯来攻打楚国。楚王惊慌之下，忙召来尊卢沙询问对策。尊卢沙本来是信口开河，哪有什么计谋？被问得走投无路，只好闭目假装思考。楚王再三追问，他只好说：“我看诸侯兵马强壮，来势汹汹，大王不如削地求和吧。”楚王一听火冒三丈，居然养了一个一无是处的人，于是下令把尊卢沙关起来，然后割了他的鼻子，把他驱逐出了楚国。

（出自《宋文宪公全集》）

【掩卷沉思】

心理学研究结果表明：人对于未知的事情会有一种陌生感，陌生感会带来恐惧感，而恐惧感会使人裹足不前，不敢去接触那件事情，越不接触就越恐惧，形成恶性循环。使人消除恐惧感的唯一办法就是去接触那件事，而且越快越好。

而孔子的“先行其言而后从之”，无疑是克服人们这种恐惧感的有效途径之一。大诗人歌德也曾说“勇敢里面有天才、力量和魔法”，由此可见行动、行动、不断行动，日日重复能突破任何看似不可能的拦路巨石。

日本推销之神原一平在69岁时的一次演讲会上，有人问他推销成功的秘诀，他当场脱掉鞋子，将提问者请上台说：“请你摸摸我的脚板。”提问者摸了摸，十分惊讶地说：“您的脚底板好厚啊！”原一平接过话头说：“因为我走的路比别人多，跑得比别人勤，所以特别厚。”原一平每天访问15位客户，平均每月要用掉1000张名片，一生积累了3万个准客户，创造了推销奇迹，靠的就是执著的行动。

自己做到之后，便是一种经验，据实说出来，不仅做到了“言行一致”，获得他人的认可和信赖，更可作为他人的借鉴。

“先行其言而后从之”表现出的是一种谨慎的做事风格，但在有些时候也不妨“先言”，听听别人的看法和建议，“有则改之，无则加勉”，这样的“后行”，也不失为一种智慧的做事方式。

其身正，不令而行

【经典回顾】

子曰：“其身正，不令[1]而行；其身不正，虽令不从[2]。”

——《论语·子路》

注释

[1] 令：发布命令。

[2] 从：服从。

今译

孔子说：“自身品行端正了，即使不发布命令，老百姓也会去照做；自身不正，即使发布命令，老百姓也不会服从。”

【亲近经典】

孔子十分重视为政者个人的修养，这是很有道理的。因为，任何一种制度，说到底总是人为的。他认为，“政”者，“正也”。倘若为政者自己不能端正行为，做出榜样，那是无从去端正别人的；自身不正，仅以下达命令来要求别人，结果是收效不大的。相反，假如为政者本身端正（这个正字包括的意义很多，如思想的纯正、行为的中正，等等），那就用不着严厉的法令，民众也会很自然地按照法规做事，社会风气也很自然地随之转化而归于端正。

【故事链接】

晏子行不言之教

春秋贤臣晏子就是一个懂得“行不言之教”的人。他认为治理天下，应该以节俭为本，力戒奢侈之风。每天上朝，他都坐着一辆旧车，驾着一匹瘦马。有一天，齐景公看不下去了，就问：“难道给您的俸禄还少吗？为什么您的车马糟糕到这种程度？”

晏子回答说：“依赖您的赏赐，我的家人以及与我交往的朋友们都能过日子。我穿得暖、吃得饱，虽车子旧一点，马瘦一点，但已足够使用，我已经很满足了！”

齐景公不忍心让他乘坐旧车瘦马，就派一位官员送给晏子一套华丽的车马。晏子不肯接受，送来三次退回去三次。齐景公召来晏子，赌气说：“您不接受车马，我也不坐马车了！”

晏子说：“您派我监管文武百官，我尽量节省生活上的享受，给齐国人民做一个表率，就是这样我还怕自己过于奢侈，行为有失检点。现在，您在上面坐华丽的车马，我在下面也坐华丽的车马，老百姓看见了，也可能会贪图享受，轻视道义，不检点自己的行为。这样，我就没有办法去禁止他们了！”

晏子最终还是没有接受齐景公馈赠的车马。

晏子身居高位数十年，始终以身作则，齐国的风气大为好转，受到诸侯们的尊敬，由此可见“不言之教”的功效。

（出自《晏子春秋》）

【掩卷沉思】

从字面上看，“其身正，不令而行”主要是针对管理者和教育者，要求他们注重提高自身修养，端正自己的品行，做好表率作用。

管理学的最高目的在于做事和安人。做事先理事，理事先安人，安人先安己，安己先安心。己身不正焉能正人，己心不安焉能安人。儒家讲修身、齐家、治国、平天下，修身是第一位的，修身就是加强自身的道德修养，就是端正自己的做人态度，就是端正自己的心灵，就是正心。身如果能修好，进可以治国平天下，退可以齐家安民。如果不修身，如果不正心，又会怎么样呢？

中国历史上出现过多次外戚专权、宦官乱政的严重事件，究其原因是宦官和外戚没有正心、修德的概念，心中充斥着贪权夺财的欲望，在家则乱家，位重则乱国。遍观中国历史，凡是宦官专制、外戚专权的朝代，从没有过清明的政治、繁荣的社会，无不是政乱国灭，民不聊生。

正心是一切的根本，不仅是管理的根本，更是做人的根本，是道德修养的根本。如果一个人连基本的道德修养都没有，没有一颗正直的善良的心灵，别谈管理好他人，带好团队了，可能连自己手边的小事情都无法顺利完成，所以说“正人先正己，正己先正心”。

欲速则不达

【经典回顾】

子夏为莒父宰[1]，问政。子曰："无[2]欲速，无见[3]小利。欲速[4]则不达[5]，见小利则大事不成。"

——《论语·子路》

注释

[1] 莒父宰：莒，音 jǔ。做莒父这个地方的邑长。莒父，鲁国地名。宰，是邑长。

[2] 无：同"勿"，不要。

[3] 见：只顾。

[4] 速：快。

[5] 不达：不能达到预定目的。

今译

子夏做莒父的总管，问孔子怎样办理政事。孔子说："不要求快，不要贪求小利。求快反而达不到目的，贪求小利就做不成大事。"

【亲近大师】

子夏，前文我们已介绍过，是孔子晚年的得意弟子之一。才思敏捷，以文学著称，被孔子许为其文学科的高才生。

子夏十五岁人孔门，跟随孔子周游列国，直至孔子逝世。纵观子夏的一生，除短期从政、为父母守丧外，他的大部分精力都放在儒学思想的学习和传授之上。

【故事链接】

欲速则不达

齐景公在东海游玩，忽然，一名驿使从国中飞马赶来，向景公报告说："丞相晏婴病重，危在旦夕，请大王火速赶回。不然，怕难以相见。"

景公一听，急得霍地站起。这时，又有一个驿使驰马赶到，催请速回。景公心情焦急，边走边喊道："快备好车快马，火速回都。"

登程以后，景公坐在车上，心急火燎，只嫌赶得不快，跑了几百步，他便夺过车夫手中的缰绳，亲自赶了起来。景公自己驾驭了几百步，还嫌马跑得太慢，索性弃车徒步跑开了。

就这样，齐景公在回城的过程中四次急得从马车上跳下来，最后是边走边哭，导致车子比预计的晚了将近一天才到都城，这时晏子已经去世了。

（出自《晏子春秋》）

【掩卷沉思】

“欲速则不达”，贯穿着辩证法思想，即对立着的事物可以互相转化。孔子要求子夏从政不要急功近利，否则就无法达到目的；不要贪求小利，否则就做不成大事。

急于求成、恨不能一日千里，往往事与愿违，大多数人知道这个道理，却总是与之相悖。历史上的很多名人是在犯过此类错误之后才懂得成功的真谛。

宋朝的朱熹是个绝顶聪明之人，他十五六岁就开始研究禅学，然而到了中年之时才感觉到，速成不是良方，经过一番苦功方能有所成。他以十六字真言对“欲速则不达”作了一番精彩的诠释：“宁详毋略，宁近毋远，宁下毋高，宁拙毋巧。”

俗话说“磨刀不误砍柴工”，只有多花点工夫去把刀磨快，才能砍出更多的柴。许多人学习外语往往缺乏耐心，不愿意去循序渐进地苦练基本功，不去背记单词，也不去理解分析语法，一心只希望获得“快速掌握外语”的秘诀。于是一些奸商便利用了人们的这一投机心理，制造了许多“快速掌握外语”的秘诀。其实这些秘诀唯一起到的作用便是为那些奸商赚钱，并不能有效帮助人们快速掌握外语。

欲速则不达，急于求成会导致失败。做人做事都应放远眼光，注重知识的积累，厚积薄发，自然会水到渠成，达成自己的目标。炖、熬、磨炼、挫折、挣扎，这些都是成长必经的过程，而这也是将你锻炼得坚强，使你成长、变得有力的过程。作家周宁说：“慢慢地走，稳稳地走，总有一天，你会发现自己是那走得最远的人。”

知其不可而为之

【经典回顾】

子路宿于石门[1]。晨门[2]曰：“奚自？”子路曰：“自孔氏。”曰：“是知其不可[3]而为之者与？”

——《论语·宪问》

注释

[1] 石门：地名。鲁国都城的外门。

[2] 晨门：早上看守城门的人。

[3] 不可：不可能达成，做不到。

今译

子路夜里住在石门，看门的人问：“从哪里来？”子路说：“从孔子那里来。”看门的人说：“是那个明知做不到却还要去做的人吗？”

【亲近经典】

“知其不可为”只是凭经验作出的初步判断，不一定准确，也并非实际的“不可为”，到底可不可为，只有通过实践来验证，也就是要“为之”。如果知其不可为就不为，就等于承认凡事无须坚持，遇到困难只管放弃，听天由命，随遇而安。那么就不会有力挽狂澜、扭转乾坤、逢凶化吉、转危为安等情况的发生。英语里有一句谚语“自助者天助”，就是这个道理。

圣人何尝不知道“克己复礼”任重而道远，但却周游列国，“累累如丧家之犬”而精神不改，晚年退居讲学，仍然以礼乐文化为核心内容，为推行“仁道”而贡献力量。正如曾子所说：“仁以为己任，不亦重乎？死而后已，不亦远乎？”正是这一方面的精神凸显了儒家积极入世的特征。“知其不可而为之”，这是做人的大道理。“明知不可而为之”将孔子这个理想主义者的形象勾画得入木三分。

【故事链接】

老人与海

古巴的一位老渔夫桑地亚哥已经连续84天没打到鱼了。头40天还有个叫曼诺林的孩子和他一起，后来孩子的父母嫌老头“背运”，就叫孩子搭了别的船。

第85天一大早，孩子为老人准备了沙丁鱼和鱼食，送老人出海。这天天气很好，老人决定到更远的大海深处捕鱼。黎明时，他已在钓丝上装上沙丁鱼，放到适当深处，让小船随海水漂流。

老鹰在上空打着旋，老人把钓丝插到一英里深的海里。突然，他看见伸在水面上的绿色竿子急速地坠到水里，他知道，这是一条马林鱼正吃钩尖和钩把子上的沙丁鱼。老人灵巧地握着钓丝，感到下面的分量越来越重。中午时分，大鱼终于上钩了，老人用双手拼命收着钓丝，但依然不能提上一英寸，船和人都在水面慢慢漂流。太阳落山了，大鱼依然未浮出水面，老人想：我拿它没有办法，它拿我也没有办法。

太阳又升起来了，鱼依然向北游。老人疲惫不堪，左手在抽筋，他吃了些生鱼以增加力量。鱼终于跳出海面，比小船还长两英尺哩。老人放出更多的钓丝，紧紧拽住。手已皮开肉绽，涌出鲜血。第三天，大鱼开始打转，最后白花花的肚皮终于翻出水面，老人使尽平生的力气把它杀死，并将它绑在船边。那家伙足有1500磅，或许更重。

死鱼的血腥味引来了鲨鱼群，它们围着船打转。老人用渔叉扎，用桨、舵柄、刀子等与鲨鱼拼死搏斗。他深信：“人并不是为了失败而生的，一个人可以被消灭，但不能给打败。”最终，鲨鱼吃掉了他千辛万苦得来的大马林鱼的肉，仅仅留下一副大鱼的骨架。

子夜时分，老人终于驶进小港，回到他的小茅棚。天亮后，当人们对着那大鱼的骨架发出惊叹的时候，曼诺林送来了热咖啡，并告诉老人，以后和他一起出海。

路边的小茅棚里，老人又睡着了，他依旧脸朝下睡着，孩子在一旁守护他。

（出自海明威《老人与海》）

【掩卷沉思】

明朝的张岱在注《论语》“石门章”的时候，曾经把人分为三种：愚人、贤人、圣人。他说："懵懵懂懂，没有认识到一定的事情难以做到就去做的，是愚人；精明洞察，知道一定事情难以做到即罢手不做的是贤人；大智若愚，知道一定的事情难以做到而毅然去做的，是圣人。"

愚人一项我们可以置之不理。但张岱说的贤人和圣人之间的区别是什么呢？世上无常胜将军，古代是，现在是，将来也是。所以体坛上的高手，二连胜、三连胜，连得几次冠军之后，见好就收，不把自己摔进失败的谷底，这的确算是一种必要的人生智慧。此即为贤人。但如果知其不可为就不为，就等于承认凡事无须坚持，遇到困难只管放弃，听天由命，随遇而安。那么就不会有力挽狂澜、扭转乾坤、逢凶化吉、转危为安、如有神助等等情况的发生。用姚明的话来说，就是：努力了不一定会成功，但不努力肯定不会成功。

一个人明知自己所从事的事情，在自己的有生之年不可能取得成功，但他们超出平常人的思想，超越谋身自处的机智，为了某种追求，为了某种理想，为了某种道义，义无反顾，殚精竭虑，成败在所不计，一丝不苟地坚持下去，这就可以称为圣人了。孔子是这样的人，诸葛亮也是。曹魏难灭，汉室难兴，诸葛亮早已清楚知道。自从离开隆中，夺荆州，定西蜀，对外联结东吴，对内治军理财，最后六出祁山，一生鞠躬尽瘁，死而后已，事业虽未成就，但不顾一切、精进向上的崇高精神，却因此而无限光大，成为一种取之不竭的财富！

知其不可而为之，不因为是否成功而决定做与不做，而因为应该做，就去做。这种义无反顾的大智大慧实是成事必要的心理。因为，也许不能成事，却可成人。

工欲善其事，必先利其器

【经典回顾】

子贡问为仁[1]。子曰："工欲善其事[2]，必先利其器[3]。居是邦[4]也，事[5]其大夫之贤者，友[6]其士之仁者。"

——《论语·卫灵公》

注释

[1] 为仁：实行仁德。

[2] 善其事：把事情做好。

[3] 利其器：将工具打磨锋利。

[4] 邦：国家，地方。

[5] 事：侍奉。

[6] 友：与……交朋友。

今译

子贡问怎样实行仁德。孔子说："工匠想把活儿做好，必须首先磨好工具使之锋利。生活在哪个地方，就要追随那里大夫中的贤者，结交那里士人中的仁者。"

【亲近经典】

工匠做工与思想品德的修养从表面上看来是风马牛不相及的事，但实质上却有相通的道理。

常言说得好："磨刀不误砍柴工。"工匠在做工前打磨好工具，操作起来就能得心应手，就能达到事半功倍的效果，思想品德修养也是一样。选择品德高尚的人交往，与他们做朋友，受他们的影响熏陶，潜移默化，自己的思想境界和道德修养就会在无形中得到提升，这与《论语·颜渊》里曾子说的君子"以友辅仁"的道理有相似之处。

面对子贡关于如何实行仁德的提问，孔子提出了自己的见解：生活在这个国家，想对这个国家有所贡献，必须结交上流社会，乃至政坛上的大员、政府的中坚，和这个国家社会上各种贤达的人都要交成朋友。换句话说，就是要先了解这个国家的内情，有了良好的关系，然后才能得到有所贡献的机会，完成仁的目的。

【故事链接】

工欲善其事，必先利其器

有一年，齐国的执政大夫田常，因为国内不服他的人很多，就决定攻伐鲁国以树立威信。孔子听到后，对学生们说："鲁国是我们的父母之邦，祖先的坟墓都在那里，你们为什么不去解除它的危难？"

勇敢的子路首先要求去抵抗齐国的军队，孔子不许；子张也提出要去，孔子不同意；子贡请行，孔子同意了。子贡请教此行该注意什么，孔子说："仁！"

"请问，在异国他乡，怎样达到仁的要求呢？"

"工欲善其事，必先利其器。"孔子先打了比方，说工人要做好他的工作，一定要先有锐利的工具。接着又说，"生活在那个国家，恭敬地对待贤德的当权者，和有道德的人结交。人的关系和谐了，等于工匠有了好的工具，就能够按你的心意办事了。"

子贡按老师的教导，先到齐国去说服田常，告诉他攻鲁无利可图而攻吴则对齐国、对他本人都大有好处，田常同意了。接着子贡又到吴国去劝说吴王，请他联合越国去对抗齐国。最后，子贡再到越国，叫越王只以兵器粮食支援吴国抗齐而不出军队……几个大国都卷入了一场混战，而鲁国却避免了被入侵的危险。

子贡凭着他的口才和对列国形势了如指掌，顺利完成任务，而齐、吴、越国实际上都成了他完成任务的棋子。

【掩卷沉思】

一个人要想成就一番事业，首先必须磨炼自己的基本功，这样才能在社会中游刃有余、得心应手。

孔子还懂得利用关系，他知道，要到某一国家去，达到某一个目的，先要和这个国家的政府领导都"搞好关系"，同时"搞好社会关系"，然后才可以有所作为。

孔子这句名言给我们的启发意义在于：我们在做一件事情之前，一定要考虑好什么才是完成这件事情最好的方法和手段，找到并利用好这些方法和手段，肯定会使你事半功倍。

一把斧头如果始终得不到使用，锐利的刃会生锈，因此趁着刀锋锐利之时赶快使用，但另一方面，如果只顾着趁热打铁地前进，而忽视了打磨自己，最后的结局反而是欲速则不达。

有这样一个故事与之相映成章。

一个伐木工人在一个人工林场找到了工作，待遇不错，工作条件也可以，他十分珍惜这个来之不易的机会，下定决心要好好干。第一天报到，场长给了他一把锋利的斧头，并给他指定了伐木范围，他来到树林里，挥斧大干，砍了16棵树，场长看了以后说："不错，就这么干。"第二天，他干得更起劲，可是却只砍了13棵树；第三天，他加倍努力，可是只砍倒了8棵树。工人觉得很惭愧，觉得对不起场长，于是跑到场长面前道歉，说自己也不知道怎么了，好像力气越来越小了。场长问他："你上一次磨斧子是什么时候？""磨斧子？"工人奇怪地说，"我天天忙着砍树，哪里有工夫磨斧子呢？"

这个小故事告诉人们，在实现目标的过程中，如果我们一味地盯住眼前的好处和进度，而忘记了提炼自身的素质和能力，让自己这把"斧子"就这样一个劲地砍，总有一天会发现已经力不从心，而且再也没有进步的可能。

刀不磨要生锈，人不反思也会落后。在追求人生目标的过程中，千万不可忘记时刻省察自身。

天下之难事，必作于易；天下之大事，必作于细

【经典回顾】

图难于其易，为大于其细，天下之难事，必作[1]于易[2]；天下之大事，必作于细[3]。

——《道德经》

注释

［1］作：发展。

［2］易：容易的事情。

［3］细：细小的事情。

今译

解决难事要从还容易解决时去谋划，做大事要从细小处做起。天下的难事，一定是从容易的事发展起来的；天下的大事，一定是从细小的事发展起来的。

【亲近经典】

"难"与"易"、"大"与"细"是道家哲学的重要范畴，其思想精髓是"图难于其

易，为大于其细”。所谓“图难于其易”，是说要想克服困难，必须防微杜渐，未雨绸缪，在事情还比较简单容易时就积极行动，将困难与祸患消弭于无形。《韩非子·喻老》也说“千丈之堤，以蝼蚁之穴溃”，意思是说小小的蚁穴如果不去处理，也能够使堤岸溃决。所谓“人无远虑，必有近忧”，在小的事情上如果不注意，不作为，往往会弄出大乱子。因此，老子告诫我们，凡事要防患于未然，在弊端尚未形成的时候就要有防范意识，一旦发现征兆就应该及时地将它们消灭在萌芽状态。

物的发展是一个由小到大、由易到难的过程，是一个由量变到质变的过程，量的积累可以引发质的变化，所以要想成就大事，就必须从小事做起。在老子看来，难与易、大与细都是相对的。只要人们掌握方法，从最容易处着手，从容易被人们忽视的小事做起，循序渐进，由易至难，由细到大，持之以恒，终会实现心目中的理想目标。

老子在这里总结出“图难于其易，为大于其细。天下之难事，必作于易；天下之大事，必作于细”的处事治世准则，并认为这是圣人能够成就大事的关键，在今天看来，亦是我们立身行事的行动宗旨。

【故事链接】

细节是一种创造

王永庆少时家贫。1932年，16岁的王永庆以区区200元资金，在台湾省嘉义的一条偏僻的巷子里开了一家米店。其时，小小嘉义已有近30家米店。王永庆的米店本钱少，规模小，开业之初，生意清淡，门可罗雀。

王永庆当然想了一些办法，比如上门推销，但效果并不理想。他意识到，自己得有有别于旁人的特色或优势才行。经过一番冥思苦想，他决定从提高米的质量和服务上下手。20世纪30年代，台湾的农业还处在手工时代，稻谷在加工过程中夹杂了不少砂粒，得经过一番挑拣才能食用，很麻烦；但买卖双方都司空见惯，习以为常。王永庆却从这一现象中找到切入点，他带领两个弟弟不辞辛苦，耐心地将秕糠、砂石等杂物去除干净。如此，王家的米质便提高了一个档次，生意从此红火起来。

王永庆见买米的清一色的是老年人，便率先主动送货上门，此举自然大受欢迎。他送货上门，每次必记下人家米缸的容积，并问明这家有几口人，大人几个、小孩几个，每人的饭量如何，估摸好人家下次买米的大概时间，记在随身携带的小本子上。届时不等客户上门，就主动将一定量的米送到客户家里。

王永庆给人家送米，总要将旧米倒出，擦净米缸，再将新米倒入，然后将旧米放在上层，这样，陈米就不致过期变质。事情虽小，却深得人心。

当时的台湾经济尚未起飞，多数人生活拮据，送米上门，经常碰到囊中羞涩、家无余钱的主儿。王永庆并不急着收钱，而是待人家支薪之后，再上门收款。既方便了顾客，又保全了人家的面子，服务又细致周到，大米的品质又好，生意焉有不红火之理？不过一年多时间，王永庆便有了自己的碾米厂和繁华地段的旺铺，从此开始了问鼎台湾首富的辉煌事业。

（作者汪中求，《细节决定成败》，新华出版社2004年版；有删改）

【掩卷沉思】

做事就好比烧开水，99℃就是99℃，如果不再持续加温，是永远不能成为滚烫的开水的。所以我们只有烧好每一个平凡的1℃，在细节上精益求精，才能真正达到沸腾的效果。小事不可小看，细节彰显魅力。

人与人之间的智力和体力上的差异并非我们想象中的那般大。很多事情，一个人能做、其他人也能做，只是做出来的效果不一样。往往是一些细节上的功夫，决定着完成的质量。考虑到细节，注重细节的人，不仅认真对待工作，将小事做细，而且注重在做事的细节中找到机会，从而使自己走上成功之路，前面所举的台湾首富王永庆的例子正说明了这一点。

了解细节之精髓的人，是聪明的人；用细节来塑造自己的人，是成功的人。一心渴望伟大，追求伟大，伟大却无踪影；甘于平淡，认真做好每个细节，伟大却不期而至。正如摩天大楼是一砖一瓦从平地砌造的，浩瀚的大海是小流小溪汇聚而成的。

当我们学习时，学习别人的优点长处，要注意多多观察其做事的细节；当我们集中精力，想在平凡的岗位上创造更大的价值时，就要心思细腻，从点滴做起，以认真的态度做好工作岗位上的每一件小事，以认真负责的心态对待每个细节，最终达到成功的目的！

不为者与不能者之形何以异

【经典回顾】

曰："不为者与不能者之形何以异[1]？"

曰："挟[2]太山[3]以超[4]北海，语人曰：'我不能。'是诚[5]不能也。为长者折枝[6]，语人曰：'我不能。'是不为也，非不能也。故王之不王[7]，非挟太山以超北海之类也；王之不王，是折枝之类也。"

——《孟子·梁惠王上》

注释

[1] 何以异：凭什么去区分，有什么区别。

[2] 挟：挟着。

[3] 太山：泰山。

[4] 超：跳越，超越。

[5] 诚：的确，果真。

[6] 折枝：弯腰行礼。

[7] 王：称王，到用仁德统一天下。

今译

宣王问：“不去做和不能做的表现，凭什么去区分呢？”

孟子说：“挟着泰山跳越北海，对人说：‘我不能办到。’这是真的不能。给年长的人弯腰行礼，对人说：‘我不能办到。’这就是不去做，而不是不能做。大王没有做到用仁德统一天下，不属于挟着泰山跳越北海一类，而是属于为长者弯腰行礼一类。”

【亲近经典】

我们不能以宣王有“不为者与不能者之形何以异”之问，就认为他幼稚无知。需知齐宣王当时心目中认为齐国如此富强，要做的都做了，而孟子还说他没有做，所以才有如此一问。

孟子用了“挟泰山以超北海”这种夸张的譬喻。一个普通人，当然不能“挟泰山以超北海”；但一个普通人，给长辈弯腰行礼这样的小事当然可以做到；不肯做，这又是一个问题了。这正是孟子暗示齐宣王的：你有此权能，不是做得到做不到的问题，只是你肯做不肯做而已。因此，答复了齐宣王这个问题以后，马上直截了当地指出事实。他紧接着说，如果你齐宣王能走王道的路子，肯施行王道的政治，以你现有的国力和所处的政治环境而言，并不像挟泰山以超北海那么困难。

【故事链接】

最后一名抵达终点的选手

在墨西哥的奥运会上，一个漆黑的夜晚，坦桑尼亚的奥运马拉松选手艾克瓦里双腿沾满血污，绑着绷带，吃力地跑进了几乎空无一人的奥运体育场，他是最后一名抵达终点的选手。但他认真而努力地绕完体育场一周，跑到了终点。一位还没有离开的记者好奇地问艾克瓦里：“比赛早已结束，为什么还要这么吃力地跑至终点？”这位年轻人回答说：“我的国家从两万多公里外送我来这里，不是叫我在这场比赛中起跑，而是要我完成这场比赛。”

那是1968年的奥运会，曾经的辉煌早已烟消云散，我们已经记不起那些曾在那次奥运会上熠熠闪光的名字，但艾克瓦里这个名字却因为一种精神流传下来，时时被人们提起，成为一个激励人们坚忍不拔坚持到底的典范。

（赵辉，《成长的关键词》，中国金融出版社2008年版）

【掩卷沉思】

大多数的人在做一件事情不成功或者被批评的时候，总是会找种种理由和借口。正如18世纪意大利伟大的现实主义喜剧作家卡尔洛·哥尔多尼所说：“需要借口的时候，借口总是不找自来。”可以毫不夸张地说，借口就是一个掩饰弱点、推卸责任的“万能器”。有多少人把宝贵的时间和精力放在了如何寻找一个合适的借口上，而忘记了自己的职责和责任。

美国西点军校有个“没有任何借口”的行为准则，学员应对长官的问话永远只应有四句："报告长官，是""报告长官，不是""报告长官，不知道""报告长官，没有任何借口"。除此以外，不能多说一个字。它强化的是每一位学员想尽办法完成任何一项任务，而不是为没有完成任务去寻找借口，哪怕看似合理的借口。目的是让学员学会适应压力，培养他们不达目的不罢休的毅力。它让每个学员懂得：失败是没有任何借口的，人生也没有任何借口。

美国成功学家格兰特纳说过这样一段话：如果你有自己系鞋带的能力，你就有上天摘星星的机会！不要为自己的错误辩护！再美妙的借口也于事无补！不如把寻找借口的时间和精力用到眼前中来，仔细琢磨下一步该怎样去做。反过来说，面对失败，如果将下一步的工作做好了，失败真的可能成为成功之母，这样一来失败的借口也就不用找了。

成功的人永远在寻找方法，失败的人永远在寻找借口，当你不再为自己的失败寻找借口的时候，你离成功就不远了！

千里之行，始于足下

【经典回顾】

合抱之木，生于毫末[1]；九层之台，起于累土[2]；千里之行，始于足下。为者败之[3]，执者失之[4]。是以圣人无为，故无败；无执，故无失。民之从事，常于几成而败之[5]。慎终如始，则无败事。

——老子《道德经》

注释

[1] 毫末：指细小的萌芽。

[2] 累土：一筐筐的土。

[3] 为者败之：（硬要去）做，（谨小慎微也）一定会遭失败。

[4] 执者失之：（紧紧）抓住不放，就必将遭受损失。

[5] 常于几成而败之：几，差不多。（人们做事情），总是在做到快要成功的时候就失败了。

今译

合抱的大树，是从细小的萌芽生长起来的；九层的高台，是从一筐筐土开始堆积而成的；千里的远行，是从脚下第一步开始的。（硬要去）做，就必然会遭到失败；（紧紧）抓住不放，就必将会遭受损失。因此有"道"的圣人不（轻易）做，所以就没有失败；不会抓着不放，所以没有损失。人们做事情，总是在快要成功的时候就失败。（如果）在事情要完成的时候也能像事情开始时那样谨慎，就不会有失败的事情了。

【亲近经典】

合抱之木，生于毫末；九层之台，起于累土；千里之行，始于足下。这三句话形象地说明了万事万物都有它自己固有的发展规律，要经历一个从小到大、由低至高、自近及远的过程。因此，老子认为，无论做什么事，都要及早动手，从小做起。因为在事情还稳定时，容易维持；在事情尚未显露出征兆时，容易打主意；脆弱的事容易分解；微小的事容易消散。

除了要从细微简易开始做起外，老子还认为必须坚持始终，才能取得成效。“民之从事，常于几成而败之”，就是未能始终如一。如果“慎终如始，则无败事”。老子这一命题，由于包含有非常深刻的理论意义和实践意义。千百年来，对人们的认识和实践，产生了很大的影响。

【亲近大师】

老子（约公元前580~前500年），又称老聃、李耳，字伯阳，楚国苦县曲仁里（今河南鹿邑县太清宫镇）人。曾做过周朝“守藏室之官”（管理藏书的官员），是我国古代伟大的哲学家和思想家、道家学派创始人。老子晚年乘青牛西去，在函谷关前著有五千言的《老子》一书，又名《道德经》或《道德真经》。

【故事链接】

从口吃到演讲家

古希腊卓越的演讲家德摩斯梯尼天生口吃，嗓音微弱，还有耸肩的坏习惯。在常人看来，他似乎没有一点当演说家的天赋，因为在当时的雅典，一名出色的演说家必须声音洪亮，发音清晰，姿势优美，富有辩才。

他最初的政治演说是很不成功的，由于发音不清，论证无力，多次被轰下讲坛。为了成为卓越的政治演说家，德摩斯梯尼付出了超过常人几倍的努力，进行了异常刻苦的学习和训练。据说，他抄写了《伯罗奔尼撒战争史》八遍；他虚心向著名的演员请教发音的方法；为了改进发音，他把小石子含在嘴里朗读，迎着大风和波涛讲话；为了去掉气短的毛病，他一边在陡峭的山路上攀登，一边不停地吟诗；他在家里装一面大镜子，每天起早贪黑地对着镜子练习演说；为了改掉说话耸肩的坏习惯，他在头顶上悬挂一柄剑；他把自己剃成阴阳头，以便能安心躲起来练习演说……

德摩斯梯尼不仅训练自己的发音，而且努力提高政治、文学修养。他研究古希腊的诗歌、神话，背诵优秀的悲剧和喜剧，探讨著名历史学家的文体和风格。柏拉图是当时公认的独具风格的演讲大师，他的每次演讲，德摩斯梯尼都前去聆听，并用心琢磨大师的演讲技巧……

作为演讲者需要的每一个基本功，他都潜心练习。经过十多年的磨炼，德摩斯梯尼终于成为一位出色的演说家。

【掩卷沉思】

“合抱之木”“九层之台”“千里之行”的远大事情，是以“毫末”“累土”“足下”为开端的，春秋时期著名的哲学家老子根据事物的发展规律提出谨小慎微和慎终如始的主张。

这些道理大家也都知道，而且后世很多人也在不断地践行。在著名的古代学术重地岳麓书院，有一座清代修筑的“自卑亭”，这个名字取自作为儒家经典的《中庸》：“君子之道，譬如行远，必自迩；譬如登高，必自卑。”意思是说，君子所坚持的道义，就像走远路，一定从近的地方开始；又好像登高山，必然从低的地方开始。在这里，“自卑”和我们现在的理解不同，指“从低处开始”。当初先生们建立这个自卑亭，就是要教育弟子，道德学问是扎扎实实的事情，必须从基础做起，从小事做起，世上从来就没有真正的空中楼阁，不要妄想一下子就获得成功。

道德学问如此，其他事情也同样。任何伟大光辉的事业、崇高壮丽的目标、漫长曲折的追求，都有一个看起来微不足道的起点和基础。我们不仅要有踏下千里路第一步的勇气，还应该认真把握好这第一步，以及之后的每一步。俗话说“万事开头难”，好的开始是成功的一半，基础工作非常重要；但还有另外一句俗话——“行百里者半九十”，目标如果是一百里路，那么走到九十里只能算完成了一半。所以古人强调“慎始慎终”，开头要慎重，不可冒冒失失；走到最后要坚持，不能虎头蛇尾。

要重视最开始的时候，重视平凡的基础工作，耐心坚持，不懈努力，最终达到那光辉的顶点。

耳闻之不如目见之，目见之不如足践之

【经典回顾】

夫耳闻之不如目见之，目见之不如足践之，足践之不如手辨之。

——西汉·刘向《说苑·政理》

今译

耳朵听闻不如亲眼看见，亲眼看见不如亲自去走走（亲自经历），亲自去走走不如亲自动手去做做（亲自尝试）。

【亲近经典】

《说苑》是刘向校书时根据皇家藏书和民间图籍按类编辑的先秦至西汉的一些历史故事和传说，并夹有作者的议论，借题发挥儒家的政治思想和道德观念，带有一定的哲理性，是一部富有文学意味的重要文献，内容多哲理深刻的格言警句，叙事意蕴讽喻，故事性颇强，有较高的文学欣赏价值，对魏晋乃至明清的笔记小说也有一定的影响。

对任何一种事物，耳闻只是初知，故而极易忘记；眼见已是浅识，所以能够记住；经历与尝试之后，当然就能真正理解了。所以，耳闻、目见跟足践、手辨的关系，实际上就是知和行的关系。

知行缺一不可，亦不可前后倒置。知是行的基础，没有知就不可能有真正意义上的行；行是知的推进和深入，只有行了才能掌握真正意义上的知。

【亲近大师】

刘向（约公元前77～前6年），原名刘更生，字子政。西汉经学家、目录学家、文学家。沛县（今属江苏）人。楚元王刘交四世孙。宣帝时，为谏大夫。元帝时，任宗正。因反对宦官弘恭、石显下狱，旋得释。后又因反对恭、显下狱，免为庶人。成帝即位后，得进用，任光禄大夫，改名为“向”，官至中垒校慰。曾奉命领校秘书，所撰《别录》，为我国最早的图书公类目录。据《汉书·艺文志》载，刘向有辞赋33篇，今仅存《九叹》一篇。今存《新序》《说苑》《列女传》等书。

【故事链接】

托尔斯泰写《战争与和平》

列夫·托尔斯泰创作《战争与和平》，当他写到俄法双方在鲍罗京诺会战的一段文字时，总感到描写得很抽象、不具体，他决定亲自去战场考察一番。到了鲍罗京诺，他仔细巡视了这个历史战场的一切遗迹，把它的地形面貌牢牢记在心里，还特地画了一幅画，画上一条地平线和许多树林，标明各个村庄、河道的名称，及当年会战时太阳移动的方向等。回到家里，又把自己观察到的印象同历史文献上记载的材料联系起来分析研究，直到一切都清楚明白了，他才坐到桌边，重新写这段文字，这个会战场面，写得不仅生动，且色调明朗、壮观。

访采四方，终成巨著

为了完成《本草纲目》的著述，李时珍远行考察，上山采药和拜访有实际经验的人。他历尽千难万险，中草药药材丰富的崇山峻岭，都留下他的脚印。白天深山采药，晚上对每一棵药草，从产地、栽培到苗、茎、叶、根、花果以及形态气味、功能等研究得非常深入、细致。李时珍辛勤劳动了近20年，记下了数百万字的笔记。经过几十遍的反复修改，终于在60岁时完成了他的巨著《本草纲目》。全书分为16部62卷，共载药物1892种，附方11096个，并附图1160幅。

【掩卷沉思】

华盛顿儿童博物馆墙上有这样一句话：“我听见了就忘记了，我看到了就记住了，我做了就理解了。”无数的事例——成功的、失败的、辉煌的、平庸的，无不诉说着这样一个道理“不闻不若闻之，闻之不若见之，见之不若知之，知之不若行之”，人之为学，不也应如此吗？

古人常讲“博观而约取，厚积而薄发”。古代著名的画家文与可擅长画竹子，曾经有诗人赞他：与可画竹时，胸中有成竹！如果没有博观或者博闻，想必无论是谁也是无处可取的。

单有“知”是不行的，要紧的是做。李时珍为确保所著医书的准确详尽，亲自到深山采药，向药农询问情况；徐霞客为完成游记，跋山涉水，遍游名川大山，历经许多城市；巴尔扎克为了使书中人物具有狮子般品性和毅力，曾亲自到非洲猎狮；托尔斯泰为了刻画逼真的战争场面，亲自前去战场观察。所有的事例一再证明：实践出真知，唯有“行”，方可验证所“闻”所“见”，只有“行”，才能掌握真正意义上的“知”。

“想到”和“得到”，中间还有两个字便是“做到”。懒于动手实践，只运用书本知识空发议论，那终将给人留下笑柄。昔有赵括纸上谈兵，最终败北；今有不少学生空谈理想而不践之，最终也只能一无所成。

凡事预则立，不预则废

【经典回顾】

凡事豫[1]则立[2]，不豫则废[3]。

——西汉·戴圣《礼记·中庸》

注释

[1] 豫：即“预”，预先，指事先作好计划或准备。

[2] 立：成就。

[3] 废：败坏。

今译

不论做什么事，事先有准备，就能得到成功，不然就会失败。

【亲近经典】

汉代把孔子定的典籍称为“经”，《诗》《书》《礼》《易》《春秋》为五经。弟子对“经”的解说是“传”或“记”，《礼记》因此得名，即对“礼”的解释。

《礼记》的作者不止一人，写作时间也有先有后，其中多数篇章可能是孔子的七十二高徒及其学生们的作品，还兼收先秦的其他典籍。《礼记》是战国至秦汉年间儒家学者解释说明经书《仪礼》的文章选集，是一部儒家思想的资料汇编。

《礼记》的内容主要是记载和论述先秦的礼制、礼仪，解释仪礼，记录孔子和弟子等的问答，记述修身做人的准则。最后由西汉礼学家戴德和他的侄子戴圣编定。

【故事链接】

机遇垂青有准备的人

吴鼎民，安徽巢湖人，1951年出生，南京航空航天大学外语学院院长，享受国务院特殊津贴的专家。1996年获得“做出突出成绩的中国硕士学位获得者”（中国航空工业总公司）荣誉称号。

小学毕业时吴鼎民以全年级第一名的成绩进入一所全国有名的中学读书。可初二还没读完，“文化大革命”就开始了，学校停了课，接着便是轰轰烈烈的上山下乡，他背着行李随着高中同学走了，这一去就是八年多。

八年之中，劳动以外，他到处寻找精神食粮。附近鞭炮厂收了一大堆书籍准备卷鞭炮皮，他跑去像搜寻珍宝一样淘出一批大学文科教程，一本本地啃了下去。八年中，他不去考虑用什么办法回城，只知道看书学习。因为有一个信念支撑着他。这个信念来自于一位长者对他说的话：“国家不会永远乱下去，总有一天知识会有用。”他努力着，等待机会。机会终于来了，1978 年初，初二没读完的吴鼎民考上了大学外语专业。在学习期间，他是学校允许可以不上课的两名学生中的一名，因为他还是学校中专班的老师。后来吴鼎民为了提高自身能力，一次次向新的高度攀登，分别在南京大学和华东师范大学学习，1988 年获得广州外国语学院硕士学位。

（作者付兰，载于《服务导报》，2006 年 12 月 23 日）

【掩卷沉思】

有人给“危机”下过一个很好的定义，说那是一个“危险”和“机遇”同在的时刻，很多人先看到了危险就失魂落魄，是因为他没有准备好或根本没有准备。只有有准备的人，才能把握好随时都可能出现的机遇。一双不善于捕捉机遇的钝眼，是不可能看到稍纵即逝的机遇的，一双没有被知识浸润过的手，也不可能捕捉到稍纵即逝的机遇。

然而，在现实生活中，不少人只是在等待机会的降临，殊不知，机会曾经不止一次地从他们身边经过，只是他们没有发现或者没有抓住而已，而他们却从来不找自身的原因，只是一味地抱怨上天对自己的不公。“天道酬勤不酬怨”，只有积极向上、蓄势待发、百折不挠的人，才能把握机遇；而那些只知怨天尤人的人，常常与机遇擦肩而过。

其实，机遇对待每个人都是公平的，每个人的机遇都有很多，只是有些人能够早早地做好准备，因此把握住了机遇，走向了成功的通途，体验到了成功的愉悦。

临渊羡鱼，不如退而结网

【经典回顾】

故汉得天下以来，常欲治[1]而至今不可善治者，失之于当更化[2]而不更化也。古人有言曰：“临渊羡鱼，不如退而结网。”

——东汉・班固《汉书・董仲舒传》

注释

[1] 治：社会安定、太平。

[2] 更化：改革调整。

今译

汉朝建立以来，希望国家能得到很好的治理，却没有达到这个目的，原因在于“当更化而不更化”，也就是没有在观念上、制度上作出必要的改革和调整，古人说过这样的话：“临渊羡鱼，不如退而结网。”也就是说统治者要治理好国家，必须抓住观念、制度这个根本。

【亲近经典】

《汉书》又称《前汉书》，是中国第一部纪传体断代史，“二十四史”之一。

《汉书》全书主要记述了上起汉高祖元年（公元前206年）下至新朝的王莽地皇四年（公元23年），共230年的史事。《汉书》包括纪12篇、表8篇、志10篇、传70篇，共100篇，后人划分为120卷，共80万字。

【亲近大师】

班固，我国东汉时期的历史学家，自幼聪慧，9岁能诵读诗赋，13岁时得到当时学者王充的赏识，建武二十三年（47年）前后入洛阳太学，博览群书，穷究九流百家之言。自其父班彪卒后，班固自太学返回乡里。居忧时，在班彪续补《史记》之作《后传》基础上开始编写《汉书》，至汉章帝建初中期基本完成。

和帝永元元年（89年），大将军窦宪奉旨远征匈奴，班固被任为中护军随行，参与谋议。永元四年（92年），窦宪在政争中失败自杀，班固因与窦宪关系密切而被免职。当时的洛阳令对班固一家怀有私仇，借机罗织罪名，捕班固入狱。同年，班固死于狱中，终年61岁。

董仲舒是西汉思想家、哲学家、政治家、教育家。汉景帝时任博士，讲授《公羊春秋》。他把儒家的伦理思想概括为“三纲五常”，汉武帝采纳了董仲舒的建议，从此儒学开始成为官方哲学，并延续至今。其教育思想和“大一统”“天人感应”理论，为后世封建统治者提供了统治的理论基础。他的著作汇集于《春秋繁露》一书。

【故事链接】

休养生息 以退为进

在唐朝初年的时候，中国北方最强大的少数民族东突厥，屡屡进犯唐朝边境，烧杀抢掠，无恶不作，其兵锋一度进临长安城下。那时的唐朝刚经历了玄武门之变，国力极度虚弱。所以，唐太宗李世民被迫与东突厥的捷利可汗，在渭桥上签订了城下之盟，唐朝被迫向东突厥缴纳更多的贡赋，以此来换取唐朝边境的安全。在此后的两年时间中，唐太宗励精图治，迅速在唐朝国内恢复了秩序和稳定，推行了轻劳薄赋的政策，使得唐朝的农业经济迅速复苏，这使得唐朝有了对东突厥发动自卫反击战争的物质基础。于是在贞观二年，唐太宗调动了数十万军队，发动了对东突厥的自卫反击战，一举击败了东突厥军队的主力。

【掩卷沉思】

“临渊羡鱼，不如退而结网。”我们的目的是打鱼，但只有“退”而织好网，才有可能得到鱼。这里，“退”字很重要，“退”的意思就是在一定的条件下，有必要把目的暂时搁置起来，先去努力解决手段的问题，就如同我们要过河，得首先解决船和桥的问题一样。

这一典故告诫人们，在目的与手段之间，有明确的目的固然重要，但如果没有实现这一目的的必要手段，目的将是空幻而不切实际的。唐代学者颜师古解释这一典故时说：“言当自求之”，“自求”，就是要靠自己努力追求，付诸行动。

这一典故还告诉人们，一切伟大的目标、伟大的思想，都是从微不足道的开始起步的。中国春秋时期的大思想家老子提出，天下难事必作于易，天下大事必作于细。规划宏伟的目标，还得从最不起眼的小事做起，谋划难做的事，也得从最容易的事做起。

在生活和学习中，看到别人成绩突飞猛进，获得好的升造的机遇，取得成功，会有羡慕之心，这是人之常情，但光羡慕是不行的，应该去努力做好自己目前要做的事情，掌握必要的知识，探寻进步和成功的途径。“书山有路勤为径，学海无涯苦作舟”，学习要靠一点一点地积累，通往成功的路在坚定而踏实的脚步下才能向远方延伸。

业精于勤，行成于思

【经典回顾】

业[1]精[2]于勤，荒于嬉[3]；行成于思，毁于随[4]。

——唐·韩愈《进学解》

注释

[1] 业：学业。

[2] 精：精进

[3] 嬉：玩乐。

[4] 随：轻率，随随便便。

今译

学业由于勤奋而精进，由于游荡玩乐而荒废；为人做事能取得成就是由于勤于思考，而失败则是由于因循随便。

【亲近经典】

本文是元和七八年间韩愈任国子博士时所作，假托向学生训话，勉励他们在学业、德行方面取得进步，学生提出质问，他再进行解释，故名“进学解”，借以抒发自己怀才不遇、仕途蹭蹬的牢骚。文中通过学生之口，形象地突出了自己学习、捍卫儒道以及从事文章写作的努力与成就，有力地衬托了遭遇的不平；而针锋相对的解释，表面心平气和，字里行间却充满了郁勃的感情，也反映了对社会的批评。

文中有许多创造性的语句，后代沿用为成语，如“含英咀华”“同工异曲”“佶屈聱牙”等等。又如“业精于勤，荒于嬉；行成于思，毁于随”等语，凝聚着作者治学、修德的人生体验，发人深省。

【亲近大师】

韩愈（768~824年）唐代文学家、哲学家，字退之。河南河阳（今河南省孟县）人，祖籍河北昌黎，自称“郡望昌黎”，世称“韩昌黎”；因官吏部侍郎，又称“韩吏部”；谥号“文”，又称“韩文公”。在文学成就上，同柳宗元齐名，称为“韩柳”。他是唐代古文运动的倡导者，提倡先秦两汉的文章，苏轼称其“文起八代之衰”。后人尊他为唐宋八大家之首。

【故事链接】

韩愈其名的来历

韩愈父母早亡，从小由哥嫂抚养。到了入学的年龄，嫂嫂郑氏一心想给弟弟起个又美又雅的学名。这天，郑氏翻开书，左挑一个字嫌不好，右拣一个字嫌太俗，挑来拣去，很长时间都没有选定一个合意的学名。韩愈站在一旁观看，见嫂嫂为他起名作难，便问：“嫂嫂，你要给我起个什么名呢？”郑氏道：“你大哥名会，二弟名介，会、介都是‘人’字作头，象征他们都要做人群之首，会乃聚集，介乃耿直，其含义都很不错；三弟的学名，也须找个‘人’字作头，含义更要讲究的才好。”韩愈听后，立即说：“嫂嫂，你不必再翻字书了，这‘人’字作头的‘愈’字最佳了，我就叫韩愈好了。”郑氏一听，忙将字书合上，问弟弟道：“‘愈’字有何佳意？”韩愈道：“愈，超越也。我长大以后，一定要做一番大事，前超古人，后无来者，决不当平庸之辈。”嫂嫂听后，拍手叫绝：“好！好！你真会起名，好一个‘愈’字！”

韩愈怎么会给自己起出一个这样又美又雅的名呢？原来他自幼聪慧，饱读经书，从三岁起就开始识文，每日可记数千言，不到七岁，就读完了诸子之著。那超凡的天赋和文化素养，使他早早就抱定了远大志向，这个“愈”字，正是他少年胸怀的表露。

【掩卷沉思】

一个人，学问和品行的精疏成败，关键在于是“勤”还是“嬉”，是“思”还是“随”；如果要想取得学业上的精进和成功，就必须做到“勤”和“思”。

在历代成语和警世格言中，“勤”字随处可见。如勤能补拙、勤则不匮，“修业勤为贵，行文意必高”“知识无涯须勤学，青春有限贵惜阴”“术业宜从勤学起，韶华不为少年留”，等等。这些名言警句都说明一个道理，古今之成就大业者，都离不开勤奋，这是“业精于勤”的佐证。

“勤”与“嬉”的人生选择是与“思”分不开的。这里的思，有深思熟虑的意思，还有自我反省的意思。要取得人生成功，就应该三思而后行。完成思的过程，也是一个学习的过程，调查研究的过程，分析选择的过程。人们每走一步，都应该认真思考，有所选择，不能随波逐流，游戏人生。

“骐骥一跃，不能十步，驽马十驾，功在不舍”。只要选择了正确的人生道路，又能够勤奋努力，锲而不舍，离成功就不会太远了。

第五章 处世的要诀

现代社会人与人的关系可以说更近了，也可以说更远了，但无论如何，人际关系是每一个人必须面对的问题。面对自己亲近的人，该掌握什么样的原则？当遇到不公正的待遇时，该如何处理？……学习与他人相处，是我们由自我走向社会的重要方面，是人生旅程不可避免的部分，这也是一个由不成熟走向成熟的过程。每个人都必然经历，但并不是一朝一夕能达到的。孔子说：“吾十有五而志于学，三十而立，四十而不惑，五十而知天命，六十而耳顺，七十从心所欲不逾矩。”说的就是这个过程。

“智圆行方”被古人当做境界极高的人生处世道德和智慧。黄炎培给儿子写道：“和若春风，肃若秋霜；取象于钱，外圆内方。”意思是说处世要像铜钱，外圆内方，善待他人，宽容妥协，同时坚持自己的原则。人生在世，运用好“方圆”之理，弄清楚自己的“方圆”之道，那么无论是趋进，还是退止，都能泰然自若，不为世人的眼光和评论所左右。

礼之用，和为贵

【经典回顾】

有子曰："礼[1]之用，和[2]为贵。先王之道[3]斯[4]为美。小大[5]由[6]之，有所不行[7]。知和而和，不以礼节[8]之，亦不可行也。"

——《论语·学而》

注释

[1] 礼：在春秋时代，"礼"泛指奴隶社会的典章制度和道德规范。孔子的"礼"，既指"周礼"，礼节、仪式，也指人们的道德规范。

[2] 和：调和，和谐，协调。

[3] 先王之道：指尧、舜、禹、汤、文、武、周公等古代帝王的治世之道。

[4] 斯：这、此等意。这里指礼，也指和。

[5] 小大：大事小事。

[6] 由：按照，遵照。

[7] 不行：行不通，不能成功。

[8] 节：节制。

今译

有子说："礼的应用，以和谐为贵。古代君主的治国方法，宝贵的地方就在这里。但不论大事小事只顾按和谐的办法去做，有的时候就行不通。（这是因为）为和谐而和谐，不以礼来节制和谐，也是不可行的。"

【亲近经典】

"礼之用，和为贵。先王之道，斯为美。"这一句总说"礼"与"和"二者之间的关系，即礼的运用，以和谐为贵，先王治国之道的精华和美妙之处就在于此。在正面论述"礼之用，和为贵"的道理之后，有子又从反面告诉我们"礼"与"和"二者不可偏废，"小大由之，有所不行"，如果不论大事小事都用礼去规范而不注意和谐，有的时候就行不通。礼以亲疏贵贱等级差别为特征，古人云"礼胜则离"，太多地注重"礼"而忽视和谐，人与人之间就会疏远、离心，有些事情可能就无法办好。反之，"知和而和，不以礼节之，亦不可行也"，如果为和谐而和谐，不以礼来节制，过分强调和谐而忽视原则性，人与人之间就会变得庸俗而没有规矩，也是不可行的。

本章有子短短的两句话，可以说是汉武独尊儒术以来中国古代政治的核心秘籍。制度化的"礼"与精神性的"和"，两者刚柔相济，不可或缺。

【故事链接】

隔膜其实并不存在

有一家老式旅馆，餐厅很窄小，里面只有一张餐桌，所有就餐的客人都坐在一起，彼此陌生，都觉得不知所措。

突然，一位先生拿起放在面前的盐罐，微笑着递给右边的女士："我觉得青豆有点淡，您或者您右边的客人需要盐吗?"女士愣了一下，但马上露出笑容，向他轻声道谢。她给自己的青豆加完盐后，便把盐罐传给了下一位客人。不知什么时候，胡椒罐和糖罐也加入了"公关"行列，餐厅里的气氛渐渐活跃起来，饭还没吃完，全桌人已经像朋友一样谈笑风生了，他们中间的冰被一只盐罐轻而易举地打破了。

第二天分手的时候，他们热情地互相道别，这时，有人说："其实昨天的青豆一点也不淡。"大家会心地笑了。

有人曾慨叹人与人之间的隔膜太厚，其实这隔膜很脆弱，有时候，一个微笑、一句问候，就会化解这层隔膜。

（作者王悦，载于《故事会》，2007 年第 13 期；有删改）

【掩卷沉思】

"和为贵，忍为高""与人为善""仁者爱人""不与邻为壑""四海之内皆兄弟""己所不欲，勿施于人"等等，这些信条千百年来铸就了中华民族热爱和平、追求和谐的民族性格。林语堂在《中国人》一书中，分析了中国人的和平主义、豁达大度和老成温厚的文化，他指出："宽容是中国文化最伟大的品质，它也将成为成熟后的世界文化的最伟大的品质。"

不患人之不己知，患不知人也

【经典回顾】

子曰："不患[1]人之不己知[2]，患不知人也。"

——《论语·学而》

注释

[1] 患：忧虑，怕。

[2] 己知：即"知己"，了解自己。

今译

孔子说："不怕别人不了解自己，只怕自己不了解别人。"

【亲近经典】

这是《学而》这一篇的精神所系。孔子曾说过"人不知而不愠，不亦君子乎"，别人对我不了解、不理解，我并不生气，那是因为“不患人之不己知，患不知人也”。不要怕人家不了解自己，最重要的是我们是否了解别人。不了解别人，则不知道别人的是非邪正，不能亲近好人，远离坏人，这倒是值得忧虑的。只有了解了别人，才能知人，也只有知人，才能善用、善任，所以叫知人善任、知人善用。这句话也包含了一个潜台词：在了解别人的过程中，也使别人了解自己。

【故事链接】

刘邦的知人善任

楚汉相争八年，刘邦面对的是兵力比他强大得多的对手项羽，然而他能多次逢凶化吉，死里逃生，直到最后在全局上取得优势，战胜项羽一统国家，建立西汉王朝，这和刘邦能知人善任，而且“疑而不用，用而不疑”的用人方略有直接的关系。

刘邦在总结自己成功的经验时说，出谋划策，运筹帷幄，我不如张良；治理国家、安抚百姓，管理粮饷，我不如萧何；统兵打仗，攻城夺池，我不如韩信。这三人都是当代的人中之杰，我能用他们，这就是我所以能得天下的原因。项羽只有一个范增却不能用，这就是项羽失败的原因。

刘邦的知人善任，不仅在生前有所体现，就连死后也能应验。刘邦临死之前，吕后问其后事。刘邦向吕后推荐了曹参、陈平、周勃、王陵等人可继相国治理国家，而且一一分析了这些人的优缺点。刘邦死后，吕氏把持大权，企图吞并刘氏江山。正是刘邦生前所指定的这些人后来帮助刘氏宗亲灭掉了吕氏，重新夺回政权。

【掩卷沉思】

“试玉要烧三日满，辨才需待七年期”，是形容知人之难。

“知人”是一门艺术和学问。知人难，难在不易尽知。自己认为是好的人未必都是好，众人都说其坏的，未必都是全恶。

如果识人者仅按自己的好恶去判断人，就容易造成用人的失当，让一些善于迎合的人，会吹吹拍拍的人，投机取巧、制造假象的人有机可乘。如果这只是个人之间的私下关系，危害还不算大，顶多是个人看走了眼，受点损失而已。如果是领导者选人用人，那危害就大了。

古往今来，在选人用人方法上出现失误的事例很多。如历史上的诸葛亮，就曾错用过马谡，招致街亭之失；由于他不知人，该大胆使用的魏延反被猜疑，最终导致“蜀中无大将，廖化为先锋”的可悲后果。在三国中，蜀国最早灭亡，恐怕不是偶然的原因。

“知人”虽难，但并非人不可知，“知人”，要有原则，不以利己阅人。往往上当受骗的许多情况都出于一己之私。“知人”要“听其言观其行”，善于观察、分析、比较，以史为鉴，以人为鉴，不被表面现象所迷惑，就可“知人”而不致“误识”，就可以达到大哲大慧的高境界。

视其所以，观其所由，察其所安

【经典回顾】

子曰："视其所以[1]，观其所由[2]，察其所安[3]，人焉廋[4]哉？人焉廋哉？"

——《论语·为政》

注释

［1］所以：所做的事情。

［2］所由：所走过的道路，指为达到某种目的而采用的方式方法。

［3］所安：所安的心境。

［4］廋：音 sōu，隐藏，藏匿。

今译

孔子说："（要了解一个人），应看他言行的动机，观察他所采用的方法，考察他安心于做什么，（这样去了解一个人），这个人怎样能隐藏得了呢？这个人怎样能隐藏得了呢？"

【亲近经典】

孔子在经历了"以言取人，失之宰予；以貌取人，失之子羽"的教训后，逐渐总结出一套独特的知人方法。孔子的知人方法主要有两个：一是"听其言而观其行"；二是"视其所以，观其所由，察其所安"。

"视其所以"是考察行为的动机；"观其所由"是考察行为的途径；"察其所安"则是观察其平时的所作所为。一步一步地对人进行全面和完整的考察。

"视其所以"是注重对人道德的考察。人的各种行为，必有其用意。"所以"就是用以引发行为的动机，动机有正有邪。动机纯正者，其人必富于仁德；而动机邪恶者，必是寡德之人。

"观其所由"则是考察人是否正义及处事能力。纯正的动机，必须辅以适当的手段才能得到善果。如果一个人不能以正确的手段去达到目的，必定是个没有道义之人。同时，通过一个人做事时的所作所为，也可以清楚地看出一个人的才干和能力。

"察其所安"是指要考察其习惯和言行。人的善恶贤愚，不能仅凭少数行为迅速论定，应在考察其行为、动机、手段及结果之后，再进一步对其进行长期细微的各方面考察，这样，其人格就无所遁形了。

【故事链接】

教育，从倾听开始

美国知名主持人林克莱特问一名小朋友："你长大后想要当什么呀？"

小朋友天真地回答："我要当飞机驾驶员！"

林克莱特接着问："如果有一天，你的飞机飞到太平洋上空所有引擎都熄火了，你会怎么办?”

小朋友想了想说:“我会先告诉坐在飞机上的人绑好安全带,然后我挂上我的降落伞跳出去。”

当现场的观众笑得东倒西歪时,林克莱特继续注视这孩子,想看看他是不是自作聪明的家伙。没想到,接着孩子的两行热泪夺眶而出。孩子的悲悯之情使得林克莱特觉得他还有更深层的意思没有表达,于是林克莱特接着问他说:“为什么要这么做?”

小孩的答案透露出一个孩子真挚的想法:“我要去拿燃料,我还要回来!”

林克莱特如果在没有问完之前就按自己设想的那样来判断,那么,他可能就认为这个孩子是个自以为是、没有责任感的家伙。但孩子的眼泪使他继续问了下去,也才使人们看到了这是一个勇敢的、有责任心和悲悯之情的小男孩。

(作者秦志强、陈明华,载于《中小学教师培训》,2003年第3期;有删改)

【掩卷沉思】

中国人爱讲“察言观色”,对人的观察依靠综合直觉。不过,一个人的语言和伪装的神态会掩盖他的内心本质,特别是那些巧言令色者,因此有人说“闪闪发亮的东西不一定都是金子”,然而一个人的实际行动却不会为他的为人撒谎。由迹观心,由事窥意,方可识人。这一识人术在任何时代都适用。

近代湘学创始人、清朝中兴名臣曾国藩,是一位知人、爱才的人,其门下培养出一大批文武人才。他曾经花费大量笔墨,论述人才层次、特征、考察方法等,特别是他的“知人八法”:从表情考察内心世界、从表面特征判断人的声望、观其敬爱识其前途、从缺点反观优点、从聪明看成就等。同时他还指出“知人”过程中常见的错误,诸如,以己观人、只凭第一印象、只凭个人好恶、只凭志向、重早慧轻晚成、只凭地位财势等等,如此透过现象观本质,比孔子的识人之法更具操作性。

观人的原则,也可以用来观察反省自己。对近日所为细细思考一番,所做的到底为什么?理由是什么?是如何做的?怀着何种动机与情绪做?是真正想做的事吗?是真正该做的事吗?既成事实之后心安与否?有否将所言所行诉诸苍天鬼神、公告于大众的勇气?用这样的原则来反省,即可知耻知义,做人的品格就有了一层道德的保障。人若是不明道理,有时给自己的理由不过是敷衍,嘴上说的不过是谎言,连自己的心都欺骗过去,最后稀里糊涂地过了一生。

不患无位,患所以立

【经典回顾】

子曰:“不患无位[1],患所以立[2];不患莫己知,求为[3]可知[4]也。”

——《论语·里仁》

注释

[1] 位：职位，官位。

[2] 所以立：赖以站得住脚的东西，指本领和才能。

[3] 为：成为。

[4] 可知：有真才实学值得为人们知道的人。

今译

孔子说："不担忧没有官位，而担忧自己赖什么以站得住脚。不担忧没有人知道自己，只求自己成为有真才实学值得为人们所知的人。"

【亲近经典】

这是孔子对自己和自己的学生经常谈论的问题，是他对立身处世的基本态度。孔子并非不想成名成家，并非不想身居要职，他认为必须立足于自身的学问、修养、才能，方可赖以成名成家或身居要职。这种思路是可取的。

【故事链接】

买土豆的故事

约翰和哈里两个年轻人，同时进入一家蔬菜贸易公司。三个月后，哈里很不高兴地走到总经理的办公室，向总经理抱怨说："我和约翰同时来到公司，现在约翰的薪水已经增加了一倍，职位也升到了部门主管。而我每天勤勤恳恳地工作，从来没有迟到、早退，对上司交代的任务也总是按时地完成，从来没有拖沓过，可是我的薪水一点没有增加，职位依然是公司的普通职员。"

总经理没有马上回答哈里的问题，而是意味深长地对他说："这样吧，公司现在打算预订一批土豆，你先去看一下哪里有卖的，回来我再回答你的问题。"

于是，哈里走出总经理办公室，找卖土豆的蔬菜市场去了。

半小时后，哈里急乎乎地来到总经理办公室，向总经理汇报："20公里外的集农蔬菜批发中心有土豆卖。"总经理问："一共有几家卖土豆的？"哈里挠了挠头说："我刚才只是看到有卖的，没有留意有几家，你等一会儿，我再去看一下。"说完又急乎乎跑出去。

20分钟后，哈里喘着气跑回总经理办公室汇报，"报告总经理！一共有三家卖土豆的。"总经理问："土豆的价钱是多少？三家的价格都一样吗？"哈里愣住了，挠了挠头说："总经理，你再等一会儿，我去问一下价格。"说完，又要往外跑。这时，总经理叫住他："你不用再去了，你去帮我把约翰叫来吧。"三分钟后，约翰和哈里一起进了总经理办公室，总经理先对哈里说："你先坐下来休息一下吧。"然后对约翰说："公司现在打算预订一批土豆，你去看一下哪里有卖的。"

40分钟后，约翰回来向总经理汇报："在20公里外的集农蔬菜批发中心有三家卖土豆的，其中两家是0．9美元一斤，但一个老头的只卖0．8美元一斤。我看了一下他们的土豆，发现老头的最便宜，而且质量最好，因为他是自己农场种植的。如果我们需求量大，价格还可以优惠，并且他有货车，可以免费送货。我已经把老头带回来，就在公司大门外等着，要不要让他进来具体谈一下？”

总经理说：“暂时不用了，你让他先回去吧。”于是约翰就出去了。

这时，总经理才对看着目瞪口呆的哈里说：“你都看到了吧！如果你是总经理，你会给谁加薪晋职呢？”哈里惭愧地低下了头。

（作者吕进，载于《中国市场》，2009年第3期）

【掩卷沉思】

孔子的“不患无位，患所以立，不患莫己知，求为可知也”，意思就是告诫我们，在机遇和理想面前，人应该忧虑是自己没有能够胜任的才能。如果我们能够认识到这一点，那么不论在学校里，还是在社会上，通过自我的提升，就一定能够争取到自己想要的机会和位置，去展现自己的才能。

患所以立，我们应该立什么？

立勤学善用。时时刻刻去接受新知识新方法，才能紧跟社会发展的步伐，使自己处于不败之地。同时，勤学不是机械地人云亦云，努力把书本上的、生活中经历的，老师教诲的、同学的经验，变成自己的东西，迅速落实到日常生活学习中去，才是正确的学习方法。

立高尚品德。“精神”可以是责任感、事业心、良好道德操守等等。一个没有“精神”的人，是无法与别人竞争并取得成功的。

立团结协作。泰戈尔说过，唯有具备强烈的合作精神的人，才能生存，创造文明。一个优秀的团队，能打败任何优秀的个人。重剑无锋，优秀的个人往往如此。

不患无位，患所以立，立的是我们全面的人生，立的是我们的综合素养，立的是我们能够担当和胜任的能力，一个人无所以立的时候，哪怕给他职位，给他机会，也是做不了的。

每个人在面对前方人生目标的时候，首先要做的就是——需要时间和耐性去完成自己的积累。

君子喻于义，小人喻于利

【经典回顾】

子曰：“君子喻[1]于义，小人喻于利[2]。”

——《论语·里仁》

注释

[1] 喻：了解，明白，这里指看重。

[2] 利：私利。

今译

孔子说："君子看重义气，而小人只看重利益。"

【亲近经典】

"君子喻于义，小人喻于利"是孔子学说中对后世影响较大的一句话。这句话中，孔子明确提出了义利问题。

"义"就是行为准则，就是作为一个人应该遵循的行为和生活准则。在孔子看来，行为符合"义"是为人处世的根本。他曾经说过这样一段话："君子对待天下的事情，没有固定的方式，也没有固定的模式，只求符合于义。"

"利"是利益，客观地说，天下无人不喜欢这个"利"字，正如司马迁在《史记·货殖列传》中所说："天下熙熙，皆为利来；天下攘攘，皆为利往。"

在孔子的思想中，"义"和"利"并非是冲突的，而是在面对利益时，首先要考虑眼前的"利"是否符合"义"，如果是符合"义"的，尽管获取好了；如果是违背"义"的，则应该毫不犹豫地拒绝。

孔子曾说过这样一句话："饭疏食饮水，曲肱而枕之，乐亦在其中矣。不义而富且贵，于我如浮云。"意思是说，吃粗粮，喝冷水，弯着胳膊做枕头，也是乐在其中的。那些不义之财，在我看来就好像浮云一样。哪怕是吃粗粮，喝冷水，弯着胳膊当枕头，也对"不义的富与贵"不屑一顾，这便是守"义"的态度。

【故事链接】

管宁割席

东汉管宁和华歆年轻的时候是好朋友，两人经常一起读书，交往甚密。后来通过几件事，管宁看出了华歆的人品低下，便和他绝交了。

原来，有一次，他们两人在菜园里松土锄草，锄着锄着，突然从泥土里锄出一块黄金。管宁目不斜视，把黄金当作瓦片石块一般，照常挥锄不止；华歆却动了心，拾起来看了看，才把它扔在一边。又有一次，管宁和华歆坐在炕席上读书。突然，从外面传来一阵鼓乐之声。原来是一位权贵乘坐着漂亮的马车从门前经过。管宁好像没听见鼓乐声一样，仍旧专心读书；华歆却扔掉书本，羡慕地跑到外面观看去了。

通过这几件事，管宁发现华歆是一个权力欲和金钱欲很大的人，和自己的处世态度与道德观念完全不同，缺少作为好朋友的共同理想基础。于是，当华歆在权贵走远后返回书房时，管宁就用刀子把炕席割开，郑重地对华歆说："子非吾友也。"断绝了他们之间的友谊。

到后来，华歆果然热衷于追逐名利，成了曹丕手下的鹰犬；管宁则成了有名的学者，一直过着隐居生活。曹丕几次请他出来做官，都被他辞绝了。

（出自《世说新语》）

【掩卷沉思】

回首千载，巍巍青山之下，粼粼水波之上，庄子席地而坐，持竿垂钓，他的身后，两个衣冠楚楚的士大夫正手捧着楚国的相印，等待着庄子的答复。楚国的丞相，是多少人梦寐以求的高官显位。然而，庄子依然持竿不顾。因为他知道：楚王，一个穷兵黩武的国君，一个志在扫荡诸侯、一匡天下的“王”，怎么会让自己那“小国寡民”“民安国富”的追求得以实现呢？出仕意味着锦衣玉食，荣华富贵；但是，同时也意味着放弃了自己的道德准则，放弃了自己的理想而去给鱼肉百姓的暴君充当狗头军师，成为他们的帮凶。于是，庄子收起渔竿，走向更深处的山林，让楚王良久地思索着他的话：“往矣，吾将曳尾于途。”或许，庄子也想追求功名利禄，但是他对“义”的坚守让他放弃了富贵，放弃了权势，终老于贫困之中。

明清时代，商业日趋繁荣，晋商崛起。他们的足迹曾遍布全国。他们富可敌国，历经数百年而不衰。一切成就都源自他们的经商准则：坚守诚信。“不义而富且贵，于我如浮云”，孔子的古训指引着他们用“诚信”经商，坚守自己的道义，并取得了辉煌的成就。

己欲立而立人，己欲达而达人

【经典回顾】

子贡曰：“如有博施于民而能济众[1]，何如？可谓仁乎？”子曰：“何事[2]于仁？必也圣乎！尧舜[3]其犹病诸[4]！夫[5]仁者，己欲立而立人，己欲达而达人。能近取譬[6]，可谓仁之方也已。”

——《论语·雍也》

注释

[1] 众：众人。

[2] 何事：何止。

[3] 尧舜：传说中上古时代的两位帝王，也是孔子心目中的榜样。儒家认为是“圣人”。

[4] 病诸：病，担忧。诸，“之于”的合音。

[5] 夫：句首发语词。

[6] 能近取譬：能够就自身打比方，即推己及人的意思。

今译

子贡说：“假若有一个人，他能给老百姓很多好处又能周济大众，怎么样？可以算是仁者了吗？”孔子说：“岂止是仁者，简直是圣人了！就连尧、舜尚且难以做到呢。仁者，就是要想自己站得住，也要帮助人家一同站得住；要想自己过得好，也要帮助人家一同过得好。凡事能就近以自己作比，而推己及人，可以说就是成为仁者的方法了。”

【亲近经典】

“己欲立而立人，己欲达而达人”是孔子的一个重要思想，也是实行“仁”的重要原则。

“己欲立而立人，己欲达而达人”和“己所不欲，勿施于人”是儒家为人处世准则的两个方面，前句是从“欲”的角度来讲，后句是从“不欲”的角度来讲，这两个方面不存在感情色彩的问题，更不存在对立，而是有机地统一在一起，完整组成了儒家道德准则一个方面。

【故事链接】

仁爱比聪明更难做到

全球最大的网上书店亚马逊公司的总裁杰夫·贝索斯小时候，经常在暑假随祖父母一起开车外出旅游。

10岁那年，贝索斯又随祖父母外出旅游。旅游途中，他看到一条反对吸烟的广告上说，吸烟者每吸一口烟，他的寿命便缩短两分钟。正好贝索斯的祖母也吸烟，而且有着30年的烟龄。于是，贝索斯便自作聪明地开始计算祖母吸烟的次数。计算的结果是：祖母的寿命将因吸烟而缩短16年。当他得意地把这个结果告诉祖母时，祖母伤心地放声大哭起来。

祖父见状，便把贝索斯叫下车，然后拍着他的肩膀说：“孩子，总有一天你会明白，仁爱比聪明更难做到。”祖父的这句话令贝索斯终身难忘。从那以后，他一直都按照祖父的教诲做人。

（作者赵凡，《让孩子聪明做人成熟处事》，新世界出版社2008年版）

【掩卷沉思】

“己欲立而立人，己欲达而达人”，这句话是儒家道德修养中用于处理人际关系的重要原则，人与人交往要相互尊重，“将心比心”，“设身处地为别人着想”，以达到推己及人的目的。

在这个世界上，个人的力量总是单薄的，一个人无力去解决生活中的所有问题。任何一个人都离不开他人的帮助。常言：“一个篱笆三个桩，一个好汉也要三个帮。”看到别人因自己的帮助而摆脱困境，看到别人因自己的帮助而振作精神，也会给我们自己带来力量和信心。

从另一个角度来说，别人的成功也会给自己带来更多的启迪、激励和鞭策。要学会把别人的成就作为自己奋发进取的动力，把别人的经验作为自己走向成功的阶梯。这既是一种健康的思维方式，也是一种很高的思想境界。

在班级里，在学校里，同学之间既有竞争，也有合作。我们每个人身上既有长处也有短处，既有优点也有缺点，然而通过合作、通过互相帮助能够达到优势互补。人生路途遥远，帮助别人就是善待自己。成就别人就是成就自己，这才是人与人之间的和谐关系。

四海之内，皆兄弟也

【经典回顾】

司马牛忧[1]曰："人皆有兄弟，我独亡[2]。"

子夏曰："商[3]闻之矣：死生有命[4]，富贵在天。君子敬[5]而无失[6]，与人恭而有礼，四海之内皆兄弟也。君子何患[7]乎无兄弟也？"

——《论语·颜渊》

注释

[1] 忧：忧愁。

[2] 亡：没有。

[3] 商：即子夏，姓卜，名商，古人自称时一般称名。

[4] 命：命运。

[5] 敬：尊敬，严肃认真。

[6] 失：过失。

[7] 患：担心。

今译

司马牛忧愁地说："别人都有兄弟，唯独我没有。"子夏说："我听说过：'死生有命，富贵在天。'君子只要对所做的事情严肃认真，不出差错，对人恭敬而合乎于礼，那么，天下人就都是自己的兄弟了。君子何愁没有兄弟呢？"

【亲近经典】

"死生有命，富贵在天""四海之内皆兄弟也"如今已带有点"江湖"味道。但在《论语》中"死生有命，富贵在天"，是指要明白人生的限制与命运。不论得意失意，往往无法强求，大家各尽其力，成败归诸天命，对生死亦只能随顺，否则难免自寻烦恼。明白此一道理，心胸自然开阔，不再计较人我之间的小利小害。"四海之内皆兄弟也"，何不把大家当成兄弟？别人成功，我们与有荣焉；我们成功，不妨一起分享。

光靠明白道理是不够的，还需要相称的行动配合。这就是"敬"与"恭"。敬是自我要求，以谨慎的态度与合宜的规范来约束自己。恭是待人的礼仪，由于尊重别人而表现虔诚的心意。做到这两点，则人际关系必然和谐。

【故事链接】

如果爱心串成链

有一对夫妇，两个孩子都患有先天性的严重眼疾。为了攒钱给两个孩子治眼疾，一家四口不得不背井离乡来到大城市，以拾荒为生。

两个孩子睁着灰蒙蒙的眼睛，坐在蝇虫乱飞的垃圾堆里——这里既是他们的食堂，又是他们的游乐场，从垃圾堆里翻拣出来的吃剩的食物、残损的玩具和破旧的衣服，能给他们带来暂时的满足和快乐。

拾荒家庭的生活因为一位名叫苗娣的女人的出现而改变，她是当地铜管乐队的队长。当了解到这一家的情况后，苗娣找了很多家医院联系给孩子治眼睛的事，却都因为手术难度大、费用高、路途遥远等原因未能如愿。后来一个偶然的机会，苗娣联系上一家著名的眼科医院，院长叶大夫在了解了全部情况后决定免费给孩子做手术。揭开纱布的瞬间，孩子的视野里出现了叶大夫温和的笑容和父母泪水纵横的脸。“摸摸我的鼻子？摸摸我的耳朵？”孩子按照叶大夫的话准确地摸着叶大夫的鼻子和耳朵，小小的脸庞上写满了新奇和快乐，在场的所有人无不动容。

拾荒的夫妇激动地要给叶大夫下跪，叶大夫只是说了句：“你们不用感谢我，如果要报答，等将来出息了，多做好事，就行了。”

故事到了这里本来应该结束了，可是拾荒的夫妇却在不久后做出一件令所有人惊叹的事。

一天，夫妇俩看到路边坐着个乞丐模样的女人。原来她是个离家出走的精神病患者，已经在街上流浪了好几天，也曾经有人把她送到收容乞丐的救助站，但由于某些原因，她只能再次回到大街上自生自灭。

拾荒的夫妇虽然完全不知道疯女人的来历，但无论如何也不能看着她在大街上受罪挨饿。他们给疯女人买来了从未给自己和孩子买过的面包和矿泉水，并把这个浑身异味的女人带回了自己租来的简陋住处，给她弄吃的，腾地方睡觉。

第二天夫妇俩把这件事告诉了拾荒的同伴，同伴又告诉了别的穷朋友，慢慢的，这个城市里沿街乞讨和翻捡垃圾的人们都知道了有个走失的疯女人找不到自己的家，他们用自己的方式开始帮着寻访。“你们知道谁家有走丢了的女病人吗？”他们在跪在地上乞讨时抬起眼睛询问，在街巷中边游走边向人们瑟缩地伸手时询问，在遇到倾倒垃圾的人们时也鼓起勇气询问……最终在二十多天后，疯女人的家属找到了失散多日的亲人。

从铜管乐队的苗娣到医院的叶大夫，到拾荒者夫妇和最后的乞丐大军，一颗颗爱心串成一条坚固绵长的链，善良在这链条上温暖有力地延伸着，由黑暗链接光明，将分离变为团聚，向绝望传递希望。

（作者“自在娇莺”，载于搜狐焦点网，2006 年 6 月 6 日）

【掩卷沉思】

《论语》所倡导的价值观，就是人首先要能够正确面对人生的遗憾。当你面对一件想不通的事情的时候，怎么样避免最大的伤害呢？就是不要纠缠在里面，一遍一遍地问：为什么偏偏这个倒霉事就落在我头上呢？化解遗憾的第一步是认可这遗憾的存在，就是在最短的时间内，把这件事接受下来；第二步是尽可能地用自己可以做的事情去弥补这个遗憾。子夏在这里发挥了孔子关于君子“不怨天，不尤人”“为仁由己”的思想。对生死等一些个人能力所不能及的事情，要顺其自然，不必牵挂在心。需要关注的是自己在为人处事的一系列事情当中是否“敬而无失”“恭而有礼”。

“敬而无失”，敬，不仅是事情成功的保证，也是责任心的一种表现，有责任心的人才能得到别人的信任。“恭而有礼”，孔子说“恭则不辱，宽则得众”，尊重别人的同时，也将自己内心的端庄、正直展现出来，这样的人自然会赢得别人的尊重。一个能得到别人信任和尊重的人，无论走到哪里，无论做什么事情都会得到别人的支持和帮助。

君子成人之美，不成人之恶

【经典回顾】

子曰：“君子成人之美[1]，不成人之恶[2]。小人反是。”

——《论语·颜渊》

注释

[1] 美：好的事情。

[2] 恶：坏的事情。

今译

孔子说：“君子成全别人的好事，而不帮助别人做坏事。小人则相反。”

【亲近经典】

儒家以“仁爱”为中心，助人为乐当然是儒家所奉行的。

“君子成人之美，不成人之恶。小人反是。”孔夫子提倡助人为乐，并称之为君子之行，但是助人为乐也应该讲究原则。

孔子的“不愤不启，不悱不发”里面也包含着这样的含义。孔子说：“教导学生，不到他想弄明白而不得的时候，不去开导他；不到他想出来却说不出来的时候，不去启发他。”看来被“帮助”的前提是“需要”，“雪中送炭”是孔子提倡的助人之道。

【故事链接】

孔子的周急不济富

孔子的学生子华，即公西赤被派往齐国做大使，冉有就来请求孔子给公西赤的母亲拨一点给养。孔子说，那就给六斗四升谷米吧！冉有觉得太少，就请求再增加一点。孔子说，那就给十六斗谷米吧！冉有觉得还不够，大概认为老师有些过于吝啬吧，就擅自做主又多给了公西赤的母亲一些谷米。孔子知道后，批评了冉有。

原宪在给孔家当总管时，孔子给他的俸禄是“粟九百”。原宪可能感觉给的太多了，就推辞不要，孔子却对他说：“你不必推辞，如果你用不完，就将多的送给你的街坊邻居吧。”

为什么同为弟子，孔子在“俸禄”这件事上却是两种截然不同的做法呢？是孔子偏爱原宪而厌恶公西赤吗？当然不是。原因就在于公西赤出使齐国，国君给他的俸禄和待遇是相当丰厚的，“乘肥马，衣轻裘”，即乘坐的是肥马驾的车子，穿着是又暖和又轻便的皮袍，相当风光。这说明，他不仅个人薪水丰厚，而且家境也一定富有。在这种情况下，给他母亲再多的给养，无非是锦上添花，“面子”活儿，没有多大意义。而原宪就不一样，他家境贫寒，又没有国家的俸禄，所以，孔子就把他当总管的待遇提得很高，表面是薪水，实质是接济。这就是孔子告诉了冉有“君子周急不济富”的道理。

【掩卷沉思】

在这个物欲横流的世界，竞争十分激烈甚至残酷，一些人为了追逐名利，可以不择手段，肆意侮辱他人，肆意攻击他人，导致人与人之间缺失了本应有的互信、互爱与互助，也使得整个社会出现了那种不为恶、不设陷阱就已经难能可贵的怪现象。其实，人不能只是为了竞争而竞争，对于我们来说，有些竞争是必需的，也有些竞争是完全可以放弃的，而竞争的手段与行为更应该是正当的。也许今天你成全了他人，说不定明天就会得到别人的支持。传颂中的管鲍之交，就是令人向往的成全他人的风范。

在春秋乱世，管仲和鲍叔牙共同经商。管仲因为家庭贫困，鲍叔牙就多分些财物给他，从不计较。也不因为管仲当过逃兵而取笑他，鲍叔牙理解管仲这样做是因为高堂老母需要赡养。管仲深为感动，他说“生我者父母，知我者鲍子也”。管鲍之交成为千古美谈。

与人为善、成人之美是一种气度、一种胸怀、一种君子风范。孔子正是希望这种风范能够成为每个人的自觉追求，从而感召所有人，构建他理想中的大同世界！古人尚且如此，今人缘何不多学学呢？

以文会友，以友辅仁

【经典回顾】

曾子曰：“君子以文[1]会友[2]，以友辅仁[3]。”

——《论语·颜渊》

注释

[1] 文：文章学问。

[2] 会友：结交朋友。

[3] 辅仁：培养仁德。

今译

曾子说：“君子以文章学问来结交朋友，依靠朋友帮助自己培养仁德。”

【亲近经典】

朋友是人类社会生活中的一种基本人际关系。所谓近朱者赤，近墨者黑，朋友的素质品行，往往相互形成重要的影响。曾子说："君子以文会友，以友辅仁。"这反映了儒家的交友观，主张以文会友，志趣相同，互相促进，共同进步。

孔子很喜欢交朋友，说："有朋自远方来，不亦乐乎？"他把社会的人际关系分为五种，朋友为其中之一，并指出朋友就是志同道合的人。孔子把儒家的仁义作为结交朋友的价值标准，注重对方的品德修养与价值取向，云"谋道不谋食"，提倡通过学问、修养来增进友情。这样既可以通过学习朋友的贤德来提高个人道德修养，又可以与朋友一起研习仁德之道，扩大儒家仁义学说的影响，如"居是邦也，事其大夫之贤者，友其士之仁者"，相互辅助，以利于仁道的推行。

曾子提出的"以文会友，以友辅仁"是对孔子交友思想的继承。曾子这句话也启示我们，要有正确的择友观。我们要以共同的志趣和价值观为标准，结交品行正直、思想纯洁、有学识、有品位的朋友，互相磨砺，共同进步。

【故事链接】

友情无需鉴定

他是个收藏爱好者，大大小小的物件已经收藏了上百件，其中他最喜欢的是一个瓷碗，貌似年代久远的青花瓷，小巧精致，是他十几年前出差时在一个老城的古玩市场淘来的。

因情趣相投，他和一个年纪相仿的男人成为莫逆之交。朋友也收藏了一个瓷瓶，也是无意中淘来的。那瓷瓶，形若美貌女子般窈窕，瓷质细腻，清澈通透，深得朋友喜爱。

一次，两人无意中聊起心爱的物件，说得兴起，都忍不住想要去观赏对方的爱物。于是他带着心爱的瓷碗去了朋友家。在朋友家里，他看到了朋友的漂亮瓷瓶。许是收藏人共同的眼光，对彼此心爱的物件，他俩也都爱不释手。

这时，朋友忽然半开玩笑地提议，干脆咱俩把这瓷瓶交换一下吧？咱们遇见，它们遇见，都是缘分呢。两人的想法不谋而合，于是就交换珍藏了对方的心爱之物。

没想到半年后，央视"鉴宝"栏目走进了他们所在的城市，很多收藏爱好者蜂拥至电视台对藏品进行鉴定。家人和朋友都劝他去鉴定一下那个和朋友交换的瓷瓶。妻子在旁边嘟哝他："干吗不去找专家鉴定一下呢？没准儿，他会去呢。到底是交换来的，谁知道是真的还是假的……"他一直沉默着，不管别人怎么劝都没有点头。

很快，电视转播了那期鉴宝实况，但直到节目结束，他都没有看到朋友出现。

他的心在那一刻有一种轻松的、温暖的释然。他知道，朋友的想法一定和他一样。事实上，他真的很想去参加这次难得的鉴宝活动。可他想，如果那个瓷瓶真是宝贝，必定价值连城。但两人交换了，再珍贵，朋友也不会索回，可在朋友心里，必定会有不舍和惋惜；如果那个瓷瓶是个普通工艺品，他和朋友也难免会非常失望。如此，不管怎样，都会影响他和朋友的感情。藏品的真伪固然重要，可他觉得，友情同样重要，他不想用这种方式把自己的友情摆到专家面前去鉴定……

以前他不知道朋友是怎么想又会怎么做，现在他知道了，朋友的想法和他一样。他们的友情不需要鉴定，或者，他们的友情已经通过了鉴定，而这友情，才是他所有藏品中最珍贵、最难得的真品。

【掩卷沉思】

孔子说："道不同，不相为谋。"贝多芬说，友谊的基础在于两个人的心肠和灵魂有着最大的相似。很多人感叹，如今找到志同道合的朋友实在太难！这是由于将"志同道合"的标准定得太高的缘故：不仅兴趣爱好相同，还要理想信念契合。强求别人与自己各方面完全一致的想法本身就是不现实的，按照这个标准找朋友无异于缘木求鱼。怎么办？孔子说"和而不同"，只要大体的兴趣志向相同就可以成为朋友，不过其前提就是朋友的秉性要好，这样才能达到交友的目的。

每个人都需要朋友，而交友的目的并不仅仅在于消除孤独感，还在于帮助自己提高自身修养。孔子曾把朋友分成不同的类型："益者三友，损者三友。友直，友谅，友多闻，益矣。友便辟，友善柔，友便佞，损矣。"朋友耿直则能发现自己的过失以使自己更加完善；同诚信的人交友会增进自己的道德修养；同多闻的人交友能丰富自己的学识。相反，如果朋友惯于谄媚奉承，或者当面恭维背后毁谤，或者夸夸其谈而无真才实学，则对自己有害而无益。所以，交友应该重德行，重才学，不仅自己能得到很多利益，而且道德还能得到提升。

君子和而不同，小人同而不和

【经典回顾】

子曰："君子和[1]而不同[2]，小人同而不和。"

——《论语·子路》

注释

［1］和：和谐相处。

［2］同：各方面之间完全相同。

今译

孔子说："君子讲求和谐而不要求完全一致，小人只求完全一致，而不讲求协调。"

【亲近经典】

"和"是观点与建议的多样性统一；同是观点与建议的绝对同一，即把相同的事物叠加起来。"和而不同"是孔子思想体系中的重要组成部分。"君子和而不同，小人同而不和"，君子可以与他周围的人保持和谐融洽的关系，但他对待任何事情都必须经过自己大脑的独立思考，从来不愿人云亦云，盲目附和；但小人则没有自己独立的见解，只求与别人完全一致，而不讲求原则，但他却与别人不能保持融洽友好的关系。这是在处事为人方面。其实，在所有的问题上，往往都能体现出“和而不同”和“同而不和”的区别。“和而不同”显示出孔子思想的深刻哲理和高度智慧。

儒家认为“别”是手段、措施，“和”是目的，儒家之礼旨在依据社会成员的职位、年龄、性别及血缘等因素规定不同社会角色的各自的权利、义务范围和行为选择边界，使得人人各安其位，以此来避免因无别而造成的利益冲突和社会无序，最终达到社会的和谐稳定。

【故事链接】

别人淘金我卖水

19世纪中叶，不少人听说美国加利福尼亚州有金矿，纷纷前去淘金。17岁的农夫亚默尔也加入了淘金者的队伍中。然而，加利福尼亚州气候干燥，水源奇缺，不少人被饥渴折磨得半死。许多人抱怨：谁要是给我一壶水喝，我就给他一枚金币。亚默尔就想：我决弄不过这些强劲的淘金者，这里不是缺水吗？于是，他退出了淘金队伍，开始挖渠引水。结果当许多淘金者空手而归的时候，他却靠卖水赚到一笔可观的收入。

【掩卷沉思】

先秦百家争鸣，各种思想流派著书立说，互相辩难，极大地丰富了中国思想。佛教传入中国后，经过数百年的发展，产生了中国化的佛教——禅宗。同时，儒学也在吸取佛、道两家思想的基础上发展到新的阶段，产生了宋代的道学。儒、道、佛三家的互相吸取、融合，最终互补共存。可以说，中国文化几千年的发展过程，正是各种不同文化思潮不断交流，不断互相吸取、融合的过程。和而不同，共同构成中国文化的总体体系格局。

前面故事中的那个聪明的淘金者顺应了淘金的潮流，这是“和”；但他没有重复别人，这是“不同”。所以他比别人高明，发财是对高明的应有报偿。

对他人而言，高明的人总是追求和谐，为此而包容差异，在丰富多彩中达成和谐；不高明的人，总是强求一致，因容不得差异而往往造成矛盾冲突。比如，一个乐队，想要演奏出和谐美妙的音乐，需要使用十几种乃至几十种不同的乐器，各奏其乐，各发其声，从而汇成宏大动听的交响乐。

我们的世界本来就是，也应当是一个“和而不同”的多样性的世界。所谓“和谐社会”，应该是民主法治、公平正义、诚信友爱、人与自然和谐相处的社会；应该是各尽其能、各得其所而又和谐相处的社会；从某种角度看，也应该是“和而不同”的社会。

君子泰而不骄，小人骄而不泰

【经典回顾】

子曰：“君子泰[1]而不骄[2]，小人骄而不泰。”

——《论语·子路》

注释

[1] 泰：安静坦然。

[2] 骄：傲慢无礼。

今译

孔子说："君子安静坦然而不傲慢无礼，小人傲慢无礼而不安静坦然。"

【亲近经典】

在《颜渊》篇里，司马牛问什么是君子。孔子说："君子不忧不惧。"不忧不惧就能做到泰然自若，心平气和。相反，心胸狭窄，矜己傲物，貌似骄傲内心却卑惧交加，患得患失，永远不得安详宁静。平生未做亏心事，半夜不怕鬼敲门。凡事保持泰然处之的心境是最重要的。

【故事链接】

余秋雨与"中国第一字痴"李延良

1995 年，有"中国第一字痴"之称的李延良给余秋雨去信，指出《文化苦旅》的多处错误。1996 年，余秋雨看到中央电视台《东方时空》播出有关李延良的事，猛然想起李延良的信，专门回信感谢李延良的指错，并将李延良的行为与古代"一字师"的典故相提并论。1998 年 8 月，余秋雨的另一部作品《山居笔记》出版时，因为余秋雨的推荐，文汇出版社专门请他当该书第五校的校对。这就成就了当代"一字师"的佳话。

【掩卷沉思】

谦和历来是中华民族的传统美德。《尚书》的"满招损，谦受益"、老子的"自见者不明，自是者不彰，自伐者无功，自矜者不长"、孔子的"礼之用，和为贵"等都是有关谦和的名言。历史上周文王恭请姜尚兴周八百年、刘备三顾茅庐三分天下、唐太宗闻过则喜开创盛世、蔺相如隐忍退让终致"将相和"等都是有关谦和的佳话。

谦和能给你威信。许多谦和的人，因为懂得世界之大，天外有天，人外有人，而不去争强好胜，只是默默地学习和成就自己真正的力量。当这种真正的实力，悄悄散发出来的时候，产生强烈的震撼和由衷的敬佩。像德才兼备、功照千秋却谦虚谨慎、细腻柔和的周恩来，学贯中西、才高八斗却淡泊名利、宠辱不惊的钱钟书，驰骋疆场、战功显赫却虚怀若谷、自降军衔的许光达，无不赢得了世人的尊敬。

谦和能给你保护。郑板桥有名言：当若竹，虚怀若谷，厚德载物；当如兰，清气幽香，淡泊自足。为人，就要若竹如兰，谦虚平和。为人谦逊，处世低调，可以为你挡去许多麻烦，即使有人要无端攻讦，附者也必定寥寥，得不到共鸣。

做人要讲谦和，但做事要讲原则，遇事不能做那种失去自我、脑袋长在别人脖子上的"谦谦君子"。学习他人时，态度必须谦虚，必须真实地展现自己的不足，暴露自己的短处，这样才能取人之长补己之短。别人赞美、学习你时，要有充分的自信心，客观地表现自己，不能过分谦虚，否则就变成了虚伪。

谦和是一种内敛的人生态度，是一种理性的自我约束。谦和是一种沉默的威信，是一种飘逸的远见。谦和是在坚持最起码的生命准则，是在追求最高尚的人生境界。为人谦和，就能气定神闲，聚友情，厚底气，增福祉；为国谦和，就能海纳百川，凝人心，集英才，汇天下之财富，创和谐之社会。

不怨天，不尤人

【经典回顾】

子曰："莫[1]我知[2]也夫！"

子贡曰："何为其莫知子也？"

子曰："不怨天，不尤[3]人。下学而上达[4]，知我者其天乎！"

——《论语·宪问》

注释

[1] 莫：没有人。

[2] 知：了解。

[3] 尤：责怪，怨恨。

[4] 下学上达：下学学人事，上达达天命。

今译

孔子说："没有人了解我啊！"子贡说："怎么能说没有人了解您呢？"孔子说："我不埋怨天，也不责备人，下学礼乐而上达天命，了解我的只有天吧！"

【亲近经典】

"不怨天，不尤人"这句话告诉我们，当遇到挫折与失败时，不要将自己的失落和苦闷归结于上苍，不要将自己的过错和失误归咎于他人，这是一种避世的胆怯，是一种利己的私心。就像射箭一样，当射不中靶子时，要从自身寻找原因，要检讨自己技艺的不足。

"不怨天，不尤人"是一种积极的人生态度。常言道"天有不测风云，人有旦夕祸福"，一个人只有放弃无休止的抱怨，才能始终保持乐观健康的良好心态，从而积极向上，有所作为。怨天尤人者，只能是"生年不满百，常怀千岁忧"。

在儒家看来，"不怨天，不尤人"代表的不仅是一种积极的人生态度，更是一种个人修养的道德境界。孔子说："不患无位，患所以立。不患莫己知，求为可知也。"不怕你没有取得一定的位置，重要的是你拿什么去自立。在儒家看来，人凭什么自立，当然需要知识，再就是德行，更重要的就是这种平和自立的人生境界。

【故事链接】

马粪堆里一定还藏着一匹小马呢！

父亲想要"改造"一对孪生兄弟的性格，因为其中一个过分乐观，而另一个则过分悲观。

一天，他买了许多色泽鲜艳的新玩具给悲观孩子，又把乐观孩子送进了一间堆满马粪的房间里。

第二天清晨，父亲看到悲观孩子正泣不成声，便问："为什么不玩那些玩具呢？"

"玩了就会坏的。"孩子仍在哭泣。

父亲叹了口气，去找另一个孩子，发现那乐观孩子在那间堆满马粪的房间里，正兴高采烈地在马粪里掏着什么。"告诉你，爸爸，"那孩子得意洋洋地向父亲宣称，"我想马粪堆里一定还藏着一匹小马呢！"

一个油炸圈饼，乐观者看到的是一个美味的圈饼，而悲观者看到的一个窟窿；危机来临，悲观者眼中只有危险，而乐观者却去积极地寻求危难背后的机遇。

（作者樊青，《成功的秘密》，地震出版社 2009 年版；有删改）

【掩卷沉思】

遇到挫折不顺利的时候，不怨天不尤人，接下来该怎么做呢？孔子还有一句话叫："君子求诸己。"

静下心来，反思自己，从自己身上找出毛病发现问题，并努力加以更正，追求自身的完善，而不是他人的施舍，不是现成的享受。

世界不会因为我们的埋怨而改变，他人不会因为我们的指责而改变，我们唯一能够控制和改变的只有我们自己，通过改变自己顺应自然来找到通往幸福的道路。

从对周遭万物的抱怨到追求自身的完善，这是一个飞跃。没有淡泊的心境，没有广博的胸襟，没有对自身修养不懈的追求，要做到不怨天尤人而求诸己是不容易的。内观其身，主动检讨自己，从自身找答案，求突破，这需要的是大智慧。

不怨天不尤人勇于承担责任，然后能放下包袱，奋勇向前。当一个人乐于反求诸己的时候，他就能够不断进步，不断完善；当一个民族乐于反求诸己的时候，它蕴藏的能量是不可估量的，它能够无坚不摧，所向披靡；当一个国家乐于反求诸己的时候，离真正意义上的强大也就不远了。

益者三友，损者三友

【经典回顾】

孔子曰："益者三友，损者三友。友[1]直[2]，友谅[3]，友多闻[4]，益矣。友便辟[5]，友善柔[6]，友便佞[7]，损矣。"

——《论语·季氏》

注释

[1] 友：交朋友。

[2] 直：正直（的人）。

[3] 谅：诚信（的人）。

[4] 多闻：见闻广博（的人）。

[5] 便辟：惯于走邪道（的人）。

[6] 善柔：善于和颜悦色骗人（的人）。

[7] 便佞：惯于花言巧语（的人）。

今译

孔子说："有益的交友有三种，有害的交友有三种。同正直的人交友，同诚信的人交友，同见闻广博的人交友，这是有益的。同惯于走邪道的人交朋友，同善于阿谀奉承的人交朋友，同惯于花言巧语的人交朋友，这是有害的。"

【亲近经典】

朋友就像你的镜子，可以反映出你的兴趣、嗜好、志向与品味；但是朋友不只是镜子而已，他还会进一步影响你的人生轨迹。

孔子说有三种朋友有益。

第一种是正直的朋友，他看到你有错误或是可能要犯错，会直截了当说出来提醒你，这种朋友就像镜子一样，透过镜子可以看到自己的缺点，让你警醒，催你上进。

第二是诚信的朋友。曾子曰："吾日三省吾身。为人谋而不忠乎？与朋友交而不信乎？传不习乎？"子夏曰："与朋友交，言而有信。"子曰："老者安之，朋友信之，少者怀之。"这三段话的"信"字，都指出了交朋友要诚信。

第三种是见识广博的朋友。每一个人的时空都是有限的，心灵也容易执于一偏，对于小自人情世故，大至家国天下的丰富面貌，往往知其然，而不知其所以然。这时候，如果能有一个上知天文下知地理的朋友，跟你谈论这些问题，无疑是为我们的生活打开一扇窗，帮助我们突破自己狭隘的格局，以更周全的眼光欣赏一切事物。

以上三种有益的朋友，是针对人的意志、情感、认知三种要求来的。"直"代表这个朋友一辈子坚持原则，在意志上非常坚定。"谅"在感情上能够体谅包容，"多闻"可以给你增加许多重要或有趣的信息。

前面有"益者三友"，后面就有"损者三友"。

第一种是走歪门邪道的人。这样的人与你交往，他们看重的可能是你的家世背景、社会资源，并不是看重你这个人的品德、才能、志趣。

第二种是善于阿谀奉承的人。"善柔"的人善于观察别人的脸色，察言观色之后，选择该说什么样的话，该怎么说话，故意讨好你。他们的话听起来顺耳顺心，但不要忘了，这样下去，你就不会去改善自己了，因为你犯了任何错误，他都会帮你找借口找理由，而不是直接说出你的问题，提醒你改正。

第三种是惯于花言巧语的人。这种人正好和"友多闻"相对。没有真正的基础，对任何事情都不会努力去求得真理，这种人也不是益友。

孔子说这三种朋友有害，是因为他们对于你的生命没有帮助。

【故事链接】

胡质交友

三国时，魏国名将张辽同护军武周原是密友，只因为一点小事就突然闹崩了，见面竟然连话也不说。张辽听说胡质的学问和人品都不错，便托人给胡质捎话说，要去拜访他，同他交个朋友。胡质以身体不舒服为理由辞谢了。

接着，张辽路遇胡质，看见胡质身体结实，红光满面，哪里有什么不舒服的呢？他有些不高兴，埋怨说："我一心想和你结交，你怎么嫌弃我呢？"胡质诚恳地回答道："交朋友，应看大节，不计小事，才能长久地保持友谊。武周为人不错，你也曾夸奖过他。现在只为鸡毛蒜皮的小事，你就不理他了。我的才学比他差远了，怎能使你信赖呢？因此，我们俩好不了多久就会崩，还不如不结交呢。"张辽听了又感激又惭愧，连连称谢。随后，他向武周道歉，承认自己的错误，武周也做了自我批评，两人和好如初。胡质笑着对张辽说："知错能改，你这个人可交。"然后就热诚地邀请张辽到自己家里做客，两人成了好朋友。

【掩卷沉思】

与不好的朋友相处时，虽然很多事情也会让你觉得很快乐，但它不会帮助你提升心灵，只会让你沉迷在非常具体的、低层次的、物质的欲望里，获得一种非常狭隘的、短暂的自得与快乐。而人生真正重要的事情是在精神层次上能够不断向上提升，不断自我反省、自我修炼，让生命踏上正确的方向，迈向更广阔的空间。在这方面对你有所裨益的朋友，才是你真正的良友。

要想交到好朋友不交坏朋友，需要两个前提：一是意愿，二是能力。在孔子理论里，前者叫做"仁"后者叫做"智"，即：第一要有仁爱之心，愿意与人亲近，有结交朋友的意愿；第二要有辨别能力，要有保障交友质量的底线。

恭则不侮，宽则得众

【经典回顾】

子张问仁于孔子。孔子曰："能行五者于天下为仁矣。"请问之。曰："恭[1]、宽[2]、信[3]、敏[4]、惠[5]。恭则不侮[6]，宽则得众，信则人任[7]焉，敏则有功[8]，惠则足以使人。"

——《论语·阳货》

注释

[1] 恭：庄重。

[2] 宽：宽厚。

[3] 信：诚实。

[4] 敏：勤敏。

[5] 惠：慈惠。

[6] 不侮：不致遭受侮辱。

[7] 任：任用。

[8] 有功：提高工作效率。

今译

子张向孔子问仁。孔子说："能够处处实行五种品德，就是仁人了。"子张说："请问哪五种？"孔子说："庄重、宽厚、诚实、勤敏、慈惠。庄重就不致遭受侮辱，宽厚就会得到众人的拥护，诚信就能得到别人的任用，勤敏就会提高做事的功效，慈惠就能够使用他人。"

【亲近经典】

孔子学说的核心是"仁"。"仁"是一种道德观念。孔子说的"仁爱"的五个方面里，每句话都有一个核心的字。

第一就是恭敬。真正的恭敬是一种内心的尊重，不仅仅是外在的行为。不恭敬庄重，会招致很多的羞辱。有一句话叫做自取其辱，有很多侮辱不是别人强加的，而是自己的不恭敬带来的。

第二点就是要做到"宽"，宽则得众，宽容能够得到最广泛的幸福，宽容了他人等于宽容了自己。我们都知道一句民间谚语："仇恨是一把双刃剑。"在伤害他人的时候你内心受伤更重。

第三个字，就是"信"。什么样的人才能真正被别人认可、信任？是用自己生命尊严和人格承诺信誉的人，有信誉的人往往是拥有最好的评价。

那是不是有了信誉就一定做得好呢？孔子还有一个字，叫做"敏"。敏则有功，一个敏捷的人才能够做出他的功效来。敏捷敏锐的背后其实是依托着智慧的，所以孔子曾经说过一句话：一个真君子说话不必太多，但是做事一定要特别利落。这个"敏"字就体现在了一个人如何把握现在和抓住当下。

最后一个字是"惠"。所谓"惠"，也就是一个人能够以一种真正的仁厚之心把得到的恩惠分给他人。

我们以现代人的眼光来看，"恭"和"宽"是教我们怎么样做人的，"信"和"敏"是教我们怎么样做事的，"惠"是教我们怎样做领导的，做人做事做领导这就是我们现代人一生基本上要做的内容，所以中国儒家的仁爱思想跟我们今天每一个人生命中的理想都会相关，他让我们有具体做事的方法，在这个世界上找到自己的角色。

【故事链接】

无声的教育

相传古代有位禅师，一日晚在禅院里散步，只见墙角边有一张椅子，他一看便知是有一位出家人违寺规越墙出去了。老禅师也不声张，走到墙边，移开椅子，就地而蹲。少顷，果真有一位和尚翻墙，黑暗中踩着老禅师的背脊跳进了院子。当他双脚着地时，才发觉刚才踏的不是椅子，而是自己的师傅。小和尚顿时惊慌失措，张口结舌。但出乎小和尚意料的是，师傅并没有厉声责备他，只是以平静的语调说："夜深天凉，快去多穿一件衣服。"

【掩卷沉思】

在生活中，人际交往是不可避免的。由于人与人之间的个性各不相同，生活环境与阅历各不相同，形成不同的处事风格。正是不同的人生活在一起，才组成了多姿多彩的世界。不同性格的人生活在一起，不可避免地会产生一些摩擦、纠纷甚至是矛盾，面对这些，我们应该多一些理解和尊重，多一些豁达宽容，不过分在意他人的评价与态度，而更多地欣赏来自他人的智慧与乐趣，享受更多的快乐。

恭敬不仅是古代的一种态度，在现代的社会中，这种恭敬很大程度上表现为人与人之间的相互尊重。善于欣赏、接纳他人，由衷地欣赏和赞美别人的优点、长处，允许他人有超越自己的地方。不取笑和歧视他人的缺陷和缺点，不做有损他人人格的事。

社会中的人，没有完全的好，也没有完全的坏，关键是怎么样去与人相处。如果他跟身边所有的人都处不好的话，到一个新的地方也很难好起来，如果他过去对所有人很友善，到一个新的地方，也会很快建立美好的关系，这就是孔子说的宽容的人就会得到众人的爱戴。

面对一个小小的过失，一个淡淡的微笑，一句轻轻地歉语，带来包涵谅解，这是宽容；在人的一生中，常常因一件小事而不被信任，却不苛求任何人，而是以律人之心律己，以恕己之心恕人，这也是宽容。正像上面故事中提到的老禅师，宽容了他的弟子，宽容也是一种无声的教育。

知人者智，自知者明

【经典回顾】

知[1]人者智，自知者明[2]。胜人者有力[1]，自胜者强[4]。

——老子《道德经》

注释

[1] 知：了解。

[2] 明：聪明。

[3] 有力：有力量。

[4] 强：强大。

今译

能够了解他人的人是有智慧的，能够了解自己的人是高明的，能够战胜他人的人是有力量的，能够战胜自我的人才是真正的强者。

【亲近经典】

《道德经》的精华是朴素的辩证法，主张无为而治，对中国哲学发展具有深刻影响。

本章是老子对有道者的高度赞扬，指出人生当自知、自胜、自强。唯有如此，才能实现天地之志，并与世长存。

世界上有两种人，一种是影响别人的人，一种是被别人影响的人。要影响别人首先要了解别人，老子推崇的就是了解自己、改变自己。老子认为，连自己都不能战胜自己，怎么能战胜强大的敌人？同样强调修身自省的还有儒家。他们认为，人经常看别人而看不到自己，就像自己的眼睛能清楚地看到很多东西，但却看不到睫毛，所以人只有自知后才真正的能明。

【故事链接】

知人知己的箕子

商代的亡国之君商纣王，也有一个贤能智慧的大臣叫箕子。

商纣王叫人给他做了双象牙筷子，箕子马上意识到商纣王一旦开始用象牙筷子，必定不会再用他的陶器餐具了。为了搭配，他必定会用犀牛角杯、玉碗，吃牦牛、大象、豹子胎那些精美食物了，也一定不会再穿粗布短衣，在茅草屋下吃饭了，继而就会穿着多层锦绣的衣服，建造宽广的房子、高大的楼台了。按照这样的变化追求下去，那么天下的东西都不够他一个人享用了。

箕子说了一句非常睿智的话："吾畏其卒，怖其始。"意思是：我害怕它发展的最终结果，因此我害怕它开始的萌芽。这种认识人的洞察力是非凡的。这就是"知人之智"！箕子从商纣王使用一双象牙筷子这个细节上，联想到一步步危险的发展以及最后的结果，知道纣王的未来，预感到将会带来天大的祸害。对此箕子非常警惕，但又万分无奈！

后来商纣王不分昼夜地喝酒，喝得连日子都忘记了。有一天，他突然想起来，就问左右的人："今天是哪一天了？"可是边上的人一个都不知道是什么日子，于是就派人去问箕子。箕子心里又是"咯噔"一下，他对自己手下的人说："作为国君，连日期都忘记了，国家就太危险了。国君周围的臣子都不知道日期，而只有我一个人知道，那么我也就危险了。"他对国家和自己的处境深感忧虑，痛心疾首。是回答，还是不回答呢？最后聪明的箕子选择装糊涂，他说自己也喝醉了酒，也不知道今天是什么日子。

真的如他预料的那样。过了几年，商纣王已经变得实在不像样了，他建造了肉林，还有酒池，酒糟都堆成了山，还有用火烤人的铜烙刑具，后来商朝也就这样灭亡了。

【掩卷沉思】

三国时，刘备兵败于当阳长坂，弃妻子南走。有人说赵云已向北逃了，刘备说："子龙不弃我也。”不久，赵云怀抱刘备的儿子阿斗，并保护刘备妻子甘夫人一起归来。在兵败势穷之际，背主而逃是常有之事，而刘备却坚信赵云不会背己，是因刘备深知赵云是个忠义之士。桃园三结义之所以传为美谈，就是因为那份知人之智，由此也开创了刘备的一番伟业。

在中国历史上善于识人、善于用人的智者屡见不鲜。知人，还要善任，结交品德高尚的人，这样眼界才能开阔，能力才能提高，有更多的“良师益友”，做事才更有效率，成功的几率也更大。

“认识自我”这句镌刻在古希腊神庙里的名言，犹如一把千年不熄灭的火炬，表达了人类与生俱来的内在要求和至高无上的思考命题。尼采说：“聪明的人只要能认识自己，便什么也不会失去。”

当代网络精英李开复老师，当他认识到自己并不适合政治学之后，转学计算机，如鱼得水，终于一举成名，把自己做到最好。从他的经历中，我们更深刻认识到“自知”对于一个人的重要性，自知是做好自己的基础。

人无远虑，必有近忧

【经典回顾】

子曰：“人无远虑[1]，必有近忧[2]。”

——《论语·卫灵公》

注释

[1] 远虑：长远的考虑。

[2] 近忧：眼前的忧患。

今译

孔子说：“人没有长远的考虑，一定会有眼前的忧患。”

【亲近经典】

人宜远虑历为儒家所重。为何会如此呢？如果人没有将时间和精力投入他远大的理想和目标中，一定会贪图于眼前的利益，而这是十分危险的。

何为远大的理想和目标呢？曾国藩说过一段话，大意是君子立志，应有包容世间一切人和一切物的胸怀，有内以圣人道德为体、外以王者仁政为用的功业，然后才能对得起父母的生养，不愧为天地之间的一个完人。因此，君子所忧虑的应当是德行不修炼、学问不精通。曾国藩的一生立下极为高远的志向，他曾给自己定下了一条座右铭：“不为圣贤，便为禽兽；不问收获，只问耕耘。”

如果我们做不到曾国藩所言的君子所为，至少应该为自己立下一个利人利他的目标。立志可以使人有所追求，生活有了方向，人才变得充实。

【故事链接】

一篓鱼和一根渔竿

从前，有两个饥饿的人得到了一位长者的恩赐：一根渔竿和一篓鲜活的鱼。其中，一个人要了一篓鱼，另一个人要了一根渔竿，于是他们分道扬镳了。得到鱼的人原地就用干柴搭起篝火煮起了鱼，他狼吞虎咽，转瞬间，连鱼带汤就被他吃了个精光，然而此后不久，他便饿死在空空的鱼篓旁。另一个人则提着渔竿继续忍饥挨饿，一步步艰难地向海边走去。从此，这个人开始了捕鱼为生的日子，几年后，他盖起了房子，有了家庭、子女，有了自己建造的渔船，过上了幸福安康的生活。

一个人只顾眼前的利益，得到的终将是短暂的欢愉；一个人目标高远，把理想和现实有机结合起来，才有可能成为一个成功之人。

【掩卷沉思】

“人无远虑，必有近忧。”这句话充满了先人的智慧，告诫我们要未雨绸缪，不要只顾着眼前的事物，而忘却了人之所以积极奋斗的远景期待。

现在和未来必须要相互联系，奋斗的曲线必须专注且连续，才能有好的人生旅程。对层出不穷的短期问题应对自如，而又对未来有精心的规划，这样的人不会因一时的失势而气馁，不会因一时的挫折而顿步不前，什么事都显得淡定从容，乐观积极，其实这背后是先人一步的“远虑”和坚持不懈的行动力。现实中这样的人实在不多，而又是值得我们羡慕的。

人生有许多事情要做，但归纳起来只有两类，一类是紧要的，一类是重要的。有一类人不成功，是因为他把大部分时间和精力都花在眼前紧要的事情上，而无暇去做重要的事情。正确的做法是用20%的时间去处理眼前紧要的事情，而把80%的时间留给未来，去做那些暂时没有收益，但以后会重要的事情。

不妨给自己定个一年、三年、五年规划，让自己的思想走在前面，让脚步忠实而坚定地跟随。

往者不可谏，来者犹可追

【经典回顾】

楚狂接舆[1]歌而过[2]孔子曰：“凤兮凤兮，何德之衰[3]？往者[4]不可谏[5]，来者[6]犹可追[7]。已而已而！今之从政者殆而！”孔子下，欲与之言。趋而辟之，不得与之言。

——《论语·微子》

注释

[1] 楚狂接舆：楚国叫接舆的狂人。

[2] 过：路过。

［3］何德之衰：你的德运怎么这么衰弱呢？

［4］往者：过去的所作所为。

［5］谏：挽回，规劝。

［6］来者：未来的事。

［7］追：努力争取，赶上。

今译

楚国的狂人接舆唱着歌从孔子的车旁走过，他唱道："凤凰啊，凤凰啊，你的德运怎么这么衰弱呢？过去的已经无可挽回，未来的还来得及改正。算了吧，算了吧。今天的执政者都危险啊！"孔子下车，想同他谈谈，他却赶快避开，孔子没能和他交谈。

【亲近经典】

在孔子那个年代，在圣人孔子面前，唱着歌的楚狂接舆真有点另类，甚至是惊世骇俗。但他所唱的内容却是非常严肃非常深刻的，尤其是，"往者不可谏，来者犹可追"两句，成为后世的名言。那意思其实也正合于孔子在《八佾》篇里所说的"成事不说，遂事不谏，既往不咎"的精神。"往者不可谏"就是"遂事不谏"。用我们今天的话说，即是过去了的就让它过去了吧，关键是要"来者犹可追"，抓住未来。不过，抓住未来干什么？这依然是一个问题。在接舆看来，如果你要抓住未来去从政，那还是不可取的，还是糊涂。因为"今之从政者殆而！"，现在从政的人都是非常危险的了，你还"累累如丧家之犬"一样汲汲奔走于各国干什么呢？

接舆的观点与子路宿于石门时那个"晨门"的说法是一致的，都认为孔子是"知其不可而为之"的人。

"往者不可谏，来者犹可追"，对处于今天的环境的我们处理个人生活中的事情，总结自己人生道路上的成败得失等等，仍是很有意义的借鉴。

【故事链接】

孟尝君善待门客

战国时期四公子之一田文，号孟尝君，门下有食客数千。孟尝君在齐国为相时，有一次齐王听信谗言罢免了孟尝君，他的那些门客都作鸟兽散了，等他官复原职时，这些人又想回来归附他。孟尝君很不耐烦，想把这些人都赶走，一个叫冯谖的门客不同意孟尝君的想法，并说："有生命的东西一定有死亡，这是事物发展的必然归宿；富贵的人有很多门客，而贫贱的人很少有朋友，这就是世态炎凉的本来面貌。"他接着说："您难道没有看见那些赶集的人吗？早晨，他们拼命地从入口挤进去；太阳下山后，那些经过集市的人们甩着胳膊走过去，看也不看一眼。要知道他们不是喜欢早晨而厌恶黄昏，而是希望得到的东西在那里已经没有了。"最后他劝告道："当初您失去相位，门客自然会离去，不值得因此而埋怨他们，以至于断绝了门客的来路，希望您还是像以前一样对待这些门客。"孟尝君听罢极为惭愧，接受了冯谖的建议。

孟尝君也因此获得了“尊贤重士”的美名，正因为孟尝君有众多门客出谋划策，将齐国治理得很好，一定程度上延缓了齐国衰亡的步伐。

【掩卷沉思】

过去也许是我们最快乐、最幸福的日子，是最值得回味的；但也许是我们最悲伤、最痛苦的日子，是最厌恶的。不管以前是喜还是怒、是哀还是乐、是成功还是失败。我们总不能沉浸在过去，迷恋过去。我们应该忘掉过去，展望未来。

如果过去是辉煌的成功，那么它也只能代表过去；如果是失败，那么也别灰心，只要我们的心仍然是奋发向上的，就不怕眼前的失败。视失败为垫脚石，展望未来，为未来奠下扎实的基础才是最重要的事。

过去的事情对于我们来说是一种经历，不断地从经历中取得经验，我们才能不断地成长，才可以从容地面对将来的经历，这就是“过去的”价值。而将来会怎样呢？谁也不敢肯定，我们唯一能做的就是，做好当下的事，让未来向我们想要的那个样子变化。

独乐乐不如与众乐乐

【经典回顾】

（孟子）曰：“独乐[1]乐[2]，与人乐乐，孰乐[3]？”

（齐宣王）曰：“不若与人。”

（孟子）曰：“与少乐乐，与众乐乐，孰乐？”

（齐宣王）曰：“不若与众。”

——《孟子·梁惠王下》

注释

[1] 独乐：音 yuè，独自一人欣赏音乐。

[2] 乐：快乐。

[3] 孰乐：哪一个更快乐？

今译

孟子说：“独自一人欣赏音乐快乐，与他人一起欣赏音乐也快乐，哪个更快乐？”

齐宣王说：“不如与他人一起欣赏音乐更快乐。”

孟子说：“与少数人一起欣赏音乐快乐，与多数人一起欣赏音乐也快乐，哪个更快乐？”

齐宣王说：“不如与多数人一起欣赏音乐更快乐。”

【亲近经典】

“与民同乐”是孟子的一种政治主张。孟子认为，作为统治者的国王应该与百姓一同娱乐、一同分享快乐。孟子说这一席话的深意在于，国王应该“乐民之乐”“忧民之忧”，而不是以一己之忧乐为忧乐。因为只有这样，百姓才会以国王的快乐为快乐，以国王的忧愁为忧愁。否则的话，国王一厢情愿地要“与民同乐”，那也是不可能实现的。如果齐宣王能以与百姓同忧乐之心来“与民同乐”，那么，他也就不会为了一己之快乐而耗费巨资以组建庞大的乐队了。

宋代学者朱熹对“与民同乐”这一章注解说：“与民同乐者，推好乐之心以行仁政，使民各得其所也。”也就是说，孟子所谓的“与民同乐”，就是要求统治者把自己的爱好之心推而广之，来施行一种爱民之政，也就是孟子所大力倡导的“仁政”。

【故事链接】

孟子与齐宣王论乐

有一次，孟子在进见齐宣王时问道：“大王曾经和庄子谈论过爱好音乐，有这回事吗?”齐宣王不好意思地说：“我并不是喜好先王清静典雅的音乐，只不过喜好当下世俗流行的音乐罢了。”孟子说：“大王如果非常喜好音乐，那齐国恐怕就治理得很不错了!”齐宣王很奇怪，问道：“你为什么这样说呢? 这两者有什么关系?”孟子没有回答，而是继续追问：“独自一人欣赏音乐快乐，与他人一起欣赏音乐也快乐，大王您认为哪个更快乐?”宣王不假思索地说：“当然是与他人一起欣赏音乐更快乐喽。”孟子又问道：“与少数人一起欣赏音乐快乐，与多数人一起欣赏音乐也快乐，大王您认为哪个更快乐?”齐宣王有点不耐烦了，回答道：“当然还是与多数人一起欣赏音乐更快乐啦。”

孟子看时机已到，就接着不紧不慢地说：“这就对了，假如百姓们听到大王演奏音乐的声音，都愁眉苦脸地相互诉苦说：‘我们大王喜好音乐，为什么要使我们这般穷困呢?’这没有别的原因，是由于不和民众一起娱乐的缘故。假如百姓们听到大王演奏音乐的声音，都眉开眼笑地相互告诉说：‘我们大王大概身体很健康吧，要不怎么能奏乐呢?’这没有别的原因，是由于和民众一起娱乐的缘故。所以说，倘若大王能与百姓一起娱乐，共同分享内心的喜悦，那么就会受到天下人的拥戴！那统一天下也就指日可待了。”

【掩卷沉思】

“独乐乐不如与众乐乐”，这句话虽然是当年孟子针对齐宣王如何治理国家说的，但在今天，对我们普通人来说，仍然有一定的借鉴意义。由“独”而“众”，我们可以简单地理解为合作。

合作可以产生一加一大于二的倍增效果。据统计，诺贝尔获奖项目中，因协作获奖的占 2/3 以上。在诺贝尔奖设立的前 25 年，合作奖占 41%，而现在则跃居 80%。

无论做事业还是做研究，合作是提高效率和成功率的最佳途径之一。

作为新时期的学生，现代化的学习也应该引进合作概念，比如可以成立合作小组。

在合作学习中，由于强调小组中的每个成员都积极地参与到学习活动中来，学习任务由大家共同分担，问题就变得比较容易解决。大家在互相学习中能够不断地学习别人的优点，反省自己的缺点，就有助于进一步扬长避短，发挥自己的潜能，使大家在共同完成学习、工作中不断提高学习能力与工作效率。而且，大家在合作学习所营造的特殊的合作、互助的氛围中，在朝夕相处的共同学习与交往中，增进了彼此间的感情交流，培养了彼此间的合作与协作精神。

合作，让容易的事情变得简单，简单的事情也变得更容易，让社会高效率地和谐运转。

以直报怨，以德报德

【经典回顾】

或曰：以德[1]报怨[2]，何如？

子曰：何以报德？以直[3]报怨，以德报德。

——《论语·宪问》

注释

[1] 德：恩德。

[2] 怨：怨恨。

[3] 直：公平正直。

今译

学生问孔子："别人对我不好，我用道德和教养感悟他，好不好？"

孔子说："倘若以'德'报'怨'，那么用什么去报别人的恩德呢？你可以用你的正直、耿介公正地对待不道德的事；而要用恩德、仁爱、仁义的感恩之心回馈那些给你恩惠的人。"

【亲近经典】

孔子不赞成以怨报怨。不赞成以恶意、怨恨、报复去面对别人的不道德，因为那样，这个社会将会陷入恶性循环。

孔子也不赞成以德报怨。献出太多的恩德和慈悲去面对不讲是非标准、已经有负于道义的人和事，这是一种人生和人格的浪费。孔子的治国方略提倡"德主刑辅"。一个国家，一个社会，不能只讲道德，没有刑罚。以德治国、治家、治人，以讲究礼仪为主，以仁、义、礼、智、信为做人的标准，教化人民，互敬互爱、无欺无诈，达到高雅、高尚、和谐。对少数为非作歹、顽固不化的人，对道德不屑一顾的人，就不要一味讲究宽容，要辅以刑罚。孔子讲求人生的效率和人格的尊严。一味姑息忍让，不是完美的处世之道。孔子提倡仁爱，但他并不认为应当毫无原则地用仁爱之心去宽宥所有人。

孔子提倡“以直报怨”，即用公正、率直、磊落、高尚的人格，客观冷静地面对有过失的和行为不端的人。以直报怨，用现在的说法就是拿起法律的武器，以公正的法治来解决不公正的问题，也是对不讲道德的人进行道德和普法教育。以直报怨，这里包含着道义的谴责，包含着不降低自己水准与对方斗争的尊严，包含着既正义凛然又克制的沉默，还包含着一如既往诚信待人的基本信条。

【故事链接】

“结草”报恩

公元前594年秋，秦桓公出兵伐晋，晋军和秦兵在晋地辅氏（今陕西大荔县）交战，晋将魏颗与秦将杜回相遇，二人厮杀在一起，正在难分难解之际，魏颗突然见一老人用草绳绊住了杜回所骑的马，使这位堂堂的秦国大将从马上摔下来，当场被魏颗所俘，使得魏颗在这次战役中大败秦师。

晋军获胜收兵后，当天夜里，魏颗在梦中见到那位白天为他结绳绊倒杜回的老人，老人说：“我就是你把她嫁走而没有让她为你父亲陪葬的那女子的父亲。我今天这样做是为了报答你的恩德！”

原来，魏颗的父亲晋国大夫魏武子有位宠爱的小妾，没有生过孩子。魏武子生病的时候嘱咐魏颗说：“我死之后，你一定要把她嫁出去。”不久魏武子病重，又对魏颗说：“我死之后，一定要让她为我殉葬。”等到魏武子死后，魏颗没有把那小妾杀死陪葬，而是把她嫁给了别人。魏颗说：“人在病重的时候神志不清，我嫁此女，是依据父亲神志清醒时的吩咐。”

魏颗这样做说明他是明礼忠厚有德的人，然后他又收到了这样及时的德报，可谓好心有好报。这就是古代一直传为美谈的“结草”的故事，而“结草”也成为以德报德的一个代名词。

（出自《春秋·左传》）

祁奚荐仇

春秋时晋国大夫祁奚（祁黄羊），在晋悼公时曾任“中军尉”，是一个正直无私的人。祁奚年纪老了，请求退职。晋悼公同意他的请求，并请他推荐一位有才能的人来继任他的工作。祁奚当即推荐解（xìe）狐。悼公奇怪地问：“他不是同您有私仇吗？”祁奚说：“您不是要我推荐有才能的人吗？私仇不私仇，我没有考虑！”

面对着仇人，能克制住内心的不平，理性处理事情，祁奚这种精神，可以说是“以直报怨”了。

这个故事的后来，悼公就命解狐继任祁奚的职务，不料解狐奉命以后，还没有上任就死了。悼公就请祁奚再推荐一位合适的人才为继任者。祁奚当即推荐了祁午。悼公又惊诧说：“他不就是您的儿子吗？”祁奚说：“您不是要我推荐合适的人才吗？儿子不儿子，我没有考虑！”悼公就命祁午接替了祁奚的工作。

这就是著名的祁奚“外举不避仇，内举不避亲”的故事。

这个故事在《左传·襄公三年》《吕氏春秋·孟春纪》等书中也有记载，在《吕氏春秋·孟春纪》中，晋平公问祁黄羊：“南阳县需要委派一个县官，请您推荐一个合适的人才。”祁黄羊推荐了他的仇人解狐。解狐果然很有才能，到任以后替百姓办了不少好事。两处记载在位的国君有所不同，任命的职位有所不同，对解狐的描述也相差甚远，前者说将要任命解狐，解狐却死了；后者则说任用后，“国人称善焉”。学者认为，《吕氏春秋》相当于野史，可信度较差。

【掩卷沉思】

对我们来说，“以直报怨”，是一个明智的选择！如果朋友之间相处，对方有错而知错能改，我们也不必为此放弃这段友谊，可以选择忘记朋友给你带来的痛苦，或者记住那些痛苦，以这些痛苦为借鉴，继续这段友谊。

对于我们整个国家来说，“以直报怨”还是一个民族的气度和理性。过去日本人在中国大地上犯下的滔天罪行是中国人心中永不泯灭的痛，我们不会忘记过去，也不会原谅那兽行与罪恶，但我们必须面对未来。生活在仇恨中的人是不幸的，于是我们选择了以直报怨，化仇恨为建设的动力，赶上世界发展的潮头，知耻而后勇，改变自身的不足，于是我们以一种更强盛的姿态站立在世界优秀民族之林。这，才是中华民族对待历史的理性和气度。

虽然现实社会如此残酷，但也还是有许多人拥有“以德报德”的善良之心！依稀记得那个报纸上报道的贷款50万元的女孩小海霞，当得知自己的资助人是个白血病患者时，小海霞毅然向社会贷款50万元，救助曾经帮助过自己的人，小海霞或许根本不懂50万元是个什么概念，但她却懂得以德报德。在社会的某个角落，总会有某些人拥有“以德报德”般的赤子之心。那么我们呢？我们是否也该好好反省，然后放手去追逐那个曾经也属于我们的“以德报德”的赤子之心？

第六章 精神的境界

人类区别于动物的关键便是人具有动物不具备的思考能力，人类在脑中对客观世界的反映和意识思维便是精神。精神境界便是人从思想的高度体现的素质修养，一个人的精神境界就是一个人的人生意义和价值。

儒家经典对崇高精神境界作了最好诠释。只有做到心中真诚无伪，慎独养心，才能够不为世俗物质所累，不为功名利禄所绊，才能够达到儒家思想中仁、义、礼、智、信、恕、忠、孝、悌的核心境界。

孔孟都非常重视人的道德修养，追求高尚的精神境界。孔子常讲："仁者不忧，智者不惑。"孟子说过："人之所以异于禽兽者几稀，庶民去之，君子存之。"孟子认为人与动物的最大区别就是仁义礼智这些基本的道德素养，君子与庶民正是在这一点上区分的。

物质是人的生命赖于生存的基础，但它只有朝向人的精神并从精神那里获得意义和生机才富有价值。人的物质生活必须有生命的精神境界烛照其间，才不至于沦为动物般的生存。如果丧失了正确的人生观、价值观，那便如同行尸走肉般空洞麻木。

贫而无谄，富而无骄

【经典回顾】

子贡曰："贫而无谄[1]，富而无骄，何如[2]？"子曰："可也。未若贫而乐[3]，富而好礼者也。"子贡曰："《诗》云，'如切如磋！如琢如磨'，其斯之谓与？"子曰："赐[4]也！始可与言《诗》已矣，告诸往而知来者。"

——《论语·学而》

注释

[1] 谄：音 chǎn，巴结，奉承。

[2] 何如：《论语》书中的"何如"，都可以译为"怎么样"。

[3] 贫而乐：家境贫穷，却以获得知识、懂得道理为乐事。

[4] 赐：子贡名，孔子对学生都称其名。

今译

子贡说："贫穷时不谄媚，富有时也不骄纵，这种表现如何？"孔子说："还可以，可是比起能做到贫穷而仍能长保其乐，富有而能崇尚礼仪的人，就还差一点了。"子贡说："《诗经》上说，'如切如磋，如琢如磨'，是否正是老师现在的意思呢？"孔子说："赐啊！现在已经可以和你一齐讨论《诗经》了，因为你能从我已经讲过的话中领会到我还没有说到的意思了。"

【亲近经典】

孔子希望他的弟子以及所有的人们，都能够达到"贫而乐，富而好礼"这样的理想境界，因而就在平时对弟子的教育中，把这样的思想讲授给学生。贫而乐，富而好礼，社会上无论贫或富都能做到各安其位，便可以保持社会的安定了。

子贡能举一反三，因而得到孔子的赞扬。这是孔子教育思想中的一个显著特点。

这句话告诉我们，无论处于什么环境，不管是贫穷还是富贵，我们都应该保有人的尊严和气节，坚守自己的平常心。不因为穷困而谄媚讨好别人，不因为贫苦而自卑轻视自己；不因为富有而骄矜狂妄，不因为金钱而藐视他人。能做到这些的人，才是真正看透人情世故的真正君子。

【故事链接】

见季子位高而多金也

苏秦是战国时代最著名的纵横家（相当于现在的外交家），声名显赫。可是，他出身低微，家境贫寒。第一次远途游说失败，从秦国返回故乡洛阳时，落魄失意，穷困潦倒。当他穿着一双破烂的鞋子，提着一个破烂的箱子回到家中时，妻子对他理也不理，嫂子不给他饭吃，父母亲都不和他说话，兄弟姐妹在背后偷偷取笑他。这些对苏秦是极大的刺激，可又有什么办法？他不能给家人带来任何好处，却处处依赖家人，所以他只能听任家人的奚落和嘲笑。于是他开始发愤读书，“悬梁刺股”这个成语，讲的就是苏秦当时鞭策自己、战胜自己的典故。

数年之后，苏秦通过学习《太公阴符》，关注天下势力消长，把天下大事、人群心理、政治风云、战争规律都揣摩透了，终于以卓越的才能说服了众多诸侯国采用他“合纵”方略。于是他声名远播，身佩六国相印，执掌六国军政大权。

身佩六国相印的苏秦要到楚国游说楚王，途中经过故乡洛阳。他的家人听到这个消息，立刻打扫房屋，预备酒饭，他的嫂嫂和全家人都远远跪下来迎接。到了家里，妻子不敢仰头看他，嫂嫂也低头料理食物来款待，那种恭维的神情无法形容。苏秦问：“为什么原来那样傲慢，现在却这样恭敬呢？前后态度截然不同啊！”

嫂嫂跪在地上回答：“是因为看见小叔你位高权重、富贵荣华啊（见季子位高而多金也）。”

苏秦于是喟然叹曰：“我还是我，但在富贵时亲戚都害怕我，贫贱时都抛弃我，别人难道不是这样吗？”

【掩卷沉思】

在当代社会中，富有的人显得财大气粗，出手阔绰，挺直了腰板，摇晃着似乎高贵的头颅；而在物质方面匮乏的群体，走在大街上，好像矮人一截，低人一等，连说话也显得底气不足，一种自卑感笼罩着，喘不过气来。贫困的就真的卑贱吗，富有的就真的尊贵吗？

其实，一个人是否尊贵或卑贱，应以内在的道德修养作为评判的尺度。有的富有者知识贫乏，思想肤浅，道德低下，虽然外表光鲜亮丽，但内心的丑陋与灵魂的空虚却无法遮掩，从言谈举止中就可见端倪。这种人对弱者没有同情之心，没有宽容之胸怀，不会救助贫困者，甚至还会做出损人利己的事。这种人内心肮脏，甚至为了私利而不择手段，难道这样的人尊贵吗？

而那些善良朴实或德才兼备之人，无论他是贫困还是富有，永远保持善良朴实的灵魂，穷则独善其身，富则兼善天下。在正当追求物质的同时，依然不断提高品德修养，不侵害别人，而且乐善好施。忠厚老实的农民们，脸朝黄土背朝天地在田地中劳作，用汗水与心血生产我们的食粮；每天在大街小巷不停穿梭的清洁工，用健康在换取城市的清洁；在街边摆摊的修车师傅，为骑车的人们出行提供便捷周到的服务……这些人收入低下，吃穿简朴，难道他们就卑贱吗？绝不是！相反，因为他们在通过不停地劳动创造价值，因此，他们伟大而尊贵！

无论是辛劳的农民还是城市的劳动者，无论他们贫困或富有，只要他们道德品质高尚，就是尊贵一族。而道德败坏的人，不管其地位多高或多么富有，均是卑贱之人。

一箪食，一瓢饮

【经典回顾】

子曰："贤哉回也！一箪[1]食，一瓢饮，在陋巷[2]，人不堪其忧，回也不改其乐[3]。贤哉回也！"

——《论语·雍也》

注释

[1] 箪：音 dān，古代盛饭用的竹器。

[2] 巷：此处指颜回的住处。

[3] 乐：乐于学。

今译

孔子说："颜回的品质是多么高尚啊！一箪饭，一瓢水，住在简陋的小屋里，别人都忍受不了这种穷困清苦，颜回却没有改变他好学的乐趣。颜回的品质是多么高尚啊！"

【亲近经典】

孔子的学生中最好、最明理、最通达道的，就是颜回，后人尊称他为"复圣"。颜回这个人做到了不争、不贪、不求、不自私、不自利。这里孔子称赞颜回，给予他高度评价，讲颜回"不改其乐"，这也就是贫贱不能移的精神。这里包含了一个具有普遍意义的道理，即人总是要有一点精神的，为了自己的理想，就要不断追求，即使生活清苦困顿也安贫乐道。

安贫乐道，是古代圣贤所提倡的立身处世的原则和态度，颜回的表现正吻合了安贫乐道的原则。一个人如果要坚持自己的思想原则，即所谓"道"，并决心为实践这一思想原则而奋斗，那么就应该做到即使身处逆境，终身穷困，也不能动摇，不改变初衷而放弃自己的思想原则。

自古以来，怀有远大理想的仁人志士，都能做到安贫乐道。孔子有四个出了名的穷学生，除了颜回，还有子思、子夏和曾参。这四个学生虽然都穷困得没有钱买好衣服穿，但是他们都能安于贫，乐于道，跟着老师专心致志地努力学习，在学业和事业上都有卓著的建树。

【故事链接】

贤哉，雪芹！

《红楼梦》的作者曹雪芹，少年时代过着锦衣美食的生活，后来由于受到政治斗争的牵连，家境一落千丈。曹雪芹清醒地看到当时统治者的腐朽、贪婪，看到其百孔千疮和不可救药，写下长篇小说《红楼梦》。以自己的亲身经历和感受，批判现实社会、宫廷、官场的黑暗，抒发他的悲哀和愤懑。小说的创作就是曹雪芹的志愿，是他要为之奋斗的“道”!

为了实现这个志愿，他忍受着“庐结西郊黄叶村”“举家食粥酒常赊”的穷困生活。据说无钱买纸时，他就用从朋友乡邻那里讨来的旧历书的背面代替稿纸。他唯一的幼子因天花而夭折，他悲伤成疾，又无钱求医，在只写出《红楼梦》的八十余回后便与世长辞。“字字看来皆是血，十年辛苦不寻常”（甲戌本《脂砚斋重评石头记》回前诗）。曹雪芹在极端艰难困苦的条件下，坚持《红楼梦》的写作，应该说是“安贫乐道”的典型之最了。曹雪芹同颜回“一箪食，一瓢饮，在陋巷”的处境没有什么差异，颜回能不改其乐，雪芹能不改其志，如果孔子在世也定会赞他一句：“贤哉，雪芹!”

【掩卷沉思】

《三字经》里曾提到几个故事：晋朝人车胤，家境贫寒，无钱买灯油，就捉萤火虫装在薄绢缝制的小袋子里，借着萤光读书；同时代的孙康，点不起灯，就在大雪的夜晚坐在雪地里，借着雪光读书；汉朝的匡衡，悄悄在壁上凿个小洞，借隔壁富人家的灯光读书。这些久传不衰的佳话，都在说明一个道理：凡是有理想有抱负的人，都能不畏艰苦，安贫乐道。

今天，我们谈论这些故事，不是提倡吃糠咽菜，穿褴着褛，而是在提倡一种精神。我们虽然没有前人那样的冻馁之苦、饥寒之虞，但是艰苦奋斗的传统精神却不能丢，并应将其发扬光大。怀着远大志向的青年，尤其应该自觉地磨炼自己，不怕吃苦，乐于吃苦。只有不怕播种的苦涩，才能收获甘甜的果实；只有在学业上坚持不懈地奋斗，才能取得辉煌的成功。

不义而富且贵，于我如浮云

【经典回顾】

子曰：“饭疏食[1]，饮水，曲肱[2]而枕之，乐亦在其中矣。不义而富且贵，于我如浮云。”

——《论语·述而》

注释

[1] 饭疏食：饭，这里是“吃”的意思，作动词。疏食即粗粮。

[2] 曲肱：肱，音 gōng，胳膊，由肩至肘的部位。曲肱即弯着胳膊。

今译

孔子说：“吃粗粮，喝白水，弯着胳膊当枕头，乐趣也就在这中间了。用不正当的手段得来的富贵，对我来讲就像是天上的浮云一样。”

【亲近经典】

孔子极力提倡“安贫乐道”，认为有理想、有志向的君子，不会总是为自己的吃穿住而奔波的。“饭疏食，饮水，曲肱而枕之”，对于有理想的人来讲，可以乐在其中。

同时他还提出，不符合于道的富贵荣华，他是坚决不接受的，这些东西对他如天上的浮云一般。这种思想深深影响了古代的知识分子，也为一般老百姓所接受。

【故事链接】

子罕辞玉

子罕，又名乐喜，是春秋时宋国的宰相，任司城，掌管土地、水利和工程建设。他一向廉洁奉公，勤政爱民，为官清正无私，深受当地老百姓的爱戴。

一天，子罕办完公事回到内衙休息，一个衣着朴素的中年人登门拜访，子罕热情地接待了他。中年人从怀中掏出一块半青半白的璞玉，恭恭敬敬地放在子罕面前的桌子上，然后说道：“大人为官清正，德被苍生，老百姓得到很多的好处和实惠。小人前两天在山上采石，发现了这块璞玉，特献给大人，以表示敬慕之诚。”

子罕婉言谢道：“我不需要它。你得之不易，还是拿回你家去吧！”说完，把璞玉推到中年人面前。

中年人以为子罕不懂得璞玉的价值，特别郑重地解释说：“大人，你不要看这块璞玉其貌不扬，其实它真是一块宝贝。我曾经拿着它给玉匠看过，玉匠认为这是一块价值千金的宝玉，所以我才敢献给你，请大人一定收下。”

子罕正色地说：“你把玉石当作宝物，我一向把不贪当作宝物，如果你把宝玉给我，岂不是我们两人都失去了自己的珍宝？相反，我不收你的宝玉，我们两人也都保留了自己的珍宝。”

【掩卷沉思】

在香港，李嘉诚是个神话。如果说法国人是以“拿破仑”这个名字作为白手起家的典范的话，那么中国人也可以以“李嘉诚”三个字作为从无到有的神话。他的一生极富传奇色彩。

少小离乡，幼年丧父；从一无所有，到30岁成为千万富翁，而今李嘉诚的商业帝国遍及全世界几十个国家。这世上刻苦努力之人成千上万，多少白手起家者将李嘉诚奉为楷模，然而这位华人首富能有今日成就，绝非仅仅是因为勤奋，他靠的是什么？

李嘉诚援引《论语》说：“不义而富且贵，于我如浮云。”“1957、1958年初次赚到很多钱，人生是否有钱便真的会快乐？那时候开始感到迷惘，觉得不一定。当我最初打工的时候，我有很大的压力。打工的时候，尤其是最初一两年，要求知，又要交学费，还要供弟妹读中小学以至大学，颇为辛苦。开始做生意的最初几年，只有极少的资金，的确要面对很多问题，很多艰辛。但慢慢地，你想通了，以这样的勤力，肯去求知，肯常常去想创新的意念，悭俭自己，对人慷慨。交朋友，有义气，又肯帮人。自己做得到的，尽力去做。如果从这条路走，迟早一定有某一程度的成就，应该生活无忧。当生意更上一层楼的时候，绝不贪心，更不会贪得无厌。”

时至今日，社会环境已与多年前李嘉诚奋斗时有很多不同，有人为了成功可以不择手段，李嘉诚却说，“绝不同意为了成功而不择手段，即使侥幸略有所得，亦必不能长久，如俗语说‘刻薄成家，理无久享’”“令别人对你信任，不止是商人，一个国家亦是无信不立”。其实，李嘉诚事业上的“信”与他对人的“诚”是分不开的，而诚信相合，即为“义”。

我们要注意到，天上的浮云是一下子聚在一起，一下子就又散了。可是一般人看不清楚，只在得意时看到功名富贵如云一样集在一起，可是没有想到接着就会散去。看通了这点，自然不受物质环境、虚荣的惑乱，可以建立自己的精神人格了。

君子坦荡荡，小人长戚戚

【经典回顾】

子曰：“君子坦荡荡[1]，小人长戚戚[2]。”

——《论语·述而》

注释

[1] 坦荡荡：心胸宽广、开阔、容忍。

[2] 长戚戚：经常忧愁、烦恼的样子。

今译

孔子说：“君子心胸宽广，小人经常忧愁。”

【亲近经典】

“君子坦荡荡，小人长戚戚”是自古以来人们所熟知的一句名言。许多人常常将此写成条幅，悬于室中以激励自己。孔子认为，作为君子，应当有宽广的胸怀，容忍别人，容纳各种事件，不计个人利害得失。心胸狭窄，与人为难，与己为难，时常忧愁，局促不安，就不可能成为君子。

【故事链接】

一个小官吏之死

俄国著名作家契诃夫的小说《一个小官吏之死》，描写了一个小事务官切尔维亚科夫的猥琐形象。在剧场里看戏时，他无意中打了个喷嚏，本来并没有喷出多远，但当看到坐在他前排的将军正在一个劲儿地擦自己的秃顶和脖子，嘴里还嘟囔着什么，他心中不免嘀咕：坏了，我那该死的喷嚏喷到他的头上了，这可该怎么办？他开始惴惴不安，继而想到应该向这位高官认认真真地解释一番，诚心诚意地道歉。于是，他把身子向前探去，凑近将军的耳根，一而再、再而三地说：“看在上帝面上，原谅我，我不是故意的。”弄得人家莫名其妙，很不耐烦，这使他更加忧心忡忡。第二天，他又来到将军的接待室，继续道歉，依旧是那番话，没完没了。将军生气了：“这简直是胡闹！”他觉得，之所以弄到这种地步，是因为话没有说透，于是第三天又前去赔礼道歉。将军恼怒至极，突然脸色发青，周身发抖，大吼一声："滚出去！"这一声吼，吓得他魂飞魄散，以致回家之后便一命呜呼。

清正刚直的人一身正气，两袖清风，"心底无私天地宽"，自然会襟怀坦荡，无惧无虑。而那些趋炎附势、溜须拍马，专门走后门跑关系的势利小人，那些受陈腐观念束缚、满脑子利己主义、专门打一己小算盘的人，必然整天瞻前顾后，穷于应付，形神交瘁，甚至像契诃夫笔下的那个小官吏，死在了自己的"长戚戚"中。

【掩卷沉思】

古代的仁人君子为什么能够做到无忧呢？难道他们没有生老病苦，没有学业、事业和家庭的烦恼吗？

试想，一个人把国家、民族的未来时时放在心上，抱有"先天下之忧而忧，后天下之乐而乐"的胸怀，忧国忧民，为天下而忧，这种忧其实也是一种乐，一种找到人生目标而终生不移、不悔的君子之乐，所以说"君子无忧"。

栖身的房子破了，堪忧；被罢官了也堪忧。试想，当我们的房子在秋风中破了，我们还能想到其他饥寒的人吗？还能够写出来传颂后世的诗歌吗？当我们被重用时，能够忠心为国，可是我们被贬谪戍边时还有忠君报国的心境吗？

唐代诗圣杜甫，他自己家的茅草房是那样破败不堪，被大风掀翻了屋顶，但他心中想到的是什么呢？是希望有更多好房子让所有穷人都住上。由自己的处境想到和自己一样的人，人饥己饥，人溺己溺，这是何等仁厚的胸怀。所以君子不是无忧，是有忧而能够做到不忧，因为他心中无我，不把自己的苦难放在心上，始终想到的是别人。

小人则反其道而行之。君子和小人每天想的事情是不同的，君子每天在牵挂的是道德、是社会；而小人每天都在算计着自己的衣食住行等物质生活，在小私、小我里面打转。所谓"小人"，就是没有大眼界、自私自利的人。他们整天患得患失，没有一天是坦荡快乐的。

孟子说过，如果一个国家的人民都是小人心，那么我们的社会发展就不堪设想了。"社会国家者，互助之体也"，我们修养自己，不仅自己无忧，还会利国利民利家，何乐而不为？

三军可夺帅也，匹夫不可夺志也

【经典回顾】

子曰："三军[1]可夺帅也，匹夫[2]不可夺志也。"

——《论语·子罕》

注释

［1］三军：12500人为一军，三军包括大国所有的军队。此处言其多。

［2］匹夫：平民百姓，主要指男子。

今译

孔子说："一国军队，可以夺去它的主帅；但一个男子汉，他的志向是不能被强迫改变的。"

【亲近经典】

"理想"这个词，在孔子时代称为"志"，就是人的志向、志气。"匹夫不可夺志"反映出孔子对于"志"的高度重视，甚至将它与三军之帅相比。作为个人，应有自己的独立人格，任何人都无权侵犯，应维护自己的尊严，不受威胁利诱，始终保持自己的"志向"。这就是中国人"人格"观念的形成及确定。

匹夫虽然只有一个人，但只要他真有气节，志向坚定，那就任谁也没有办法使他改变了。这种宁死不屈的烈士事迹，可歌可泣。相反，一个人如果没有气节，志向不坚定，则很可能在关键时刻受不住诱惑或经不住高压而屈膝变节，成为人们所鄙视的叛徒。

所以，志向的确立和坚守是非常重要的，是儒家修身的基本内容之一。

【故事链接】

张飞义释严颜

《三国演义》六十三回里写到，刘备攻取益州，诸葛亮派张飞领一万人马为先锋，以援助刘备。张飞一路上势如破竹，连连得胜，吓得敌人不断投降。于是，张飞率军很快打到巴郡江州城下。巴郡太守严颜，是益州太守刘璋手下大将，智勇双全，年纪虽然大了点，但精力旺盛，臂力过人，善开硬弓，使一把大刀，有万夫不当之勇。张飞巧用计谋，生擒了严颜，其部下见主将被擒，纷纷弃械投降。

张飞入了巴郡城中，安顿好百姓，坐在厅上，刀斧手将严颜捆得结实，推将上来。严颜站立不跪，张飞呵斥道："大将到此，你居然敢抗拒于我，还不快快投降！"严颜也大声说道："这里只有断头将军，没有投降将军！"张飞大怒，叫左右："推出去斩了！"严颜却说："要砍就砍！"张飞见严颜声音雄壮，面不改色，顿生惺惺相惜之意，于是走下台阶，亲自为严颜松绑，并将自己的衣服为他披上，扶上正中高座，低头便拜，说："刚才言语冒犯，请勿见怪。我素来知道老将军是豪杰之士，只是想试一下你。"严颜见状也十分感动，于是就归顺了张飞。后来刘璋被刘备彻底消灭后，严颜自觉愧悔难当，于是自刎而死。后人有诗赞严颜曰：

白发居西蜀，清名震大邦。
忠心如皎月，浩气卷长江。
宁可断头死，安能屈膝降？
巴州年老将，天下更无双。

关云长温酒斩华雄，于万马军中夺敌帅首级如探囊取物，这是“三军可夺帅也”。严颜宁死不屈，面不改色，“只有断头将军，没有投降将军”，这是“匹夫不可夺志也”。

【掩卷沉思】

每个人都有自己心中不可夺的志，由于这个不同，人和人才有真正的差别，人和人外在的差别实际很少，内心的差别才是真正的差别。

内心的志，有的人有，有的人没有，有些人是这样的，有些人是那样的，这实际上是一个自省的功夫。真正确立了这样的志向，才有那样一种大无畏的精神，就是“三军可夺帅，匹夫不可夺志”，非常豪迈，非常坚定，非常充实！这里的匹夫之志是宏大的追求，他可以把自己的生死置之度外，这个“志”高于自己的生命。

当你在现实中遭遇无奈之时，何不想想这两句话？它不是自欺欺人，而是精神上的抵抗，即使没有任何依赖和支援，也绝不向恶势力低头。我们要咬紧牙关体现出“三军可夺帅，匹夫不可夺志”的那样一种精神，那样一种壁立万仞的风骨！

21世纪的儒者必须要有一种大丈夫精神。我们这个时代属于沧海横流的时代，“沧海横流方显英雄本色”，这个时候需要有这种高峻的风格、刚毅的品质、不屈的志气！

不忧不惧，内省不疚

【经典回顾】

司马牛[1]问君子[2]。子曰：“君子不忧不惧。”曰：“不忧不惧，斯谓之君子已乎?”子曰：“内省[3]不疚，夫何忧何惧?”

——《论语·颜渊》

注释

[1] 司马牛：孔子的弟子，复姓司马，名耕，一名犁，字子牛。宋国人。

[2] 君子：此处应理解为“怎样做一个君子”。

[3] 内省：内心反省。

今译

司马牛问怎样做一个君子。孔子说：“君子不忧愁，不恐惧。”司马牛说：“不忧愁，不恐惧，这样就可以叫做君子了吗?”孔子说：“自己问心无愧，那还有什么忧愁和恐惧呢?”

【亲近经典】

能不忧不惧的人，那就可以算得上是君子了。可司马牛一听，感觉却不太一样，他觉得仅仅是不忧愁不恐惧，这不是太简单了吗？你看那饭店酒馆里猜拳行令、吆五喝六的人，不都是不忧愁不恐惧吗？难道他们都是君子吗？孔子知道司马牛没有弄清楚，所以进一步告诉他说：“不忧愁不恐惧是指自己问心无愧，心地光明安详，这可是不大容易做到的啊！”据说司马牛是宋国大夫桓魋（tuí）的弟弟。桓魋在宋国“犯上作乱”，遭到宋国当权者的打击，全家被迫出逃。司马牛逃到鲁国，拜孔子为师，并声称桓魋不是他的哥哥。所以这一章里，孔子回答司马牛问怎样做才是君子的问题，是有针对性的，即不忧不惧，问心无愧。

【故事链接】

长征途中的“君子之勇”

子曰：“内省不疚，夫何忧何惧？”孔子对于何谓君子的回答非常的简洁。“问心无愧，何来忧惧？”在孔子看来这就是君子了。这代表了我们民族精神中一个重要的方面——内省。

长征始于第五次反“围剿”战斗的失败，之所以失败有多种原因，其中之一就是共产党内仍然存在这样那样的错误思想，可贵的是，共产党却一直没有放弃同错误思想作斗争的努力。1935年1月15至17日，中共中央在遵义举行了政治局扩大会议，着重总结了第五次反“围剿”失败的经验教训，纠正了王明“左”倾冒险主义在军事上的错误，确立了以毛泽东为代表的中共中央的正确领导思想，制定了红军后面的战略方针，从而在最危险的关头挽救了红军和中国共产党。这次会议是中国共产党和工农红军历史上一个伟大的转折点，也是共产党发展历史上一次自我批判、自我检讨的勇敢尝试。

真正的共产党人凭着对革命事业的无比忠诚，和对革命战斗形势的正确把握，一次次不断地进行着向着正确道路的努力和前进。正是如此真诚和自觉的检讨才使得长征路成为一条走向队伍壮大和胜利的路。所以长征精神之一就是忠诚于自己信仰和灵魂的君子之勇。只有真正的共产主义战士才敢作出这样的内省和自查。

【掩卷沉思】

俗话说：“为人不做亏心事，不怕半夜鬼敲门。”这里所指的是一种心态、一种人生修养的境界。做人问心无愧，心地就会坦然，心胸就会豁达，心境就会清净、祥和，也就没有什么可忧愁、可害怕的。

人生在哪些方面容易被忧愁、恐惧、诱惑所困扰呢？

首先是在处理己与人的关系上。如果总是抱怨他人，抱怨社会，就不可能赢得人们的信任和尊重，不可能摆正自己与社会的位置，其结果只能是不利于自己的成长和进步。君子对人对事，总是多从自己方面找原因，多要求自己，多充实自己。只怕自己没有真才实学，只怕自己不了解别人，不怕别人不了解自己。这样一个做人的大道理，被后人概括为“反躬自省”“反躬自问”等成语，成为中国人的重要行为准则。

其次是在处理义与利的关系上。如果见利忘义，就难免陷入“人为财死、鸟为食亡”的泥潭。在看到可得之利时，首先要考虑它是不是合乎道义，自己该不该得。一事当前，君子所明了、考虑和顾及的是义；小人所斤斤计较的是利。利益和富贵是人们都希望得到的，并不反对人们谋取正当的利益和富贵，但必须“义然后取”，取之有道。

最后是在处理苦与乐的关系上。如果吃不得苦，就难免被困难吓倒，成为经不起风浪、抗不住压力的懦夫。只有树立起正确的苦乐观，以苦为乐，才能在学习和追求道德理想中获得精神愉悦，才能建立起一种高尚的、自强不息的人生追求和生活方式。每个人都希望得到幸福与快乐，切不可只顾贪图享乐，而不辨其损益。

这样的境界，才是幸福、快乐人生的真谛。

仁者不忧，知者不惑，勇者不惧

【经典回顾】

子曰："君子道者三[1]，我无能[2]焉：仁者不忧，知[3]者不惑，勇者不惧。"子贡曰："夫子自道[4]也。"

——《论语·宪问》

注释

[1] 三：这里理解为"三个方面"。

[2] 无能：没能做到。

[3] 知：音 zhì，古同"智"，智慧。

[4] 自道：自我描述。道，表达、表述。

今译

孔子说："君子之道有三个方面，我都未能做到：仁德的人不忧愁，聪明的人不迷惑，勇敢的人不畏惧。"子贡说："这正是老师的自我表述啊！"

【亲近经典】

作为君子，孔子认为其必需的品格有许多，这里他强调指出了其中的三个方面：仁、智、勇。

在儒家传统道德中，仁、智、勇是重要的三个范畴。《礼记·中庸》说："智、仁、勇，三者天下之达德也。"孔子说"仁者不忧，知者不惑，勇者不惧"，是希望自己的学生能具备这三德，成为真正的君子，进而成为圣人。

孔子明白指出：智的最高修为是不惑；仁的最高修为是不忧；勇的最高修为是不惧。虽然成为圣人是极高的境界，不易达到，但是仍可透过修行达成。因为，当一个人真正明白做人的真正目的时，他便会因为生活中的自我要求而提高心性、破迷生智慧、进而坦然面对人生的喜乐。不庸人自扰，也能锻炼出大无畏的真勇气去面对遭遇的困顿与考验。

【故事链接】

瞿秋白就义

1935年6月18日，福建长汀。瞿秋白来到中山公园，"至中山公园，全园为之寂静，鸟雀停息呻吟。信步至亭前，已见小菜四碟，美酒一甕。彼独坐其上，自斟自饮，谈笑自若，神色无异”。酒半乃言曰：“人生有小休息，有大休息，今后我要大休息了。我们共产党人的哲学就是鞠躬尽瘁，死而后已。”瞿秋白说罢此话，坦然正其衣履，到公园凉亭前拍了遗照———他背着两手，昂首直立，恬淡闲静之中流露出一股庄严肃穆的气概。瞿秋白慢步走向刑场。刑场在长汀西门外罗汉岭下蛇王宫养济院右侧的一片草坪，距中山公园二华里多。倘是怕死的人，不要说步行两华里，就是二十米也无法走。瞿秋白手挟香烟，顾盼自如，缓缓而行，继而高唱国际歌，打破了沉寂的空间。到了罗汉岭下，他自己找了块空地面北盘足坐下，回头看了看行刑者说“此地甚好”，接着饮弹洒血，从容就义。

【掩卷沉思】

今天这个世界是一个丰富的、多元选择的世界，如何让自己正确坦然面对各种各样的“忧愁”呢？我们不可能让外在的世界变得更简单，但我们可以让自己的情怀变得更仁厚。这叫就叫“仁者不忧”。那么如何让自己成为一个“不忧者”呢？那就是要做到恭、宽、信、敏、惠。

仁爱是什么，是眼前人，身边事，是当下这个时刻我们心中一种善良的愿望，一种举手之劳，一种恭敬宽容，是一种信誉、敏捷和对他人的善意。

每一个今天，每一个现在都可能充满了忧思、充满了恍惚、充满了遗憾，转瞬即逝。其实一个聪明人只要永远把握好当下这一刻，就拥有了最好的人生。

富贵不能淫，贫贱不能移，威武不能屈

【经典回顾】

景春[1]曰：“公孙衍[2]、张仪[3]岂不诚大丈夫哉？一怒而诸侯惧，安居而天下熄。”

孟子曰：“是焉得为大丈夫乎？子未学礼乎？丈夫之冠[4]也，父命之；女子之嫁也，母命之，往送之门，戒之曰：‘往之女家，必敬必戒，无违夫子！’以顺为正者，妾妇之道也。居天下之广居，立天下之正位，行天下之大道；得志，与民由之；不得志，独行其道。富贵不能淫，贫贱不能移，威武不能屈，此之谓大丈夫。”

——《孟子·滕文公下》

注释

[1] 景春：战国时纵横家。

[2] 公孙衍：魏国人，号犀首，当时著名的说客。

[3] 张仪：战国时纵横家的代表人物，主张连横，为秦扩张势力。

[4] 冠，古时男子年二十行加冠礼，表示成年。

今译

景春说：“公孙衍、张仪难道不是真正的大丈夫吗？他们一发怒，诸侯就害怕，他们

安居家中，天下就太平无事。”

孟子说：“这哪能算是大丈夫呢？你没有学过礼吗？男子行加冠礼时，父亲训导他；女子出嫁时，母亲训导她，送她到门口，告诫她说：‘到了你家，一定要恭敬，一定要谨慎，不要违背丈夫！’把顺从当作正理，是妇人家遵循的道理。居住在天下最宽广的住宅（‘仁’）里，站立在天下最正确的位置（‘礼’）上，行走在天下最宽广的道路（‘义’）上；能实现理想时，就同人民一起走这条正道；不能实现理想时，就独自行走在这条正道上。富贵不能迷乱他的思想，贫贱不能改变他的操守，威武不能压服他的意志，这才叫做大丈夫。”

【亲近经典】

“富贵不能淫、贫贱不能移、威武不能屈”，这三句话是孟子的名言。它的意思是说，富贵不能乱其心，贫贱不能移其志，威武不能屈其节。那么，这些铿锵有力的话语，是在怎样的情况下说出来的呢？

据《孟子·滕文公下》记载，有一个叫景春的人，向孟子宣扬当时的两位著名的说客公孙衍和张仪是“大丈夫”，以示夸耀。公孙衍曾佩五国相印，张仪曾佩秦国的相印，这两个人都是手握大权、赫赫有名的风云人物。景春夸耀他们是“大丈夫”的论据是，公孙衍、张仪他们一生气便会发生战争，让诸侯们畏惧，他们一平静下来，天下也平静无事了。

孟子对公孙衍和张仪这些专搞阴谋诡计、经常无端挑起战乱的人，本来就十分不满，而景春居然还吹捧他们是“大丈夫”，便义正词严地进行了驳斥，他说，公孙衍和张仪只不过是无原则地顺从君主、趋炎附势的人。这算什么大丈夫！

孟子驳斥得很好。显然，景春这种着眼于威风及权势来评定大丈夫的标准，是极其荒谬的。孟子在驳斥了景春的谬论后，紧接着便对什么是真正的大丈夫的标准，作了明确的说明和界定。他认为，真正的大丈夫有两个标准：一是要有“行天下之大道”的远大志向和抱负，并能将此大道推行到广大人民中去；二是要有“富贵不能淫，贫贱不能移，威武不能屈”的道德操守。只有这样，才算得上是大丈夫。

【故事链接】

骨　气

南宋末年，首都临安被元军攻入，丞相文天祥组织武装力量坚决抵抗，失败被俘后，元廷劝他投降，他写了一首诗，其中有两句是：“人生自古谁无死，留取丹心照汗青。”意思是人总是要死的，就看怎样死法，是屈辱而死，还是不屈而死？他选取了后者，要把这片忠心纪录在历史上。文天祥被拘囚在北京一个阴湿的地牢里，受尽了折磨，元廷多次派人劝他，只要投降，便可以做大官，但他坚决拒绝，终于在1282年被杀。

孟子说的几句话，在文天祥身上都表现出来了。他写的有名的《正气歌》，歌颂了古代有骨气的人的英雄气概，并且以自己的生命来抗拒压迫，号召人民继续起来反抗。

另一个故事是古代有一个穷人，饿得快死了，有人丢给他一碗饭，说："嗟，来食！"（喂，来吃！）穷人拒绝了"嗟来"的施舍，不吃这碗饭，后来就饿死了。不食嗟来之食这个故事因其表现出来的骨气而历经千百年被广泛流传。

还有个例子。民主战士闻一多在1946年7月15日被国民党枪杀。在这之前，朋友们得到有人要暗杀他的消息，劝他暂时隐蔽，他毫不在乎，照常工作，而且更加努力。明知敌人要杀他，在被害前几分钟还大声疾呼，痛斥国民党特务，指出他们的日子不会很长久了，人民民主一定得到胜利。毛主席在《别了，司徒雷登》一文中指出："许多曾经是自由主义者或民主个人主义者的人们，在美国帝国主义者及其走狗国民党反动派面前站起来了。闻一多拍案而起，横眉怒对国民党的手枪，宁可倒下去，也不愿屈服。"高度赞扬他的英雄气概。

【掩卷沉思】

孟子的这些话，虽然是在两千多年以前说的，但直到现在，还有它积极的意义，依然可以指导我们去探索人生的价值。

试想，人生在世，财富多了，或官当大了，自然是好事，但有时却反而会成为坏事。有的人财富多了，或者官当大了，便志满意横、骄奢淫逸起来，结果，贪赃枉法、腐败堕落便从此而生。可见，富贵不能淫，这既是人生的警示，也是一个人应有的道德操守。

贫贱，不是人们所愿望的，但也不是什么可耻、可怕的事。一个人虽然贫贱却堂堂正正，不吃嗟来之食，不摧眉折腰，不以不正当的手段摆脱贫贱的处境，人穷志不短；"穷且益坚，不坠青云之志"，高尚的人格并不因为身处贫贱而改变，这就是"贫贱不能移"的真正内涵。

珍爱名誉，保持气节，这是做一个真正意义上的人的道德底线。这就要求我们做到威武不能屈，即使在高压、淫威、权势及武力逼迫面前，都能不屈不挠，守得住，站得直。

生于忧患，死于安乐

【经典回顾】

人恒过[1]，然后能改。困于心，衡[2]于虑，而后作[3]；征[4]于色，发于声，而后喻[5]。入则无法家拂士[6]，出则无敌国外患者，国恒亡。

然后知生于忧患，而死于安乐也。

——《孟子·告子下》

注释

[1] 过：犯错误。

[2] 衡：衡，通"横"，梗塞，指不顺。

[3] 作：奋起，指有所作为。

[4] 征：表征，表现。

[5] 喻：明白，了解。

[6] 法家拂士：法家，守法度的大臣。拂士，辅佐君主的贤士。拂，音 bì，通“弼”，辅佐。

今译

一个人常常犯错误，过后能改正；内心困扰，思虑阻塞，这以后能奋起；面色憔悴，发出叹息之声，（看到他的脸色，听到他的声音）人们才了解他。国内没有坚守法度的大臣和足以辅佐君主的贤士，国外如果没有与之相匹敌的国家和忧患，国家常常会灭亡。这样以后就才知道，忧患使人生存发展，安乐使人萎靡消亡。

【亲近经典】

孟子说：舜从田野中崛起，傅说从筑墙的工作中被提举，胶鬲曾是鱼盐贩子，管仲从监狱走向飞黄腾达，孙叔敖从海边被提举出来，百里奚曾被俘做奴隶。所以，上天要把重责委托给某个人，一定会先使他心意苦恼、筋骨劳顿、肠胃饥饿、身体穷困，使他的每一行为都不能如意，而后才能知道“生于忧患，死于安乐”的人生真理。

【故事链接】

扶不起的阿斗

刘备去世后，由儿子刘禅（shàn）继位，刘禅的小名叫阿斗，是个愚笨无能的人。一开始，由于有诸葛亮等有才能的人辅佐，所以还没有什么大问题。后来，辅佐他的贤人先后去世，蜀国也就很快地被魏国灭了，刘禅投降被俘。

他投降后，被安排到魏国的京城许昌居住，并且被封为安乐公。有一次，魏国的大将军司马昭请他喝酒，当筵席进行得酒酣耳热时，司马昭说：“安乐公，您离开蜀地已经很久了，因此我今天特别安排了一场富有蜀国地方色彩的舞蹈，让你回味回味啊！”

这场舞蹈跳得让刘禅身旁的部属们非常难过，更加想念他们的家乡。然而唯独安乐公刘禅依然谈笑自若，丝毫没有难过的表情。司马昭问道：“你还想不想回西蜀的家乡呢？”刘禅答道：“这里有歌有舞，又有美酒好喝，我怎么舍得回西蜀国呢！”“乐不思蜀”一词由此而来。正因为如此，刘禅的昏庸无能在历史上出了名，后来，人们常用“扶不起的阿斗”比喻那种懦弱无能、没法使他振作的人。

【掩卷沉思】

长在岩石间的树，总是特别苍劲；沙漠里的种子，遇到一点儿水分就能快速萌发；极地的苔藓，可以经历长期的干燥寒冷依然存活。不平凡的遭遇常能造就不平凡的人生。顺利的境遇、优越的地位、富足的资财、舒适的生活，似乎应该是个人、家庭以及民族发展的有利条件，但历史和现实的经验却一再告诉我们：从来纨绔少伟男。

在中国五千年的文明史上，我们看到名门望族走马灯般地替换，家运五代不衰便成为治家有方的美谈。清朝八旗子弟就是最好的例子，这个马背上的民族曾经骁勇剽悍，但成了统治阶层后，不过几代，八旗子弟就沉醉于安乐享受之中，清朝的灭亡也随之来临。

相反，苦难、逆境，甚至生理缺陷反而产生和造就了一些伟大人物。凯撒、亚历山大、罗斯福都是如此。很多心理学家认为，压力是每个人生活中不可缺少的一部分，苦难的刺激，能使人振作。

“宝剑锋从磨砺出，梅花香自苦寒来”，只有经历过忧患和磨难，才能逐渐迈向成功。在年轻的时候，多把自己放在逆境中，不仅能磨炼敲打出许多美好的品性，也增强了生活的能力，扩展了视野，掌握了很多技能。

一个人对自己目前的环境不满意，唯一的办法，是让自己战胜这个环境，超越这个环境。譬如行路，当你不得不走过一段险阻狭窄的道路时，唯一的办法是打起精神，克服困难，把这段路走过去。

“古今英雄多磨难”，不论处于什么样的环境，只有奋发进取，勇于求索才能获得最有价值的人生。所以，置身在不如意的环境中的人们，不但不应该消沉停顿，反而要拿出加倍积极乐观的精神来支配目前的环境，一片更广阔的蓝天在前面等着你。

非淡泊无以明志，非宁静无以致远

【经典回顾】

夫君子之行[1]，静以修身，俭以养德。非淡泊无以明志，非宁静无以致远[2]。夫学须静也，才须学也，非学无以广才，非志无以成学。淫慢[3]则不能励精[4]，险躁[5]则不能冶性[6]。年与时驰，意与日去，遂成枯落，多不接世[7]，悲守穷庐，将复何及！

——诸葛亮《诫子书》

注释

[1] 行，品行。

[2] 致远：实现远大的理想。

[3] 淫慢：过度的享乐与怠惰。

[4] 励精：奋发向上。

[5] 险躁：浮躁。

[6] 冶性：陶冶性情。

[7] 接世：接触社会，承担事物。

今译

有道德修养的人，是这样进行修养锻炼的，他们以静思反省来使自己尽善尽美，以俭朴节约来培养自己高尚的品德。不清心寡欲就不能使自己的志向明确坚定，不安定清静就不能实现远大理想。要学习必须使身心宁静，而要提高才干必须不断学习；不下苦功学习就不能增长与发扬自己的才干；如果没有坚定不移的意志就不能使学业成功。纵欲放荡、消极怠慢就不能勉励心志使精神振作；冒险草率、急躁不安就不能陶冶性情使节操高尚。如果年华与岁月虚度，志愿时日消磨，最终就会像枯枝落叶般一天天衰老下去。这样的人不会为社会所用而有益于社会，只有悲伤地困守在自己的穷家破舍里，到那时再悔也来不及了。

【亲近经典】

“非淡泊无以明志，非宁静无以致远”，出自诸葛亮54岁时写给他8岁儿子诸葛瞻的《诫子书》。这既是诸葛亮一生经历的总结，更是对他儿子的期望。在这里诸葛亮用的是“双重否定”的句式，以强烈而委婉的语气表现了他对儿子的教诲与无限的期望。

这是一句富含哲理的话。“淡泊”“宁静”，不是不想有什么作为，而是要通过学习“明志”，树立远大的志向，待时机成熟就可以“致远”，轰轰烈烈干一番事业。

“淡泊”是一种古老的道家思想，《老子》就曾说“恬淡为上，胜而不美”。后世一直继承赞赏这种“心神恬适”的意境，如白居易《问秋光》一诗中的“身心转恬泰，烟景弥淡泊”，它反映了作者心无杂念，凝神安适，不限于眼前得失的那种长远而宽阔的境界。

【故事链接】

梭罗的湖，宁静的湖

在一百多年前，有个人告诉我们，如何能过上一种宁静平和的生活，那人就是梭罗；又有一处地方能让人心情平静，那就是瓦尔登湖。

1845年，梭罗一个人，在瓦尔登湖旁边建造了一栋木屋，然后自己种庄稼养活自己，靠打工的钱添置些生活必需品。就这样，他一个人独自隐居了两年。当然梭罗不整天打工或者种菜。他一年只花六个星期时间劳作。其他时间用于思考、写作。

梭罗的生活极其俭朴，他住的木屋面积不大，穿着半新不旧的衣服，吃田间的马齿苋、玉米饼之类能维持人的日常活动能量的食物。无疑，梭罗将自己的哲学身体力行。而且他从这样的生活中获得了许多，他欣赏了到瓦尔登美丽的风景，结交了许多自然界的朋友，认识了淳朴的农民。日子过得简单宁静而快乐。

更为重要的是，在这期间，梭罗完成了个人著作《瓦尔登湖》。这是本安静的书、一本寂寞的书、一本孤独的书、一本一个人的书，让世人叹为观止！瓦尔登湖不仅是梭罗生活的栖息场所，也是他精神的家园、心灵的故乡，让他在喧嚣的世界中寻得一个幽雅僻静的去处。瓦尔登湖不仅给他提供了思考的空间，也给他提供了一种朴素淡泊的心境，他在这里观察、倾听、感受、沉思，并且梦想。

【掩卷沉思】

诸葛亮的《诫子书》蕴含了以下十种力量。

第一，宁静的力量（静以修身，非宁静无以致远，学须静也）。诸葛亮忠告孩子宁静才能够修养身心。不能够静下来，则不可以有效地计划未来，而且学习的首要条件，就是有宁静的环境。现代人大多数终日忙碌，你是否应在忙乱中静下来，反思人生方向？

第二，节俭的力量（俭以养德）。诸葛亮忠告孩子要节俭。审慎理财，量入为出，不但可以摆脱负债的困扰，更可以过着有节制的简朴生活，不会成为物质的奴隶。在鼓励消费的文明社会，你有否想过节俭的好处呢？

第三，计划的力量（非淡泊无以明志，非宁静无以致远）。诸葛亮忠告孩子要计划人生，不要事事讲求名利，要静下来，细心计划将来。面对未来，你有理想吗？你有使命感吗？你有自己的价值观吗？

第四，学习的力量（夫学须静也，才须学也）。诸葛亮忠告孩子宁静的环境对学习大有帮助，当然配合专注的平静心境，就更加事半功倍。诸葛亮不是天才论的信徒，他相信才能是学习的结果。你是否全心全力地学习？你是否相信努力才有成就？

第五，增值的力量（非学无以广才，非志无以成学）。诸葛亮忠告孩子要增值先要立志，不愿意努力学习，就不能够增加自己的才干。但学习的过程中，决心和毅力非常重要，因为缺乏意志力，就会半途而废。你有否想过，一鼓作气人多、坚持到底人少的道理？

第六，速度的力量（淫慢则不能励精）。诸葛亮忠告孩子凡事拖延就不能够快速地掌握要点。计算机时代是速度的时代，样样事情讲求效率。快人一步，不但理想达到，你有否想过，有更多时间去修正及改善？

第七，性格的力量（险躁则不能冶性）。诸葛亮忠告孩子太过急躁就不能够陶冶性情。思想影响行为，行为影响习惯，习惯影响性格，性格影响命运。诸葛亮明白生命中要作出种种平衡，要“励精”，也要“冶性”。你要提升自己性格的品质吗？

第八，时间的力量（年与时驰，意与日去）。诸葛亮忠告孩子时光飞逝，意志力又会随着时间的流逝而逐渐被消磨。每天 24 小时，不多也不少，唯有管理自己，善用每分每秒。请你想一想，你有蹉跎岁月吗？

第九，想象的力量（遂成枯落，多不接世，悲守穷庐，将复何及）。诸葛亮忠告孩子，当自己变得和世界脱节，才悲叹蹉跎岁月，已于事无补。要懂得居安思危，才能够临危不乱。想象力比知识更有力量。你有没有从大处着想，小处着手，脚踏实地规划人生呢？

第十，精简的力量。诸葛亮写给儿子的一封信，只用了短短 86 字，精简地传递了具体的人生规划。

海纳百川，有容乃大；壁立千仞，无欲则刚

【经典回顾】

海纳百川[1]，有容乃大[2]；壁立千仞[3]，无欲则刚[4]。

——林则徐

注释

[1] 百川：江淮湖泽的总称。

[2] 容：包容、广阔的胸怀；大：伟大。

[3] 壁立千仞：形容岩石高耸，坚定不移。

[4] 刚：指公道原则，是顺其天道自然的一种正义，亦是顺其自然的一种坚持。

今译

大海可以容纳千百条河流，因为它这样广阔的胸怀所以是世间最伟大的；悬崖绝壁能够直立千丈，是因为它没有过分的欲望，不向其他地方倾倒。

【亲近经典】

当年左宗棠被派戍守新疆，途中路过林则徐（已经被免职）的家，林送左一副对联以示勉励：海纳百川，有容乃大；壁立千仞，无欲则刚。林则徐意指做人为官的一种操守，就是说要豁达大度、胸怀宽阔，这也是一个人有修养的表现。中国过去有句俗话，叫做“宰相肚里能行船”。姑且不论那些宰相是不是都是有度量的人，但人们都把那些具有像大海一样广阔胸怀的人看做是可敬的人。

“有容乃大”出自《尚书》，“无欲则刚”出自《论语》。人要生活下去，就会有各种各样的“欲”，但是，凡事总要有个尺度。欲望多了、大了，就要生贪心，贪欲盛者往往被财、物、色、权等等迷住心窍，不能自拔，终至灾祸。

【故事链接】

心广天地宽

《三国演义》中的曹操和周瑜，都是才华横溢的人，而两个人的度量却大相径庭。曹操是个有度量的军事家、政治家。袁绍进攻曹操时，令陈琳写了篇讨曹檄（xí）文，不但把曹操本人骂了一顿，而且骂到了曹操父亲、祖父的头上。曹操当时气得全身冒汗。不久，袁绍兵败，陈琳落到曹操手里，曹操不但没有杀他，反而捐弃前嫌，委以重任。陈琳很感动，后来为曹操出谋划策，想出了很多好办法。因曹操不计前嫌，雍容大度，能宽容反对过自己的人，也使得一些有识之士纷纷投靠。曹操的势力因此能由小到大，由弱到强，最后统一北方。

周瑜是东吴的都督，聪明过人；但他虽是一个有才干的将领，却没有大将的度量。他妒忌心极盛，容不得比自己强的人。故事《诸葛亮三气周瑜》中，周瑜三次被诸葛亮捉弄，最后气得他“叫一声，金疮迸裂”。周瑜仰天长叹：“既生瑜，何生亮?”连叫数声而亡。无怪东吴宽厚老成的鲁子敬感叹地说：“公瑾（周瑜）量窄，自取死耳!”

从上述故事可以看出，一个人是否具有“豁达大度”之风并非小事，它既关系到自己的工作、学习乃至自己的生命和健康，也在某种程度上决定了一个人事业的兴衰与成败。

【掩卷沉思】

我们生活在社会群体中，人与人之间发生矛盾、产生误解是常有的事，那么应该如何处理好这方面的问题呢？我们的祖先留下许多闪光的思想和可供借鉴的经验。明代朱衮（gǔn）在《观微子》中说过：君子忍人所不能忍，容人所不能容，处人所不能处。

《续汉书》中记载的曹阴容邻的故事也很感人：邻居喂的猪，长得和曹家喂的猪模样相似。有一天，邻家的猪跑丢了，邻居便到曹家来认，说曹家这头猪就是他家丢的那头猪。曹阴心里知道他搞错了，却不和他争辩，二话没说，让他把猪牵走了。后来，邻家的猪又自己跑回来了，邻居这才知道弄错了，心中“大惭”，连忙把猪赶还曹家。这时，曹阴仍是二话没说，只是“笑而受之”。曹阴的态度和气量，对邻居是一种无声的感染和教育。

那么，我们在生活中怎样培养这种良好的美德呢？

一是要目光高远。能从全局、国家利益来考虑问题。唐代王之涣的《登鹳雀楼》就阐明了登高望远与博大胸襟的道理。站得愈高，看得愈远。

二是要克己忍让。在社会交往中，需要有一点克己忍让精神。不过，忍让总有个“度”，这个“度”就是必须坚守的正义原则。离开了这个“度”，无原则的忍让和妥协，那是我们所不主张的。法国大作家雨果说得好：“世界上最宽阔的是海洋，比海洋更宽阔的是天空，比天空更宽阔的是人的胸怀。”

三是要加强修养。“无欲则刚”揭示了一个道理：去除私欲，就能无所畏惧；无所畏惧，就能一身正气，刚直不阿。“无欲则刚”并非不允许人们有欲，而是要克制私欲，不为一己之利去争，扫除“报复之心和嫉妒之念”，自然就心底无私天地宽。一个有知识、有学问的人，才能够洞察事理，胸怀开阔。

今天，面对错综复杂的大千世界，面对来自各方的种种诱惑，我们如何处之？“无欲则刚”这一警语可作为立身行事的指南。“无欲品自高”，人若没有私欲，品格自然高峻洁清，不染尘泥。“无欲则刚”的操守，将使我们能在障眼的迷雾中辨明方向，勇往直前；将使我们在与邪恶的斗争中伸张正义，克敌制胜；“无欲则刚”，没有私欲使人如同苍松翠柏，不怕乌云翻卷，不怕雨暴风狂，挺立世间，永不摧折。

第七章 自然的启迪

自然，孕育着人类的生命。自然就像是我们共同的母亲，在我们成长的道路上给我们以启迪，教会我们思考。从古至今，数不清有多少大师名人醉于自然的怀抱，有多少诗歌在赞美着她，有多少人生的哲理从中而发。

四季轮转，春夏秋冬，季节的更换带来自然不同的面貌。当隆冬来临，万木凋零，唯独松柏能够坚持到最后，于是孔夫子写下了“岁寒，然后知松柏之后凋也”。松柏的品格启示着我们，在面对生命的冬天时应该怎样表现。

大自然中的一草一木、一山一石无不在阐发着人生的哲理。老子教我们以“上善若水”，做人要像水那样，与人为善；杜甫的“会当凌绝顶，一览众山小”、王安石的“不畏浮云遮望眼，只缘身在最高层”告诉我们登到高处，方能看得更远；而“任尔东西南北风”的“竹石精神”更是以信心和勇气激励着一代又一代的人们……

自然的启迪，是对于生命的思考，是有心人的智慧。我们唯有热爱自然，珍惜自然并且感悟自然，才能发现她的伟大。

岁寒，然后知松柏之后凋也

【经典回顾】

子曰：“岁[1]寒，然后知松柏之后凋[2]也。”

——《论语·子罕》

注释

[1] 岁：季节，天气。

[2] 凋：凋谢，凋落。

今译

孔子说：“天严寒以后，才知道松柏是最后落叶的。”

【亲近经典】

孔子认为，人是要有骨气的。作为有远大志向的君子，他就像松柏那样，不会随波逐流，而且能够经受各种各样的严峻考验。孔子的话，语言简洁，寓意深刻，值得我们深入思考。

【故事链接】

“青松军人”——陈毅

陈毅将军是我国著名的革命家、军事家，为中华人民共和国的成立立下了汗马功劳。回顾他的一生，他就像一棵笔直挺拔的青松那样永远伫立在人民心头，让人敬佩不已！

1927年8月，在南昌起义失败的紧要关头，陈毅毫不犹豫地挺身而出，协助朱德将剩余的不足千人拉到湘南参加起义。根据粟裕的回忆，这是陈毅第一次同全体军人见面，他以坚强的意志震动了大家并赢得钦佩。那千余人跟随着他和朱德，战胜了种种恶劣环境，走向与毛泽东会师的道路。

1934年，红军主力长征时，受伤的陈毅留下来与项英一起领导南方游击战争。后人总结中共历史上环境最艰苦的三次战斗，就是红军长征、东北抗联在雪原密林中坚持斗争和南方三年游击战争。但是不论环境怎样艰苦，他始终充满着革命必胜的乐观主义精神。他和其他领导人一起，曾在梅山被敌人围困多日。陈毅带着伤病隐伏在草丛中，写下作为绝笔的诗篇《梅岭三章》。这种视死如归的革命豪情和百折不挠的钢铁意志，今天依然那样地激动人心。

陈毅将军曾写下《冬夜杂咏》组诗，袒露胸怀。《青松》是这组诗的第一首：

大雪压青松，青松挺且直。
欲知松高洁，待到雪化时。

身为一名军人，他刚烈、勇敢、坚强，他的品格使人联想到青松，他是一位不折不扣的“青松军人”！

【掩卷沉思】

“子曰：‘岁寒，然后知松柏之后凋也。’”如果单单从字面上解释，那就是：“季节寒冷了，才知道松柏树是最后落叶的。”然而，细究下去，却并非如此简单。

这句话里蕴含了许多的人生哲理。这句话如果运用到特定的某个人，伯夷、叔齐当受之无愧。伯夷和叔齐都是古代孤竹君的儿子，他们兄弟俩互让君位，为此还逃往深山，后听说西伯姬昌（即周文王）“善养老”，就去投奔他，然而还没有见到，西伯姬昌就死了。当武王伐纣，他们两人拉住武王的马极力劝阻无效，武王统一天下后，两人就拒绝吃国家的粮食（“不食周粟”），饿死在首阳山。他们反对伐纣的观念也许值得商榷，但其气节毋庸置疑，就连孔子也对伯夷、叔齐大加赞赏，称他们为“圣之清者”。

现在看来，伯夷、叔齐不食周粟而宁愿饿死的行为，那种把耻辱和名节看得比自己生命更为重要的气节，难道就没有令我们现代人反思的地方吗？

当今社会，是一个复杂多变的物质社会，我们每一个身处花花世界的人，在这岁寒之日，是否都能如松柏一样，能抵御严寒，并保持自身的善良天性，而不凋谢枯萎？

当我们遭遇各种各样的困难与挫折的打击时，我们是不是一下子就变得颓废不堪、垂头丧气呢？等到来年春暖花开，我们是否还能挺直腰板，去迎接新生？

在身陷困顿之时，再回过头来细细体会“岁寒，然后知松柏之后凋也”这句话，顿生许多感慨，现代人是否还存在如伯夷、叔齐那样的高洁之士？而我们自身，能否有勇气、有能力、有办法去度“寒岁”呢？

上善若水

【经典回顾】

上善若水[1]。水善利万物，又不争。处众人之所恶[2]，故几于道[3]。居善地，心善渊[4]，与[5]善仁，言善信，政善治，事善能，动善时。夫唯[6]不争，故无尤[7]。

——老子《道德经》

注释

[1] 上善：至善，最完美。

[2] 恶：音 wù，讨厌、不喜欢的意思。

[3] 几于道：接近于道或相似于道。

[4] 渊：水渊则藏，含而不露；圣人虚怀若谷，从不自我炫耀。

[5] 与：交往。

[6] 夫唯：正因为。是承上启下，总结上文得出结论。

[7] 尤：怨愤和悔恨。

今译

最高的善像水那样。水善于帮助万物而不与万物相争。它停留在众人所不喜欢的地方，所以接近于道。上善的人要像水那样安于卑下，存心要像水那样深沉，交友要像水那样相亲，言语要像水那样真诚，为政要像水那样有条有理，办事要像水那样无所不能，行为要想水那样待机而动。正因为他像水那样与万物无争，所以才没有烦恼。

【亲近经典】

老子说："上善若水。"他认为上善的人，就应该像水一样。水造福万物，滋养万物，却不与万物争高下，这才是最为谦虚的美德。江海之所以能够成为一切河流的归宿，是因为它善于处在下游的位置上。世界上最柔的东西莫过于水，然而它却能穿透最为坚硬的东西，没有什么能超过它，例如滴水穿石，所以说弱能胜强，柔可克刚。"道"无处不在，水无所不利；它避高趋下，因此不会受到任何阻碍；它可以流淌到任何地方，滋养万物，洗涤污淖；它处于深潭之中，表面清澈而平静，但却深不可测。它源源不断地流淌，去造福于万物却不求回报。这样的德行，乃至仁至善。

【故事链接】

"肥皂水"的哲学

约翰·卡尔文·柯立芝于1923年成为美国总统，他有一位漂亮的女秘书，人虽长得很漂亮，但工作中却常因粗心而出错。一天早晨，柯立芝看见秘书走进办公室，便对她说："今天你穿的这身衣服真漂亮，正适合你这样漂亮的小姐。"这句话出自柯立芝口中，简直让女秘书受宠若惊。柯立芝接着说："但也不要骄傲，我相信你同样能把公文处理得像你一样漂亮的。"果然从那天起，女秘书在处理公文时很少出错了。一位朋友知道了这件事后，便问柯立芝："这个方法很妙，你是怎么想出来的？"柯立芝得意洋洋地说："这很简单，你看见过理发师给人刮胡子吗？他要先给人涂些肥皂水，这样刮起来人才不会觉得痛。"

良药未必非要苦口，忠言未必非要逆耳。批评也需要讲求艺术。毫无顾忌、不讲方法的讽刺批评，会让人心生怨恨，更不用说接受建议改正错误了。

著名心理学家杰丝·雷尔说："称赞对人类的灵魂而言，就像阳光一样，没有它，我们就无法成长开花。"但是我们大多数的人只是敏于躲避别人的冷言冷语，而我们自己却吝于把赞许的阳光给予别人。的确，人生在世，难免会遇到挫折、阻拦、伤害……如果你想以硬碰硬，那么，你就必须成为最硬的那个，否则，总有一天你会被对方粉碎。所以，何不学水呢？学她的轻柔，以柔克刚。这样，不管前方有什么，你都能顺利地朝自己的方向前进下去。

【掩卷沉思】

水是博大精深的，它对我们的启迪还有许许多多。"滴水穿石"，启迪我们对事业的追求要锲而不舍；"千条江河奔大海，一江春水向东流"，启迪我们一旦认准一个目标，就要有一往无前的勇气和坚定执著的精神；"海纳百川，有容乃大"，启迪我们要有恢宏的气度，博大的胸怀……

自己活动，并能推动别人的，是水；

经常探求自己方向的，是水；

遇到障碍物时，能发挥百倍力量的，是水；

以自己的清洁洗净他人的污浊，可纳污自清的，是水；

汪洋大海，能蒸发为云，变成雨、雪，或化雨为雾，又或凝结成一面如晶莹明镜的冰，不管其变化如何，仍不失其本性的，也是水；

……

水可譬喻许多人生之原则与生命之境界。

水对我们的启迪是如此丰厚广博，难怪先哲要发出“上善如水”的赞叹！“上善如水”堪为我们的座右铭。

会当凌绝顶，一览众山小

【经典回顾】

岱宗[1]夫如何，齐鲁[2]青未了。造化[3]钟[4]神秀，阴阳[5]割[6]昏晓。

荡胸生层云[7]，决眦[8]入归鸟。会当[9]凌绝顶，一览众山小。

——唐·杜甫《望岳》

注释

[1] 岱宗：泰山别名岱山，因居五岳之首，故尊为岱宗。

[2] 齐鲁：古代二国名，这里泛指山东一带地区。

[3] 造化：指天地、大自然。

[4] 钟：聚集。

[5] 阴阳：阴指山北，阳指山南。

[6] 割：分割。

[7] 层云：云气层层叠叠，变化万千。

[8] 决眦：形容极力张大眼睛远望，眼眶像要决裂开了。眦，音 zì，眼眶。

[9] 会当：一定要。

今译

泰山是如此雄伟，青翠的山色望不到边际。大自然在这里凝聚了一切钟灵神秀，山南山北如同被分割为黄昏与白昼。山中冉冉升起的云霞荡涤着我的心胸，我极目追踪那暮归的鸟儿隐入了山林。我一定要登上泰山的顶峰，俯瞰那相形见小的众山。

【亲近经典】

《望岳》是现存杜诗中年代最早的一首。诗人到了泰山脚下，但并未登山，故题作“望岳”。诗篇描绘了泰山雄伟磅礴的气象，抒发了诗人向往登上绝顶的壮志，表现了一种敢于进取、积极向上的人生态度，极富哲理性。诗篇气魄宏伟，笔力囊括，造语挺拔，充分显示了青年杜甫卓越的创作才华。

“会当凌绝顶，一览众山小”是《望岳》里的名句，意思是说登上泰山，居高临下，其他众多山峰都变小了。它寓意着站得高，才能看得远。这个既简单又深刻的道理，激励人们为实现理想目标而不懈努力。

【故事链接】

毛泽东少年立志

古人云：志当存高远，心应容九州。远大的理想是人前进的动力，唯有立志方能立身。在志向这一精神动力的推动下，人们才能披荆斩棘，自强不息，奋进不息。古今中外许多杰出人物之所以能取得伟大成就，就是因为他们在年少时就胸怀大志，确立了远大理想并为之不懈努力。

1910年初秋，11岁的毛泽东孤身一人外出求学，临行前给父亲留了诗一首：“孩儿立志出乡关，学不成名誓不还。埋骨何须桑梓地，人生无处不青山。”他是这么写的也是这么做的。在求学期间，他不仅孜孜不倦地学习课本知识，而且做到了“家事、国事、天下事，事事关心。”“事事关心”使毛泽东开阔了眼界，增长了见识，他立下了救国救民之志。正是在少年时立下的志向激励下，毛泽东一步一步走上了革命道路，穿越千山万岭，带领中国革命走向胜利，同时也正是在这漫漫征途中，毛泽东奋力登攀，终于“会当凌绝顶，一览众山小”，成就了其千古功业和辉煌人生！

【掩卷沉思】

台湾有一位叫谢坤山的画家，他16岁时，在工厂工作因碰触高压电线而发生意外，四肢都被烧焦，经医生抢救，只医好一只脚。在全家陷入绝望之时，谢坤山的母亲勇敢地站起来，说只要谢坤山还能活着叫她一声妈，就足够了。自此之后，谢坤山决定不向沮丧投降，发明了许多方法吃饭、喝水，甚至还开始学着用嘴咬笔习画。谢坤山只能把自己的生活需求降到最低，把在外做工的哥哥偶尔给他买瓶汽水的钱积攒下来，买来铅笔和几张白纸，认真地画，认真地描。嘴里的笔，成了他最亲密的知己。他只管埋着头，一笔一笔地划，一步一步地走。

在以后的20多年里，他把嘴巴变成了自己最得力的“手”；而他付出的代价是，口腔从此溃疡不断，没有一天是完好的——区别只在于血泡是十多个还是五六个而已。然而他却没有放弃自己的梦想，从容不迫地踏上了成为一名画家的道路，这便是他所攀登的人生高峰。

他没有凡·高的妙笔，没有达·芬奇独特的构思，也没有齐白石的那种自然飘逸，他仅有一张叼着笔的生硬的嘴。画工上纵使技不如人，也许他的画还没有达到大师的境界，但谢坤山让我们看到了一种精神。试想，如果谢坤山当时只甘心做一名残疾人，结果会怎样。他可以每天享受着别人的照顾，他可以无聊赖地躺在床上，他可以领取社会救济。最后，以一个残疾者的身份，在人生的山脚下，甚至是谷底悄然离去。相反，只要他选择了攀登，无论攀到多高，都展现了人生的精彩，让我们学到了一种超越自我的精神。确实，人生如登山，爬了就好。

人生如登山，若想成就辉煌的人生，必须有坚定的信念。我们应该抱一种“会当凌绝顶，一览众山小”的豪迈气概，勇敢攀登，成就人生的巅峰之作。

不畏浮云遮望眼，只缘身在最高层

【经典回顾】

飞来山上千寻[1]塔，闻说鸡鸣见日升。
不畏浮云[2]遮望眼，只缘身在最高层。

——宋·王安石《登飞来峰[3]》

注释

[1] 千寻：极言塔高。古以八尺为一寻，形容高耸。

[2] 浮云：暗喻奸诈卑鄙的小人。

[3] 飞来峰：浙江绍兴城外的宝林山。唐宋时其上有应天塔，俗称塔山。古代传说此山自琅琊郡东武县（今山东诸城）飞来，故名。

今译

飞来峰顶有座高耸入云的塔，听说鸡鸣时分可以看见旭日升起。不怕层层浮云遮住我那远眺的视线，只因为我站在飞来峰顶的最高之处。

【亲近经典】

《登飞来峰》为王安石30岁时所作，这一年为皇佑二年（1050年）。这首诗是他初涉宦海之作。此时年少气盛，抱负不凡，借登飞来峰抒发胸臆，寄托壮怀。

“不畏浮云遮望眼，只缘身在最高层。”这本是咏物抒怀之句，却也包含着深刻的哲理。人不能只为眼前的利益，应该放眼大局和长远，山中的浮云能够遮住登山人的双眼，而人类社会这座高峰上又有多少“遮望眼”的“浮云”啊！不光是一切陈腐的陈规陋习，就连那些闲言碎语都可能成为遮挡我们视线、妨碍我们认清方向的“浮云”。自然界的浮云有消散之时，可人类社会这座高峰上的阴霾却不会轻易地被驱净。

面对“浮云”，我们不能躲避，更不能妥协，而应与之抗争。大雪山、草地这些神仙都打怵的地方，红军并不因之畏惧，“万水千山只等闲”，他们迎难而上，胜利地完成了二万五千里长征。

【故事链接】

拨云见日会有时

美国伟大的总统之一——林肯一生经历了多次失败。对于屡战屡败最好的办法就是：

屡败屡战，永不放弃！

1832年，林肯失业了，这显然使他很伤心，但他下定决心要当政治家，当州议员。糟糕的是，他竞选失败了。在一年里遭受两次打击，这对他来说无疑是痛苦的。

接着，林肯着手自己开办企业，可一年不到，这家企业又倒闭了。在以后的17年间，他不得不为偿还企业倒闭时所欠的债务而到处奔波，历经磨难。

随后，林肯再一次决定参加竞选州议员，这次他成功了。他内心萌发了希望，认为自己的生活有了转机："可能我可以成功了！"

1835年，他订婚了。然而离结婚的日子还差几个月的时候，未婚妻不幸去世。这对他精神上的打击实在太大了，他心力交瘁，卧床数月不起。1836年，他得了精神衰弱症。

1838年，林肯觉得身体良好，于是决定竞选州议会议长，可他失败了。1843年，他又参加竞选美国国会议员，这次仍然没有成功。

虽然一次次地尝试，但林肯却是一次次地遭受失败：企业倒闭、恋人去世、竞选败北。林肯没有放弃，眼前的阴云密布并未将他吓退，而恰好使他愈挫愈勇，最终在他51岁时当选为美国第十六届总统。

眼前的阴霾浮云不算什么，阴云背后，总会是阳光明媚的另一片天，可谓拨云见日会有时。

【掩卷沉思】

读《西游记》，非常羡慕孙悟空拥有一双能识别妖魔鬼怪的火眼金睛。因为生活在一个复杂多变的时代，善恶真伪难辨，一个人如果没有理智清醒的头脑，就很容易人云亦云，随波逐流，失去辨别真假的能力。而没有辨别真假的智慧，就很容易被邪恶而动听的谎言所迷惑，在大是大非面前难以决定何去何从。

一个人要想提高自己的处事能力和思想境界，首先必须重视自己的道德修养。能力与境界的高低并不是由物质财富的多少决定的，修心明德才是最重要的。在人心复杂的环境中常保一颗清明透彻的心，不为世事所迷，不为名利所惑，成为一位明辨是非的智者。

人类在发展，社会在前进，作为任重道远的一代学生们，要想"不畏浮云遮望眼"，要想有所作为，必须拥有一双明察秋毫的"火眼金睛"，必须永远向上，向最高层挺进。只有向上才能增长才干，只有向上才能锻炼胆量，也只有向上才能高瞻远瞩，在立志成才的攀登中永远开拓、进取。我们要铭记："欲穷千里目，更上一层楼。"

出淤泥而不染，濯清涟而不妖

【经典回顾】

晋陶渊明独爱菊。自李唐来，世人甚爱牡丹。予[1]独爱莲之出淤泥而不染，濯[2]清涟而不妖，中通外直，不蔓不枝[3]，香远益清，亭亭净植[4]，可远观而不可亵[5]玩焉。

——宋·周敦颐《爱莲说》

注释

[1] 予：我。

[2] 濯：音 zhuó，洗涤。

[3] 不蔓不枝：不牵牵连连，不枝枝节节。蔓，名词用作动词，生枝蔓。枝，名词用作动词，长枝节。

[4] 植：通“直”，竖立。

[5] 亵：音 xiè，亲近而不庄重。

今译

晋代的陶渊明喜爱菊花。自唐代以来，大家都喜欢牡丹。然而我却欣赏莲花，因为莲花生长于淤泥却不被污染，常在清水中洗濯，所以清新而不妖媚。她的花茎中心通透外形笔直，没有枝蔓，亭亭玉立，香气远远闻去愈发清幽。这是一种只能遥望远观而不可亲近玩弄的花。

【亲近经典】

周敦颐是一位大哲学家，开创了宋代理学。他主张学问应当注重人格的自我修养，所以从莲花的形象，联想到君子虚心正直、纯真优雅的美好品德。在这里，作者特地以菊花和牡丹来与之比较——菊花由于陶渊明的缘故，有逃避污浊世俗的隐逸之气，牡丹则常与朝廷贵人相伴而带着富贵之气，它们与儒家主张在现实社会中有所作为，却又藐视世俗名利地位的价值取向都不符合。所以周敦颐尤其欣赏莲花出淤泥而不染的品性，这象征着君子不逃避现实，也不同流合污的高贵品质。作者指出莲花出淤泥而不染，是由于常在清水中洗濯，这里是在暗示人们应当经常清洗自己的灵魂，也就是进行人格的自我修养。

【故事链接】

屈原的气节

战国时代，楚秦争夺霸权，诗人屈原很受楚王器重，然而屈原的主张遭到上官大夫靳尚为首的守旧派的反对。靳尚等人不断在楚怀王的面前诋毁屈原，楚怀王渐渐疏远了屈原，最终屈原被驱逐出境，流放江边。有着远大抱负的屈原倍感痛心，他怀着难以抑制的忧郁悲愤，写出了《离骚》《天问》等不朽诗篇。

有一天，屈原在江边遇见渔父。渔父对屈原说：“您不是楚国的大夫吗？怎么会弄到这等地步呢？”

屈原说：“许多人都是肮脏的，只有我是个干净人；许多人都喝醉了，只有我还醒着。所以我被赶到这儿来了。”

渔父不以为然地说：“既然您觉得别人都是肮脏的，就不该自命清高；既然别人喝醉了，那么您何必独自清醒呢！”

屈原反对说："我听人说过，刚洗头的总要把帽子弹弹，刚洗澡的人总是喜欢掸掸衣上的灰尘。我宁愿跳进江心，埋在鱼肚子里去，也不能拿自己干净的身子跳到污泥里，去染得一身脏。"

由于屈原不愿意随波逐流地活着，到了公元前278年五月初五那天，他终于抱着一块大石头，跳到汨罗江里自杀了。

【掩卷沉思】

人人都说近朱者赤，近墨者黑，人势必会被环境所改变。这真是必然吗？

战国时期的大诗人屈原一生经历楚威王、楚怀王、顷襄王三个时期。他对内辅佐怀王变法图强，对外积极主张联齐抗秦。后因小人诬陷，被怀王疏远，并两次遭放逐。第一次在怀王时期，被流放到汉北；第二次在顷襄王时期，被流放到沅湘一带。最后，在无可奈何之际，他自沉汨罗江，以明忠贞爱国的情怀。

晋代的陶渊明，志向与当时的主流相违背，并没有因为混迹污浊的官场而被同化。这是因为他有着如松一般的坚贞品质，坚定自己的立场，主张自己的信念。

像屈原、陶渊明这样具有超群品质的人，拥有自己的政治理想，拥有独立的人格，他们做事就不容易偏离正道，即便偶尔迷失也会很快折途而返，他们能出淤泥而不污，濯清涟而不妖，就算是经过层层污垢的涤荡，也能够如出水之芙蓉一般保持着原本的心。

外表的华丽并不能掩盖内心深处的腐烂，结果往往只能是人生堡垒的沦陷。这些人是悲哀的，因为他们缺少了人格中的主心骨，没有了方向，只能任由环境和外界因素将其摆布。

我们若能保持自己的人格，保持清醒的头脑和坚定的信念，那么就能近朱而不赤，近墨而不黑。

粉骨碎身浑不怕，要留清白在人间

【经典回顾】

千锤万击出深山，烈火焚烧若等闲[1]。
粉骨碎身浑不怕，要留清白在人间[2]。

——明·于谦《石灰吟》[3]

注释

[1] 若等闲：好像很平常的事情。若，好像，好似；等闲，平常，轻松。

[2] 清白：指石灰洁白的本色，又比喻高尚的节操。

[3] 石灰吟：赞颂石灰。吟，吟颂，古代诗歌的一种形式。

今译

经过千万次锤打出自深山，熊熊烈火焚烧也视为平常事一样。

即使粉身碎骨又何所畏惧，要把一片青白（就像石头的颜色那样青白分明，现在多用“清白”）长留人间。

【亲近经典】

于谦是明代著名的政治家、军事家、民族英雄。

在这首托物言志诗里，作者以石灰作比喻，抒发自己坚强不屈、洁身自好的品质和不同流合污与恶势力斗争到底的思想感情。“粉骨碎身”极形象地写出将石灰石烧成石灰粉，而“浑不怕”三字又使我们联想到其中可能寓有不怕牺牲的精神。至于最后一句“要留清白在人间”更是作者在直抒情怀，立志要做纯洁清白的人。

这首诗的价值就在于处处以石灰自喻，咏石灰即是咏自己磊落的襟怀和崇高的人格，表达了清白自守的高风亮节，展示了诗人的远大理想、坦荡胸襟以及坚守高洁情操的决心。

【故事链接】

铮铮铁骨立青天

祥兴元年（1278 年）夏，文天祥在率部向海丰撤退的途中遭到元兵的攻击，兵败被俘。文天祥服毒自杀未遂，被押往厓山，元将张弘范让他写信招降其他将领。文天祥说：“我不能保护父母，难道还能教别人背叛父母吗？”张弘范一再强迫文天祥写信。文天祥于是将自己前些日子所写的《过零丁洋》一诗抄录给张弘范。张弘范读到“人生自古谁无死，留取丹心照汗青”两句时，不禁也受到感动，不再强逼文天祥了。

南宋灭亡后，张弘范向元世祖请示如何处理文天祥，元世祖命令张弘范对文天祥以礼相待，将文天祥送到大都（今北京），软禁在会同馆，决心劝降文天祥。

元世祖首先派降元的原南宋左丞相留梦炎劝降。文天祥一见留梦炎便怒不可遏，留梦炎只好悻悻而去。元世祖又让降元的宋恭帝赵显来劝降。文天祥北跪于地，痛哭流涕，对赵显说：“圣驾请回！”赵显无话可说，怏怏而去。元世祖大怒，于是下令将文天祥的双手捆绑，戴上木枷，关进牢房。文天祥入狱十几天，狱卒才给他松了手缚；又过了半月，才给他褪下木枷。

元朝丞相孛罗亲自审问文天祥。文天祥被押到枢密院大堂，昂然而立，只是对孛罗行了一个拱手礼。孛罗喝令左右强制文天祥下跪。文天祥竭力挣扎，坐在地上，始终不肯屈服。孛罗问文天祥：“你现在还有什么话可说？”文天祥回答：“天下事有兴有衰。国亡受戮，历代皆有。我为宋尽忠，只愿早死！”孛罗大发雷霆，说：“你要死？我偏不让你死，我要关押你！”文天祥毫不畏惧，说：“我愿为正义而死，关押我也不怕！”

就这样，文天祥在监狱中度过了三年。在狱中，他曾收到女儿柳娘的来信，得知妻子和两个女儿都在宫中为奴，过着囚徒般的生活。文天祥深知女儿的来信是元廷的暗示：只要投降，家人即可团聚。然而，文天祥尽管心如刀割，却不愿因妻子和女儿而丧失气节。他在写给自己妹妹的信中说："收柳女信，痛割肠胃。人谁无妻儿骨肉之情？但今日事到这里，于义当死，乃是命也。奈何？奈何！……可令柳女、环女做好人，爹爹管不得。泪下哽咽哽咽。"

元世祖又下了一道命令，打算授予文天祥高官显位。文天祥的一些降元旧友立即向文天祥通报了此事，并劝说文天祥投降，但遭到文天祥的拒绝。十二月八日，元世祖召见文天祥，亲自劝降。文天祥对元世祖仍然是长揖不跪。元世祖也没有强迫他下跪，只是说："你在这里的日子久了，如能改心易虑，用效忠宋朝的忠心对朕，那朕可以在中书省给你一个位置。"文天祥回答："我是大宋的宰相。国家灭亡了，我只求速死。不当久生。"元世祖又问："那你愿意怎么样？"文天祥回答："但愿一死足矣！"元世祖十分气恼，于是下令立即处死文天祥。

次日，文天祥被押解到柴市刑场。监斩官问："丞相还有什么话要说？回奏还能免死。"文天祥喝道："死就死，还有什么可说的？"他问监斩官："哪边是南方？"有人给他指了方向，文天祥向南方跪拜，说："我的事情完结了，心中无愧了！"于是引颈就刑，从容就义。死后在他的带中发现一首诗："孔曰成仁，孟曰取义，唯其义尽，所以仁至。读圣贤书，所学何事？而今而后，庶几无愧。"文天祥死时年仅47岁。

【掩卷沉思】

在几千年前，孟子就提出了鱼和熊掌不可得兼和舍生取义的观点。鱼，是我想要的；熊掌，也是我想要的。如果两个东西不能同时得到，那么就舍弃鱼选取熊掌。生命，是我想要的，正义，也是我想要的；如果两个东西不能同时得到，那就牺牲生命选取道义。他对比了两种人生观，赞扬了那些重义轻生、舍生取义的人，斥责了那些苟且偷生、见利忘义的人。几千年后，生活在现代社会中的我们面对越来越多的诱惑，又该作出怎样的选择？

当今的社会充满了残酷，而当尊严面对诱惑时，你会怎么做？让我们先来看一看他们的选择：

闻一多拍案而起，横眉怒对国民党手枪，宁可倒下去，不愿屈服；

朱自清病危之际拒绝吃美国救济粮而活活饿死；

刘胡兰面对敌人的屠刀毫不畏惧，宁死也不出卖党组织，英勇牺牲；

抗洪英雄李向群为保群众生命财产安全誓斗洪魔，以身殉国。

……

无需再多言，这些例子便是最好的明证！这些英雄人物仿佛在告诫我们：不辨礼义而贪求富贵、见利忘义的行为是可耻的。作为新一代的青少年中学生，我们不要被蝇头小利迷惑了双眼，不要被不良风气污染了心灵。我们应有高尚的追求与信仰，掌握丰富的科学文化知识，服务社会，造福未来。

千磨万击还坚劲，任尔东西南北风

【经典回顾】

咬定[1]青山不放松，立根原在破岩中。

千磨[2]万击还坚劲[3]，任尔[4]东西南北风。

——清·郑燮[5]《竹石》

注释

[1] 咬定：比喻根扎得结实，像咬着不松口一样。

[2] 磨：折磨，挫折。

[3] 坚劲：坚定强劲。

[4] 尔：那。

[5] 燮：音 xiè。

今译

竹子牢牢地咬定青山，把根深深地扎在破裂的岩石中。经受了千万种磨难打击，它还是那样坚韧挺拔；不管是东风西风，还是南风北风，都不能把它吹倒，不能让它屈服。

【亲近经典】

这是一首寓意非常深刻的题画诗，首二句说竹子牢牢地咬定青山，把根深深地扎在破裂的岩石之中，基础牢固。结尾的二句说经受了千万种磨难打击，她还是那样坚韧挺拔；不管什么东西南北风，都不能把她吹倒，也不能使她屈服。诗人在赞美竹石的这种坚定顽强的精神中，也隐喻了自己风骨的强劲。

郑板桥喜欢画竹，他喜欢竹的有节，就像读书人有操守、有骨气一样，因此他的写竹题诗，都含有借竹咏人的意义。这一首脍炙人口的《竹石》托物言志，表达了古代文人的高尚节操，曾经让千百万人读懂了人生道路的艰辛，也读懂了在困境之时需要勇敢面对的信心。

【故事链接】

郑板桥的“爱竹人生”

郑板桥爱竹。在两间茅屋的南面空地上，他栽种了许多青竹，每天晨间起床后就去看竹。碧绿的竹叶和劲挺的竹枝，经一夜露水润泽，更加翠绿，朝气蓬勃。青竹不怕风吹雨打，“劲节可风，潇洒不俗”，这种景象引起他的共鸣，造就了他的品性。

郑板桥还擅长画竹，一生留下了百首咏竹诗。做县官时，他一心牵挂贫民。在任职期间遇上百年未遇的大旱，牲畜、树皮皆被灾民吃光。郑板桥因无法为民解难而愁。他的《潍县署中画竹呈年伯包大中丞括》一诗说：

衙斋卧听萧萧竹，疑是民间疾苦声。

些小吾曹州县吏，一枝一叶总是情。

郑板桥淡泊名利，不恋权位，喜过平民生活。后来他弃官而去，怀着怨而不衰之情，惜别父老乡人，有《深山兰竹图》诗云：

深山绝壁见幽兰，竹影萧萧几片寒。
一顶乌纱虽早脱，为来高枕卧其间。

郑板桥辞官归里后，便在家乡兴化县城南建造一座小园，茅屋三间，屋前舍后全栽青竹，终年一片碧绿，窗外放几盆幽兰，名之“拥绿园”。他吟道：

三间茅屋，十里春风。
窗里幽兰，窗外修竹。

又写了《墨竹大幅》诗云：

我被微官困煞人，到君园馆长精神。
请看一片萧萧竹，画里阶前怎绝尘。

郑板桥画竹、题画竹诗五十年。他入竹而出于竹，深得其妙。他是天地间一株奇竹，一缕竹魂。

【掩卷沉思】

古人云：人生不如意，十之八九。挫折是人生的必然。

挫折往往使人烦恼、痛苦，甚至绝望；但是，如果对待挫折的态度不同，其结果也会不一样。如果一个人在挫折面前心灰意冷，一蹶不振，那么挫折对他而言就是一场巨大的灾难。如果能冷静正确地面对挫折，那么他就会百折不挠，越挫越勇。

挫折并不可怕，平静的湖面练不出精悍的水手，安逸的生活造不出时代的伟人。只有经历风风雨雨，才能真正实现每个人的人生价值。“天将降大任于斯人也，必先苦其心志，劳其筋骨，饿其体肤，空乏其身，行拂乱其所为，所以动心忍性，曾益其所不能。”挫折不仅是一种难得的锻炼，也是上天赋予我们的一笔财富。成绩不好，我们可以找出其中的原因，解决它；把挫折带给我们的苦闷和焦虑化作一种动力，激励我们前进！将情感和精力投入到另一种艰苦的劳动中，用身心的忙碌去占据有限的思维空间，去消除内心的痛苦。这样可以使自己暂时离开挫折的情境。

居里夫人年轻时，由于贫富的差距而被爱人抛弃，她没有整日沉浸在痛苦中，而是决定去巴黎留学，进行艰苦的科学研究。如果居里夫人当年没有将挫折带来的苦闷化作动力，那么我们的人类史上就有可能失去一位杰出的女科学家。历史上，司马迁受宫刑而作《史记》；孙膑挫而著兵法；贝多芬虽耳聋却依然屹立于音乐的殿堂里；到了近代，张海迪身残志坚；邰丽华以及她身后的20位聋哑同伴用她们优美的舞姿，近乎完美地为我们诠释了《千手观音》的主题；大学生洪战辉在贫困中求学，在艰辛中自强。可见，只有奋起，才能战胜挫折；也只有战胜挫折，才能成功。

如果说人生是一座大山，挫折就是人在攀登大山中难以把握、难以预期的崎岖。只有经得起考验，受得了挫折的磨砺，甩得脱挫折的梦魇，勇于征服攀登中的所有困难，才能取得最后的成功。

“千磨万击还坚劲，任尔东西南北风。”不要让挫折成为我们前进的绊脚石，让挫折点燃我们心中的信念之火，让我们的心灵充分感受人生的价值和生命的真谛，最终走向成功的彼岸！

蓬生麻中，不扶自直

【经典回顾】

蓬[1]生麻[2]中，不扶而直。白沙在涅[3]，与之俱黑。

——《荀子·劝学》

注释

[1] 蓬，蓬草。

[2] 麻，麻丛。

[3] 涅，黑泥。

今译

蓬草长在大麻田里，不用扶持，自然挺直。白沙混进了黑泥里，就变得一样黑。

【亲近经典】

荀子是战国时期著名的思想家。他学识渊博，在继承传统的儒家的“仁”“义”学说的基础上，提出“礼”，重视“礼”对整个社会的规范作用。他提出与孟子“性善”论截然相反的“性恶”论，认为人性易为“恶”，而“善”可以通过后天环境的影响和教化学习形成。

荀子重视环境对人的影响，在《劝学》中指出：“蓬生麻中，不扶自直；白沙在涅，与之俱黑。”用今天的话来说，就是生长在麻丛中的蓬草，不用人扶持，自然会长得很直；混合在黑泥中的白沙，也会变得一样黑。这句话启示我们，生活环境对人的成长有巨大的影响。

环境对人有潜移默化的作用。所谓“近朱者赤，近墨者黑”，我们需要创造一个健康良好的学习、生活环境，培养良好的品行。不仅如此，在结交朋友方面，也要洁身自好，与品行良好的人做朋友。

【故事链接】

淮南为橘 淮北为枳

春秋时期，齐国的晏子出使楚国，楚王想戏弄他，故意派侍卫将一个犯人从堂下押过。楚王问："此人犯了什么罪?"侍卫回答："一个齐国人犯了偷窃罪。"楚王就对晏子说："你们齐国人是不是都很喜欢偷东西?"晏子回答："橘树生长在淮南，结出的果实又大又甜，可是一移栽到淮北，就变成了难吃的枳，又酸又小，为什么呢？这是因为水土环境的不同。"

晏子聪明地维护了齐国的尊严，却也道出一个事实——事物的条件和环境等因素的不同，会造成截然相反的结果，犹如淮南香甜的橘子移植到淮北就变成枳。植物尚且如此，更何况人？因此，成长环境对人的影响不容忽视。

【掩卷沉思】

孔子说："我死以后，子夏的学问会越来越好，子贡的学问却会退步。"曾子疑惑地问："为什么呢?"

孔子道："子夏喜欢与比他贤德的人在一起，而子贡却喜欢与不如自己的人在一起。不了解他的儿子，可以看看他的父亲；不了解一个人，可以看他所交往的朋友；不了解君主，可看他所任用的人；不了解一个地方的土质如何，看那里长出的草木状况便可知道。君子必然谨慎地选择与自己在一起的人。"

由此看来，选择朋友，对我们的一生至关重要。《弟子规》中说："能亲仁，无限好，德日进，过日少，不亲仁，无限害，小人近，百事坏。"如何选择好的朋友呢?《论语》中说："益者三友：友直，友谅，友多闻。"这是说，正直的朋友、宽厚仁恕的朋友、博学广识的朋友，是我们的良师益友。俗话讲：宁与君子结怨，不与小人为友。

在现实生活中，你和谁在一起的确很重要，甚至能改变你的成长轨迹，影响你的成败。

科学研究认为：人是唯一能接受暗示的动物。积极的暗示，会对人的情绪和生活状态产生良好的影响，激发人的内在潜能，发挥人的超常水平，使人进取，催人奋进。远离消极的人吧！否则，他们会在不知不觉中偷走你的梦想，使你渐渐颓废，变得平庸。

如果你想像雄鹰一样翱翔天空，那你就要和群鹰一起飞翔，而不要与燕雀为伍，正所谓"画眉麻雀不同嗓，金鸡乌鸦不同窝"。这也许就是潜移默化的力量和耳闻目染的作用。如果你想聪明，那你就要和聪明的人在一起，你才会更加睿智；如果你想优秀，那你就要和优秀的人在一起，你才会出类拔萃。

人生就是这样，"择友"是可把握的。古语云："与善人居，如入芝兰之室，久而不闻其香，即与之化矣；与不善人居，如入鲍鱼之肆，久而闻其臭，亦与之化矣。丹之所藏者赤，漆之所藏者黑。是以君子必慎其所处直焉。"谨慎交友，是每个人应该恪守的人生准则。和不一样的人在一起，就会有不一样的人生。朋友，蓦然回首，你选择好了吗?幸福人生，成功人生，从选择结交朋友开始吧。

水至清则无鱼，人至察则无徒

【经典回顾】

水至清则无鱼，人至察[1]则无徒[2]。

——西汉·戴德《大戴礼记·子张问入官》

注释

[1] 察：精明苛察。

[2] 徒：同类或伙伴。

今译

水过于清澈，鱼儿就难以生存，人太精明而过分苛察，不能容人，就没有伙伴没有朋友。

【亲近经典】

“水至清则无鱼，人至察则无徒”这句俗话，源于《大戴礼记·子张问入官》，《汉书·东方朔传》也有同样的用法，后人多用此告诫人们指责人不要太苛刻、看问题不要过于严厉，否则，就容易使大家因害怕而不愿意与之打交道，就像水过于清澈养不住鱼儿一样。人太精明了就没有伙伴没有朋友，因为精明者往往容不得他人有小小的过错或性格上的小小差异，但人总是有着各种不同的性格和待人处事的方式，因此出现摩擦以至矛盾、冲突就是必然的结果，此时如果不能以一种宽容的精神调和于其间，事势就将无法收拾，结局便是人心不附，众叛亲离。

【故事链接】

“真”和“直八”

孔子东游，来到一个地方感觉腹中饥饿，就对弟子颜回说：“前面有一家饭馆，你去讨点饭来。”颜回就去到饭馆，说明来意。那饭馆的主人说：“要饭吃可以啊，不过我有个要求。”颜回忙道：“什么要求？”主人回答：“我写一字，你若认识，我就请你们师徒吃饭，若不认识，乱棍打出！”颜回微微一笑：“主人家，我虽不才，可我也跟师父多年。别说一字，就是一篇文章又有何难？”主人也微微一笑：“先别夸口，认完再说。”说罢拿笔写了一个“真”字。颜回哈哈大笑：“主人家，你也太欺我颜回无能了，我以为是什么难认之字，此字我五岁就识。”主人微笑问：“此为何字？”回曰：“是认真的‘真’字。”店主冷笑一声：“哼，无知之徒竟敢冒充孔老夫子门生，来人，乱棍打出！”颜回就这样回来见老师，说了经过。孔老夫子微微一笑：“看来他是要为师前去不可了！”说罢来到店前，说明来意。那店主一样写下“真”字。孔老夫子答曰：“此字念‘直八’！”那店主笑道：“果是夫子来到，请——”就这样吃完喝完不出一分钱走了。颜回不懂啊，问：“老师，你不是教我们那字念‘真’吗？什么时候变‘直八’了？”孔老夫子微微一笑：“有时候的事是认不得‘真’啊。”

这就是儒家的孔子在现实生活中“认不得‘真’字”的“直八”故事。看来人生一世，聪明也好，糊涂也罢，都是人生的一种反映。郑板桥先生的“难得糊涂”更是把这层意思推至到了极致，难得的糊涂，或更是人之高招。

两千多年前的孔子清楚地说明了“有中无，无中有”，如果不想丢弃有，就得无，同样得无也就是得有。想两者都有的话，看来还是平衡最好。从现实生活中来说，有多少人凡事做绝？聪明人都会留有余地。

【掩卷沉思】

人活在世上不是孤立的，因为衣食住行和学习工作的需要，必然要与周围人群发生联系。“人上一百，形形色色”，由于性格、爱好、学识以及成长环境等差异，构成了性格迥然不同、知识深浅不一的复杂的人群，所以要保持与多数人的正常交往，就不能是一个标准。

可是有的人看不到这些，把人际环境看得过于简单和理想化，在交往中一味地用高标准、高觉悟、高素质的尺子衡量他人，挑剔交往对象。由于定调过高而无法合拍，曲高而和寡，碰壁后却又不思纠正，久而久之，人为地在自己周围筑起了一个围墙。毫无疑问，这种处境是要影响人的情绪的。这种情绪主要表现在生活上的孤独和焦虑感，甚至常常有愤懑的情绪。

自视过高，忘了“人无完人，金无足赤”的古训，不仅对他人形成片面认识，还容易忽视自身的缺陷。其实对任何人都应该辩证地看。明白了这一点，也就能对自己的优缺点有一个正确的评价，就能在衡量他人时采用适当的尺度，评价自己时主动降低标准，不会有“举世皆浊，唯我独清”“举世皆醉，唯我独醒”的感叹。

对人不至于“至察”，需要以宽容、豁达的胸襟对待周围的人，做到明察他人但不计小过，营造一种亲和的环境。在融洽、平等、祥和的气氛中处理一切问题。这样，人际关系必然趋于和谐。

世上难寻一无是处的人，切忌把对方看扁，更不可以哲人、圣者的身份和口吻凌驾于对方之上。真正的明智之举是如何去避其所短，用其所长。战国信陵君以能处士闻名，曾赴屠肆请朱亥，依靠朱亥的智勇完成了却秦的壮举；赵树理的作品通篇散发着泥土的芬芳，笔下栩栩如生的人物来源于他深入农村结交的一群善良、纯朴的农民朋友……古今名人这种十分明智的交友态度，为他们的事业成功奠下了坚实的基础。

容人，是在为他人创造宽松的人际环境的同时，也给自己一个快乐的空间。当然，宽容并不是随波逐流的苟合，它是一种有原则的达观的处世态度。这种态度将有助于我们吸取他人的智慧和力量，把自己的理想完成得更顺利、更圆满。

枯木逢春犹再发，人无两度再少年

【经典回顾】

枯木逢春犹再发[1]，人无两度再少年。

——《增广贤文》

注释

［1］发：发芽，长出新芽。

今译

已经枯萎的树木等到了来年的春天还会再次发芽，可是人生只有一次，年轻的时光虚度了，就再也弥补不了了。

【亲近经典】

《增广贤文》又名《昔时贤文》《古今贤文》。书名最早见于明代万历年间的戏曲《牡丹亭》，据此可推知此书最迟写成于万历年间。后来经过明、清两代文人的不断增补，才成为现在这个模样，称《增广昔时贤文》，通称《增广贤文》。作者一直未见任何书载，只知道清代同治年间儒生周希陶曾进行过重订，很可能是民间创作的结晶。

“枯木逢春犹再发，人无两度再少年”是将两种情况作对比，强调了青春一去不再回来的残酷性，告诫年轻人要珍惜时光，好好学习。

【故事链接】

鲁迅争分夺秒

鲁迅，原名周树人，是我国近代一位出色的文学家、思想家、革命家。

鲁迅的成功，有一个重要的秘诀，就是珍惜时间。鲁迅十二岁在绍兴城读私塾的时候，父亲正患着重病，两个弟弟年纪尚幼，鲁迅不仅经常上当铺，跑药店，还得帮助母亲做家务。为免影响学业，他必须作好精确的时间安排。所以，鲁迅几乎每天都在挤时间。他说过：时间，就像海绵里的水，只要你挤，总是有的。

鲁迅读书的兴趣十分广泛，又喜欢写作，他对于民间艺术，特别是传说、绘画也深切爱好。正因为他涉猎广泛，多方面学习，所以时间对他来说实在非常重要。他一生多病，工作条件和生活环境都不好，但他每天都要工作到深夜才肯罢休。

在鲁迅的眼中，时间就如同生命。倘若无端地空耗别人的时间，其实是无异于谋财害命的。因此，鲁迅最讨厌那些成天东家跑跑，西家坐坐，说长道短的人，在他忙于工作的时候，如果有人来找他聊天或闲扯，即使是很要好的朋友，他也会毫不客气地对人家说：“唉，你又来了，就没有别的事好做吗？”

【掩卷沉思】

春花谢了又开，春天去了又来，尽管四季不停地交替，但终究是冬去春来，夏夜秋枫，四时景色来去不穷。而我们的青春岁月，唯有那么匆匆一遭。这是一件无奈又无情的现实。

朱自清的《匆匆》里面有这么一句话："燕子去了，有再来的时候；杨柳枯了，有再青的时候；桃花谢了，有再开的时候。但是聪明的，你告诉我，我们的日子为什么一去不复返呢?"是啊，即使是冬季里萎缩凋零的枯木，等到那春天的风轻轻地吹拂过、春雨绵绵汩汩地滋润着大地时，也会再度逢春发芽，茁壮成长。只是人啊，岁岁年年都为青春不再、往事如烟而怅惘而感慨!

属于人的时光就像四季的枯荣与轮回一样，是一次自然的流程，我们无法抗拒。拥有珍惜时光与默默体验人生智慧的宽阔心境，就会知道生命永远蕴含于活泼的时光之中；就会真正明白人生最该珍惜的是宝贵的时光。眺望人生旅途的每个驿站，你会深感一种启明星的照耀，你会心甘情愿地为之深情祝福。故而把有限的生命赋予你生活的时光是最为重要的，时刻用激情浇灌心灵，充实人生的脚步，才不枉人生宝贵的时光。

体验过去的匆匆岁月，不管是苍老的心，还是活泼的心，我们都应该心存一份感激，应该倍加珍爱人生，珍惜时光。没有经历时光的隧道，又怎么能跋涉人生之旅?年轻的朋友们，迈开坚实而沉稳的步伐，脚踏实地地奔向远方吧!愿我们互相砥砺：去日愈稀，当即把握!